# 환경악화와 세계식량문제

## - 잃어버린 대지 -

현재선 역

아카데미서적

# 머리말

모리스 F. 스트롱(국런환경회의 전 사무국장)

1972년 6월 스톡홀름에서 열린 국제연합 인간 환경회의를 준비하는 동안 주최측은 각국 정부와 연구기관에 국제적인 관심사와 국제적 행동이 필요한 환경문제에는 어떤 것이 있으며 그 중요성에 관하여 도움을 청하였다. 각국 정부와 연구기관이 제출한 보고서나 연구결과를 보면 상당히 많은 나라들에서 토양침식이나 토중의 염분농도증가, 사막화, 기타 생태학적으로 불합리한 토지이용 때문에 토지생산성이 감퇴하고 있음이 명백하였고 특히 개발도상국에서 이런 문제는 심각함이 확실하였다. 이들 지역에서 이런 문제는 새삼스러운 것은 아니다. 그리고 이런 문제는 주로 국지적 또는 한국가에 한한 문제로 흔히 생각해 왔다. 그런데 스톡홀름 회의를 위하여 수집된 증거에서 나타난 새로운 사실은 문제의 규모나 심각성, 그리고 식량증산에 대한 요구가 시급한 지역에서 농토에 대한 압력이 더 크다는 사실이었다.

이 책에서는 복잡 미묘하게 엉켜있는 식량체제가 현재 여러 가지 측면에서 생태학적으로 뿌리채 흔들리고 있다는 내용을 체계적으로 조사 분석하고 삼림의 벌채, 과도한 방목, 토양의 침식과 경작포기(기경), 관개수로와 저수지의 토사퇴적 그리고 빈번하게 일어나는 홍수의 피해 등을 통하여 일어나고 있는 심각한 생태학적인 파괴에 관한 구체적인 예를 들고 있다. 이 모든 것들은 인간이 토지에 가한 압력중대나 무분별하고 근시안적인 이용의 지속은 한발이나 홍수와 같은 자연재해로 이어지게 되는데 이것들은 인간이 만들어낸 일시적 문제가 광범위한 재해로 이어지는 수도 있다는 것을 뜻한다. 이 책은 대지를 잃어버림으로써 앞으로 세계 식량수급이 심각한 위협을 받을 것임을 지적하고 있다. 본인은 이 책이 우리가 당면하고 있는 기본적인 생태학적 문제가 무엇인가를 여러 사람들에게 이해시키고 경고하는데 적절하고 귀중한 도움이 될 것으로 믿는다.

이 책은 우리가 세계적 기아와의 싸움에서 이기려면 이런 문제들에 가장 먼저 관심을 가져야 할 필요가 있고 그때 필요한 행동들은 어떤 것이어야 하는가를 확실한 증거를 들어 지적하고 있다.

기아문제는 굶주림으로 인한 죽음 문제만이 아니고 단백질이나 비타민 부족으로 생기는 정신적 무기력 같은 것까지에도 명백한 관계가 있는 것이다. 세계는 일련의 국제회의나 계획을 통하여 식량위기에 대하여 심각하고 진지하게 대응하려고 하고 있다.

이 책에 쓰여진 내용은 저자의 견해이나 그 중 많은 것은 국제연합환경계획(UNEP)(역주:UN의 인간 환경회의가 국제적 환경문제들을 다루기 위하여 만든 UN의 기구)에서 가장 중요한 문제의 하나로 지적하고 있는 것으로 이런 문제들을 해결하기 위한 국제적 수단의 개발이나 그에 대한 지원사업은 이 기구가 가장 우선적으로 다루고 있는 것들이다. Worldwatch 연구소가 이 책을 기획하고 출판하는데 UNEP가 원조하게 된 것은 이런 생각에서이다.

세계 식량공급에 대한 앞으로의 위협의 본질이나 그의 규모에 관한 Eckholm씨의 설득력 있고 논리적인 분석은 이 문제를 다루는 데에 국가간 협동이 긴급함을 강력히 뒷받침하고 있다. 그리고 이것은 인간사회가 당면하고 있는 중심과제 중의 하나인 합리적인 환경관리의 직접적이고도 긴급한 과제 즉 우리의 단하나 뿐인 지구(only one earth)의 귀중한 자원을 관리하여 지구상의 모든 생물의 기본적 요구를 충족시키도록 해야 할 필요성을 구체적으로 제시하고 있다.

Losing ground는 인류의 생존문제와 관련 가장 중요한 문제를 다루고 있어 현시점에서 인류와 정부가 무엇을 할 것이며 무엇을 해서는 안 될 것인가를 결정하는 기준을 명백히 하고 있다.

모리스 F. 스트롱

# 간 행 사

Losing ground는 지금까지 진행되고 있는 일련의 생태학적 파괴가 일반이 인식하고 있는 것보다 훨씬 심각하다는 점에 관심을 불러일으키려는 생각에서 쓰여진 책이다. 이상적으로 생각할 때 식량생산 체계에 관련된 생태학적위협에 관한 저술은 과도한 방목, 사막의 확대, 삼림벌채 토양침식, 홍수의 빈도, 관개용저수지의 토사퇴적과 같은 여러 가지 문제에 관한 상세한 국가별 통계를 제시하여야 할 것이다. 그러나 이해가 안 되는 것은 아니나 불행하게도 이런 포괄적인 자료는 없다. 그 이유는 불리하게 작용하는 생태학적 문제에 대하여 정부가 체계적으로 자료를 수집하는 예는 드물기 때문이다. 문제가 노정되는 것은 최근 아프리카의 사하라 주변부에서와 같이 대규모의 재해가 현실화 되었을 때에 한한다.

따라서 이 책을 집필하는 데에는 거시적인 이론을 배경으로 필요한 자료를 여러 개인이나 기록에서 이삭을 줍듯이 수집하는 광범위하고도 야심적인 노력이 필요하였을 것이다. 있는 자료를 토대로 얻은 결론은 마치 수수께끼를 풀어나가듯이 하나하나의 자료를 충분히 모아 전체적인 모습이 드러나도록 해야 한다. 이렇게 해서 얻어진 결론은 각국정부가 강력한 대책을 수립해야 한다는 절박한 것이었다.

Losing ground의 출간 후원자인 Worldwatch 연구소는 인류복지에 대하여 세계적으로 위협이 되고 있는 것을 명백히 하고 그에 관심을 갖게 하는데 목적을 두고 있다. 이 연구소는 미국 Washington D. C에 있는 비영리연구소로 국제적위원회에 의하여 운영되고 있다. 그의 연구계획이나 계몽적 활동은 재단, UN, 정부기관 그리고 개인의 지원을 받고 있다. Worldwatch 연구소는 Losing ground의 간행을 위한 연구와 저술에 공동으로 후원해준 UNEP에 깊이 감사드리는 바이다.

레스트 R. 브라운(Worldwatch 연구소장)

# 감사의 말씀

많은 저술에는 넘쳐흐르는 감사의 뜻이 서문에 실려 있다. 그런데 내가 Losing ground를 구상하고 저술하고 출판하는데 이르기까지 나 만큼 광범위하고 값진 도움을 받는 일은 아주 적었을 것이라고 감히 생각한다. Worldwatch 연구소장 레스터 브라운 박사는 처음부터 문제의 구상에 도움을 주었고 그의 변함없는 격려와 그가 준 풍부하고도 새로운 생각은 이 책의 시각과 흐름에 큰 영행을 미쳤다. 카터린 뉴우랜드 여사는 조사계획과 이 책의 소주제에 관계된 여러 가지 문제를 분석함에 있어서 처음부터 참여하였는데 그녀의 풍부한 연구경험은 각각의 장에 반영되고 있다. 카터린 큐우리어 여사의 훌륭한 편집솜씨는 나의 문장을 좀더 간명하게 하는데 도움이 되었다.

브론딘 두하니 씨의 놀라운 행정능력과 비서로써의 도움이 연구나 빠른 원고완성 그리고 원고의 재검토에 많은 도움이 되었다. 마리온 후레이만 , 트루디 톳트, 조안 쯔위에르초브스키 제씨도 비서로써 많은 도움을 주어 감사하게 생각한다.

죤 팃드씨는 조사연구 분야 특히 소련의 농업부분에서 도움을 받았다. 그는 안네 하링톤씨와 로즈마리 필립스 씨와 협력하여 외국어로 된 문헌의 번역에 협력하여 주기도 하였다. 보이드 콤프톤씨의 동남아에서의 조사연구는 이 지역에서 일어나고 있는 생태학적흐름에 관하여 발표된 서로 다른 견해를 종합하는데 대단히 중요한 것이었다. 또 아시아와 서아프리카의 수주에 걸친 조사여행에서 그곳의 사람들이 베풀어준 친절과 조언이 이 연구에 더욱 귀중한 것을 더할 수 있어서 큰 도움이 되었다.

이 책에서 다루고 있는 몇 가지 생태학적 해결책 중에는 아직까지 학술논문이나 입수가능한 정부의 공식문서에서 깊이 있게 논의된바 없는 것도 있다. 우리는 전 세계적으로 수 백 명의 생태학자, 과학자, 농업경제학자,

전문가 그리고 국내외의 관계기관원에게 그들의 조언과 협력을 얻기 위하여 접촉하였다. 그들의 도움은 극히 유익한 것이었던 동시에 고무적인 것이었다. 많은 사람들이 그들의 관찰이나 발표 또는 미발표의 논문을 흔쾌히 이용할 수 있게 해 주었고 다른 정보를 가르쳐 주었다. 본인은 생각을 같이하고 경험을 공유하는 독자들이 이런 개인적인 지적교류작업을 지속할 것을 바라마지 않는다.

모우리스 스트롱 소장이 이끌고 있는 UNEP는 이 책의 출판과 실제 조사연구를 하는데 Worldwatch 연구소와 공동으로 후원해주었다. 인류환경에 관한 스톡홀름의 회의가 1972년 창설된 이래 UNEP는 점차 강력하게 환경적 측면에서 합리적인 개발의 긴급함을 세계에 경고하여왔다. 본인은 UNEP의 협력과 원조에 깊이 감사의 뜻을 표한다.

스트롱씨, 모스타화 톨바씨를 비롯한 그 밖의 UNEP 직원들은 이 책의 초고에 유익한 비평을 가해주었다. 그 밖에 이 책의 원고를 검토해준 분으로 부루스 스톡크, 메리 앨멘도오프, 피터 후리멘, 링칸 고오돈, 텍스터 힝크레이, 푸랑시스 이루윙, 브라디미르 코란타이, 차루스 퍼어슨, 데이비드 피멘텔, 안드루 라이스, 그리고 B. B. 보오라 등 제씨가 있는데 이들에게도 감사의 뜻을 표한다. 몇몇 장들은 차아루스 베이리, 베에리 비숍, 레이드 부리손, 폴 에르리히, D. J. 그린랜드, 데니스 헤이스, M. 가자스, 파트리카 맥그래드, 로버트 포터, 죤 샌던스, 로버트 스테인, 랄프 타운리, 로버트 윈터스 등 제씨가 검토해 주었다. 모든 사람들의 검토는 이 책의 내용의 향상에 도움이 되었으며 내용 중 잘못된 것이 있다면 그것은 전적으로 본인의 책임이다.

에릭 P. 에크호롬

# 차 례

# 환경악화와 세계식량문제

- 잃어버린 대지 -

## 01 식량 생산체계의 위기

지금까지 대지에서 충분한 식량을 얻는 데에는 아주 단순한 논리가 이용되어왔다. 즉 좀 더 많은 땅을 갈고 노동력을 집약적으로 활용하고 기술을 발전시키면 식량공급은 그에 따라 자동적으로 증가될 것이라는 논리였다. 그러나 이것은 인간의 논리이지 자연의 이치는 아니어서 오늘날의 신문은 까다롭고 수수께끼 같은 내용을 점점 많이 다루고 있다. 더 많은 노동력을 투입하여도 꼭 더 많은 식량을 얻지 못하고 때로는 치명적인 감산을 가져올 수도 있는 어려운 문제가 생긴다는 것을 수백만의 사람이나 때로는 나라전체가 알게 되었다.

아프리카 동부 소마리족 유목민은 전에 없이 많은 수의 가축을 갖게 되었으나 그로 인하여 초원은 과도한 방목상태가 되어 가축은 비쩍 마르고 모래언덕이 초원을 대신해 가고 있다. 파키스탄 북부의 농민은 밀을 심기 위하여 비탈진 산에서 나무를 잘라내어 개간을 하였던 바 얼마 안가서 심한 홍수로 밭은 표토가 유실되어 황폐하였다. 인도네시아에서는 한 농민이 경작을 목적으로 언덕에 있는 무성한 식생군을 태워버렸더니 산에서 흘러내려온 토사가 관개수로에 퇴적되면서 저지대의 쌀 생산이 줄어들었다.

만년이상이나 인간은 생계를 위하여 생태계를 이용하는 방법을 성공적으로 배워왔다. 그러는 동안 자연은 지금까지 인간에게 유용한 몇 가지 생산물을 생산 하는데 보다 많은 energy를 할애하도록 자연을 개조하고 왜곡하여 왔다. 생태계는 유연한 것이어서 탄력성을 갖고는 있으나 지나치게 변형되면 부서져버려 되돌릴 수 없게 된다. 사람의 욕구를 충족시키는 토지의 생산력도 때에 따라서는 심하게 악화되거나 영구히 무너져버린다.

다른 여러 가지 문제들과 같이 환경의 문제에 관한 국가간 회의는 경제적으로 풍부한 공업국들에 의하여 거의 독점되어왔다. 환경적위기라는 말이 매스컴이나 정치가들의 입에 오르내리게 된 것은 과거 10년이래의 일로 산성비나 수질오염이 심해짐에 따라 쓰이게 된 것이다. 농업과 같은 환경과 깊은 관계가 있는 분야에서도 생태학적인 문제는 잘못 쓰인 화학적 물질로 생기는 오염문제 같은 것에 집중되어 있고 다른 문제는 관심이 그리 크지 않다.

이런 문제들은 대단히 절박한 것이어서 현재까지보다는 더 큰 관심의 대상이 되어야 한다. 현재 일본의 도쿄나 브라질의 상파울로를 덮고 있는 오염된 대기를 정화하고 북미의 Eric호를 살리기 위한 노력과 같은 살고 있는 환경을 지키기 위한 노력이 세계 여기 저기서 있기는 하나 이것은 네팔이나 자바의 산이나 아프리카의 차드국이나 인도의 방목지에서와 같이 자연이 일방적으로 당하고 있는 것에 비하면 아주 작은 승강이에 불과할 뿐이다. 대기나 물의 오염문제보다 앞으로의 인류복지에 대하여 더욱 심각한 위협이 될 수 있는 보다 큰 문제는 점차 심해가는 토양침식이나, 사막의 확대, 홍수의 증가 그리고 토지의 비옥도 감퇴에 따르는 토지 생산성의 근본적 파괴로 파생하는 문제들일 것이다. 인간은 자포자기, 무지, 근시안적 또는 탐욕 등으로 자연의 한계를 무시하고 스스로 자기의 생존기반을 파괴하고 있다.

이런 자연 파괴 작용으로 고난을 겪는 대부분이 가난한 사람들임은 놀랄 일이 아니다. 이것은 이들이 먹을 것이나 땔 것을 얻는데 있어서 그들이 놓여 있는 처지나 제도가 자신들의 처지를 해결할 수 있는 위치에 놓여 있지 못한 수가 많기 때문이다. 빈곤은 흔히 미개발의 환경이나 부유한 자의 심한 약탈과 유관하나 때로는 가난한 자가 부유한 자보다도 더 심하게 환경을 파괴하고 있는 수도 있다.

과거의 수많은 문명이 남긴 폐허나 황량한 풍경은 인류가 수 천 년 간에 걸쳐 자기 자신의 복된 것을 헐값으로 파괴하여 왔음을 보여주고 있다. 그런데 오늘날에는 이런 파괴현상이 세계도처에서 무서울 정도로 광범위하고 현기증이 날 정도로 빠른 속도로 일어나고 있다. 세계인구는 단순한 산술적 계산으로도 인류와 환경관계가 바야흐로 현재 우리가 위험에 찬 역사적 새 시대를 맞고 있음을 말해주고 있다.

자살적인 토지이용이나 급속한 인구증가의 근본적 원인이 무엇이든(그 원인은 무수히 많으며 복잡하게 엉켜있다) 거의 모든 경우에 있어서 인구의 증가가 식량생산기반을 악화시키는 것에 깊이 관련되어 있는 것은 사실이다. 인구는 인간이 이 지구상에 출현한지 2~300만년 후인 1830년에 10억에 달하였고 20억이 된 것은 그 후 약 100년 후였으며 다시 10억이 늘어난 30억이 되는 데에는 약 30년 밖에 안 걸렸다. 그로부터 15년 후인 1975년 후반의 어느 날에는 세계인구는 40억에 달하였다. 이런 추세로 간다면 13년 후에는 50억이 되고 60억이 되는 것은 그로부터 6년 후가 되는 셈이다.

이처럼 믿기 어려운 일이 실제로 일어나고 있다는 사실이 현실적으로 어떤 뜻을 가지고 있는가는 상상조차 하기 힘든 일이다. 인구가 증가함에 따라 농민은 경사가 심하여 일년 동안만 작물을 재배하면 표토가 유실되어 버리는 급한 경사지로 밀려 올라가게 되고 홍수나 토양침식을 막는데 없어서는 안 될 삼림을 벌채하여 숯으로 만들어야 하였으며 한발에 약한 초원은 황진현상이 심해질 것이 뻔한데도 곡물생산을 위하여 경작을 하지 않을 수 없게 되었던 것이다. 이런 것들은 멜더스가 미처 생각하지 못하였던 측면이다. 지수 함수적으로 증가하는 인구는 일정량의 식량생산을 위하여 경작 가능한 토지의 공급을 요구할 뿐만 아니라 때로는 그의 생산력을 감소시키는 원인이 되기도 하는 것이다. 그러나 멜더스의 비관적 이론에서 미처 생각지 못하였던 이 요인 또한 중요한 것이다. 오늘날 인간은 과거의 잘못을 알고 있어서 파괴적 경향을 막고 식량의 충분한 공급을 위하여 모든 토지를 농업생산에 알맞게 이용할 수 있는 과학적이고 기술적인 능력도 갖고 있다. 지구의 생명유지 능력이 크게 파괴되어가고 있는 사실은 피할 수 없는 숙명적인 것도 아니고 마술적인 과학적 진보에 대해 역행을 뜻하는 것도 아니며 축적되고 있는 지혜를 실제로 이용하느냐 않느냐에 달려 있는데 이것을 결정하는 것은 과학적 연구가 아니고 정치 경제적인 요인들이다.

이 책이 식량증산을 위한 자멸적 노력에 초점을 맞춘 최초의 시도는 아니며 최후의 노력은 더더욱 아닐 것이다. 금세기초 주로 토양침식을 걱정하는 몇몇 사람들이었지만 많은 학자들이 인류가 종래의 태도를 바꾸지 않을 때에 직면하게 될 생태학적인 재난들이 다가오고 있음을 예를 들어 지적한바 있다.(주 1) 때로는 토양침식이 인류문화의 장래에 대한 가장 큰 유일한 위협이 될 것이라고 지적되기도 하였다. 1930년대 북미대륙의 중심부에 있는 대평원이 황진으로 황폐화되면서 세기의 극적 환경파괴가 경고가 아닌 현실로 나타났던 것이다.

그 후 대평원은 인간에 의한 파괴에서 회복되어가고 있었으나 2차대전은 또 다른 형태와 규모의 환경적 비극을 불러일으켜 그전에는 볼 수 없었던 경제적발전시대를 맞게 된다. 세계의 농업역시 1940년대 후반 이래 눈부신 발전시대에 들어서 세계 곡물생산은 인구증가를 크게 초과하는 증가를 하였다. 부유한 국가들에서나 가난한 국가들에서의 앞뒤를 가리지 않는 경제 성장으로 산업폐기물이 쌓이게 되면서 새로운 환경문제를 일으키기는 하였으나 토지생산력의 저하가 인류의 몰락을 초래할지도 모른다는 예전의 예측이 잘못되었음을 역사가 증명하는 듯하였다. 그러나 정말로 그럴까. 지난 20년간 가난한 나라거나 부자인 나라를 막론하고 대부분의 국가에서 농업생산은 지속적으로 증가하였고 GNP도 현저하게 상승하였으나 그 뒤에는 또 다른 측면에서 벌어지고 있는 몇 가지 기본적인 사실이 은폐되어 있었다. 국민소득의 수치는 10억 이상의 인구가 비참한 빈곤, 불행, 착취의 악순환 속에서 빠져나오지 못하고 있고 그들 중 많은 사람들이 그들의 부모가 살았던 환경보다 좋지 못한 조건에서 살고 있다는 사실은 은폐되고 있었다. 세계의 식량총생산량은 - 각국의 생산량에 대하여서도 같은 일이나 - 보다 가난한 지역이나 국가의 수많은 농민의 침체되었거나 감퇴하고 있는 생산성을 숨기고 나타내지 못하고 있다. 이런 수치들은 풍년이 들어도 5억 이상의 인구가 만성적인 영양실조에 걸려있고 70년대 중반에 겪은 것과 같은 곡가가 치솟으면 수억의 인구가 굶주림을 겪어야하는 사실을 숨기고 있다. 발전을 말하는 통계는 생계를 유지할 수 없어 농지를 떠난 사람들로 차있는 도시의 빈민촌의 실상도 무시하고 있다. 결국 농업이나 경제는 성장을 나타내는 세계의 발전과정에서 생기는 희생이나 버림받은 것들은 무시하고 있는 셈이다.

물론 세계인구의 1/4 또는 그 이상의 비참한 처지에 있는 사람들이 무시되어 왔다는 것은 아니다. 국가별로 또는 국가간 경로를 통하여 매년 수 십억불이라는 돈과 수 천 명의 전문가가 빈곤국의 농업발전에 투입되고 있다. 농업을 통해 여러 분야에 걸쳐 농촌의 발전을 도모한다는 것이 점차로 인식되어가고 있는데 이것은 동시에 세계가 당면하고 있는 가장 시급한 여러 가지 사회문제를 개선할 수도 있는 것이다. 이런 계획 덕분에 더 많은 식량이 생산될 뿐만 아니라 영양이나 수입을 누구보다도 더 많이 필요로 하는 사람들이 도움을 받게 될 것이다. 농촌지역에서 보다 많은 수입과 취업기회가 생기면 잘 계획된 농업발전계획은 도시로의 인구 유입을 막는데도 도움이 될 수 있겠고 개선된 사회적 여건은 농촌지대의 가난한 사람들도 소가족화 해 온 역사적 과정을 밟게 될 것이다. 그러나 어떻게 된 일인지 많은 국가들의 여러 지역에서 그렇게 되어가고 있지 못한 것으로 보인다. 현실을 보면 자금이나 연구 그리고 전문가들 모두가 근본적 문제해결에 도움이 된 것은 별로 없는 듯하다. 무엇이 잘못되었을까?

이와 같은 발전의 이면에 깔려 있는 부정적인 측면을 살펴보면서 우리는 여러 가지 "죄인"(원인)을 찾아 낼 수 있다. 경제학자 중에는 개인적 견해에 따라 증산을 위한 충분한 자본을 축적하는데 실패하였다고도 하고 효율증대를 막는 노동력이나 자본 또는 기술시장이 불안정성을 거론하거나 또는 무역이나 투자가 가난한 사람들의 복지와는 동떨어진 쪽으로 이루어졌다는 생각을 할지 알 수 없다. 또 사회학자는 전통에 억매인 문화가 근대화에 필요한 여건조성을 불가능케 하였다던지 또는 사회경제체제가 가난한 사람들이 어쩔 수 없이 그대로 살게끔 강요하고 있다고 생각할 수도 있겠다. 정치학자는 사회개혁을 가져올 수 있는 행정력의 결여를 강조하거나 가난한 사람들이 그들 자신의 운명을 결정하지 못하도록 되어있는 힘의 상호관계를 그려볼지도 모르겠다.

이런 견해는 모두가 부분적으로는 사실이다. 그러나 여러 가지 각도에서 전체를 그리려면 또 하나의 견해를 더해야 한다. 그것은 이런 여러 가지를 묶은 것으로 흔히 무시되고 있는 것이나 인간의 사회적 위치와 자연계에서의 그의 위치를 아울러 생각하는 생태학적 견해이다. 실제로 심각한 빈곤상태에 놓여있는 거의 모든 지역이나 가난한 도시 불법 거주자들이 버리고 떠난 농촌에서 찾아 볼 수 있는 공통점은 파괴되어가고 있는 자연환경이다. 생태학적인 파괴는 다분히 위에서 열거한 경제, 사회, 정치적불합리성으로 생긴 결과이다. 그리고 이것은 또한 빈곤의 주원인으로 되어가고 있기도 하다. 만약 환경적 균형이 깨지고 인류의 욕구를 충족시킬 수 있는 생태계의 능력이 손상된다면 이것은 곧바로 토양의 악화를 초래하여 정치적이거나 재정적이거나 간에 그의 회복이나 개발을 위한 노력은 한결 더 어려워진다. 세계적인 농촌개발 노력의 가장 큰 약점은 환경파괴 작용이 무시되기 쉽다는 것인데 이것은 개발의 효과를 근본적으로 흔들리게 하는 것이다.

개발에 있어서의 생태학적 측면이 많이 무시되고 있는 것은 학계와 행정기관이 직업적으로 분리되어 상호간의 이사 상통이 이루어지지 못하고 있는 것과 적어도 부분적으로는 관계가 있는 것이다. 경제학자, 임학자, 공학자, 농학자 그리고 생태학자들의 연구결과에 접하게 될 때 이것이 한나라에서의 일을 말하고 있는가 의심날 정도로 의견이 크게 다른 수가 흔히 있다. 전문가들의 행동에서도 상호이해와 조화가 결여되어 있는 수가 흔하다. 기술자들은 계속하여 댐을 건설하나 농업생산기술이나 하천토사의 유입에 영향을 미쳐 댐의 수명을 좌우하는 수원지의 삼림벌채에는 그리 큰 관심을 가지지 않는다. 농업경제학자는 computer와 정밀한 모델을 이용하여 지역의 앞으로의 식량생산을 예측하나 토질의 악화나 감산으로 이어질 홍수발생빈도의 증대에 관하여는 생각도 않는다. 수자원 전문가는 사막주변에 우물을 파지만 부근의 가축의 두수조절에 대한 배려는 없다. 가축두수가 증가하면 과도한 방목이 불가피해지고 그에 따라 새로운 사막이 생기게 되는 것은 필연적인데도 말이다. 농촌에서 가축이나 땔감을 찾는 농민들 사이에 끼여서 나무를 심고 보호해야할 임업전문가는 식물학이나 조림학에 관하여는 고도의 훈련을 받으나 농촌사회학에 관하여는 아무것도 배운 것이 없다. 그들이 심은 어린나무는 몇주일 안에 소나 염소에 의하여 짓밟히고 땔감을 찾는 사람들의 몫이 된다.

농업에 대한 생태학적 배경이 고려되지 않고 있다는 사실은 세계 최고급 정책수립자들에서도 볼 수 있다. 아프리카, 아시아, 라틴 아메리카 등지에서는 삼림벌채가 가속화 되어가고 있어 이것이 식량생산에 여러 가지 영향을 미칠 우려가 있는데도 불구하고 1974년 11월 로마 국제식량기구의회에서 기아를 추방하기 위하여 통과된 수많은 결의안에는 삼림에 관한 것은 찾아 볼 수 없다. 국제연합의 기관지인 Ceres의 편집자들이 1975년 초 "방글라데시, 이디오피아, 인도, 파키스탄 그리고 사하라 사막 주변 국가들과 같이 한발이나 홍수가 흉작의 주원인이 되고 있는 모든 국가들에서 삼림이 점저 사라지고 있다는 사실은 우연한 일은 아니다"라고 쓰고 있는 것을 보면 이 문제를 완전히 무시하고 있는 것은 아닌 듯하다.

전문적 지식의 결여 또는 학문적 편견에서 생기는 문제가 아니더라도 환경파괴의 원인을 확실히 하고 그것을 해결하는 데에는 또다른 문제점이 있다. 생태학적 변화에 관한 정확한 통계나 그의 농업생산에 미치는 영향에 관한 정확한 통계가 아주 적다는 것이다. 이런 정보의 결여는 환경악화의 사실이나 위협이 적다는 것은 결코 아니고 이런 정보들을 밝히고 평가하는 일이 극히 힘든 일임을 말해줄 따름이다.

생태학적 스트레스의 징후를 그 원인과 혼돈 하는 수가 흔히 있다. 그 이유는 부분적으로는 환경파괴의 징후가 나타나는 것은 장기간에 걸친 한발이나 폭우와 같은 자연적 이변이 심할 때인 수가 많다는 것과도 부분적으로 관계가 있다. 미국 대평원이나 아프리카의 사하라지방에서 하늘이 먼지로 뒤덮이고 인도에서 기록적인 대홍수가 있었을 때 이 모든 책임을 자연에 돌려 버린다. 그런데 이것은 어떤 한 지역에서 모진 기후조건이 단독으로 일으키는 재해보다는 인간이 일으키는 파괴 작용이 훨씬 클 수도 있다는 사실을 간과하고 있는 것이다. 조건에 따라서는 거의 눈으로 볼 수 없을 정도로 작은 좋지 않은 일들이 서서히 쌓여가다 어느 한계에 달하면 갑자기 생각지도 못할 심각성을 드러낸다. 이런 일들은 과거에도 있었으나 앞으로도 계속될 것이기에 문제는 있을 것이냐 아니냐의 문제가 아니고 앞으로 생태학적 비극이 어디서 폭발 할 것이며 그 원인은 무엇일까 하는 것일 것이다.

세계어업은 식량생산체계에 대한 지나치게 많은 것을 요구하였을 때 그 결과가 어떻게 된다는 것에 대하여 교훈적이면서도 알기 쉬운 예를 제공하고 있다. 이 경우에는 생태학적 현실을 무시하고 그 대가를 치르고 있는 것은 가난한 나라의 사람들이라기보다 부유한 나라의 사람들인 경우가 훨씬 더 많다. 농업생산과 바다에서 먹을 것을 얻는 것 즉 어업 간에는 명백한 차이가 있기는 하나 많은 어장에서 어획량이 점점 감소하는 것을 보면 이것이 노력이나 투자를 늘렸을 때 어획량이 예전만 못하다는 정도가 아니고 난획으로 어업자원이 점점 줄어들면서 회복이 마이너스가 되었음을 말해주고 있다. 그리고 1970년대 초에는 이런 지역적인 난획의 결과 세계어획량이 3년간 계속하여 떨어지는 현상으로 이어졌던 것이다. 우리는 얼마나 많은 지역에서 환경이 악화되어 이와 같은 식량생산의 절대적 감소가 일어나고 있고 중앙아프리카의 일부에서와 같이 그것이 벌써 현실화되어가고 있는 가를 밝혀야 할 것이다.

빠른 인구의 증가, 비참한 사회적여건, 그리고 환경의 악화는 끊을 수 없는 연결고리를 형성하고 있다. 생활조건의 향상과 경제적 안정은 소가족화를 촉진하나 급격한 인구증가는 적절한 영양, 건강관리, 교육, 주택의 공급을 위한 노력을 뿌리 채 흔들어 놓아 생산성투자로 갈 자금이나 에너지를 빼돌리게 한다. 신기술은 파괴에 약한 생태계일지라도 인간이 필요로 하는 식량이나 물자의 생산성을 증가시키는 일에 많은 도움이 되어 왔으나 빈곤과 구태의연한 기술에 묶여있는 경우 인구가 증가하는 것은 토지의 생명유지능력을 크게 손상할 수 있겠다.

이 어려운 문제를 한쪽측면에서 해결하기를 주장하는 사람들 사이에서 벌어지고 있는 알맹이 없는 논쟁은 해를 거듭하면서 날을 세우고 있다. 어떤 사람은 가난한 사람들에게 피임기구를 충분히 공급하면 단시일 내에 상황은 좋아진다고 하는가 하면 다른 사람은 사회개혁이나 경제적 발전에 주력하면 인구문제는 자동적으로 해결된다고도 한다. 그러나 이런 주장을 하는 사람들은 이런 주장은 시작과 끝이 없는 순환론으로 면을 가진 사각형이 아니어서 명백한 면을 갖고 있지 못함을 잊고 있다. 인류역사상 현 단계에서 유일한 대안은 그 궤도의 각 지점에서 전력을 다하여 불리한 과정을 유리한 것으로 바꾸어 놓는 일밖에 없다.

가장 많이 가난에 시달리고 있는 나라에서 실시한 조사에서도 희망하는 가족수와 실제가족수간에는 차이가 있음이 밝혀져 가족계획의 필요성을 인식하고 있으나 수십억의 인구가 아직도 가족계획을 받아들이기를 거부하고 있다. 권력, 토지, 사회적 혜택의 재분배가 세계의 가난한 사람들에 희망을 갖게 하는 동시에 출생률을 끌어내릴 수 있다. 그러나 만약 그들이 인간과 자연은 떨어질 수 없는 일체적 결합체임을 인식하는 생태학적 도덕심을 갖고 있지 못하다면 개혁이나 발전을 위한 노력은 소기의 목적을 달성할 수 없을 것이다. 환경악화현상은 그 자체도 직접적인 관심을 가져야 할 가치가 있지만 빈곤의 뿌리가 제거되지 않는 한 자연계의 균형은 유지될 수 없을 것이다.

## 02 삼림파괴의 역사

콘크리트와 플라스틱에 묻혀 살고 있는 우리들 중 일부 사람들은 인간이 나무로부터 받고 있는 여러 가지 혜택을 잊고 있는 수가 있으나 모든 인간이 삼림으로부터 받는 혜택은 바로 부모로부터의 그것에 비유된다. 종이는 행정, 경제, 교육 그리고 거의 모든 인간과 인간사이의 의사소통에 관계가 있는 생산 자재로 현대사회에서는 식량이나 연료 못지않게 중요한 것이다. 그러나 그것의 공급이 딸릴 때까지는 그의 중요함을 느끼지 못한다. 아프리카, 아시아, 중남미에서는 아직도 조리에 주로 나무를 쓰며 추운 산악지대에서는 난방에 전적으로 나무를 이용하고 있다. 그리고 목재는 아직도 도처에서 건축물의 중요한 재료로 쓰이고 있으며 목재의 중요 성분인 섬유소는 셀로판, 레이온, 플라스틱 등의 중요한 원료이다. 또 삼림휴양지나 자연보호지는 도시화하는 사회에서는 필요한 정신적 휴식처가 되고 있다.

삼림이 적은 나라는 많은 경제적 부담을 안고 산다. 건축이나 가구류 생산에 쓰이는 목재의 값을 보면 목재가 부족한 가난한 나라에서는 개인 수입이 몇 배나 많은 미국이나 유럽의 여러 나라 보다 값이 훨씬 비싼 경우를 볼 수 있다. 가난한 나라에서는 땔감을 구하려고 멀리까지 가야하므로 많은 노동력을 소비하게 되며 땔나무나 목탄의 부족은 결국 국가경제나 개인 생계에 부담이 된다. 종이는 국내 생산이 수요를 충족시키지 못할 때는 항상 값비싼 수입품목이 된다. 특히 최근에 있어서와 같이 세계적인 종이수요 증대로 제지업에 대한 투자가 수요를 따르지 못하는 상태에서는 가난한 나라들은 종이부족이 심각하며 이에 따라 정보활동도 크게 지장을 받고 있다.

자연계에서의 삼림의 진정 중요한 생태학적 역할은 그가 갖는 사회적, 경제적 역할에 비하면 우리들의 눈에 잘 띄지 않는 곳에 있다. 삼림은 바람, 온도, 토양, 그리고 물 등에 큰 영향을 미치는데 이런 기능은 나무를 베어버려 지금까지 사람들에게 도움을 주던 삼림의 기능이 없어져야 비로소 알게 되는 것이 보통이다. 삼림은 물, 산소, 탄소, 질소 등 생물이 필요로 하는 물질들의 지구적 순환과 밀접한 관계가 있는데 이것은 재활용이 불가능한 화석연료의 소비 없이도 이루어지는 것이다. 수목으로 덮인 곳에 떨어진 빗물은 곧바로 흘러내려가 버리지 않고 땅속으로 숨어들어 가기 때문에 홍수나 토양침식은 그만큼 적어지고 보다 많은 양의 물이 지하수맥이나 샘물로 변한다.

인류가 출현할 때까지 수 십 억년 동안 지구상의 삼림의 역사는 생물의 진화, 기후변화, 지각의 융기와 침몰 그리고 대륙의 이동현상과 같은 서서히 일어나는 변화 속에 묻혀 있었으며 이런 변동은 오늘날까지도 이어지고 있다. 예를 들면 현재 우리가 사하라 사막이라고 하는 지역은 지금부터 약 4억 5,000만 년 전에는 아마도 남극에 가까이 위치하고 있었는데 그 후 서서히 여러 가지 기후대를 거쳐서 오늘에 이른 것으로 생각된다. 지금도 매년 1-2cm씩 북극으로 이동하고 있는 사하라 지방은 앞으로 500만 내지 1000만년 후에는 위도가 1도 정도 달라질 것이며 그에 따라 기후조건이나 식생상태도 변할 것으로 생각된다.(주 1)

지금부터 수100만 년 전에 인류와 비슷한 생물이 지구상에 출현하게 되면서 지구는 새로운 생물학적 시대를 맞게 되었다. 그 이유는 이 동물이야

말로 마음대로 환경을 바꿀 수 있는 최초의 생물이었기 때문이다. 인간의 환경개변능력은 극히 최근까지만 하여도 보잘 것이 없는 것이었으나 그의 최후의 1%에 해당하는 기간 동안에 기후적 조건과 맞먹을 정도로 식생환경에 미치는 영향력이 커졌으며 지역에 따라서는 그를 앞지를 정도가 되었다.

인간이 현재와 같이 진화한 후의 지구상 삼림의 완전한 역사는 아직 쓰여져 있지 않으나 그것은 인류문화의 역사와 아주 닮은 것이었을 것이다. 인간이 삼림에 대하여 어떻게 하였는가는 기술이나 정치, 또는 사상적 발달의 역사에 깊게 얽혀 있으며 이것은 지금까지 많이 연구되어 잘 알려져 있는 레바논에서의 삼나무림의 역사가 잘 말해주고 있다.

레바논의 도량산맥인 레바논 산맥은 한때 당당하고 풍부한 삼나무 숲으로 덮여 있었다. 그러나 이 큰나무는 그의 훌륭한 이용가치 때문에 그런 나무가 별로 없는 구대륙에서는 전설적인 것이 되어버려 결과적으로 파멸을 면치 못하였던 것이다. 삼나무가 자라지 못하는 곳에서는 산은 소나무, 전나무, 향나무, 참나무 등으로 덮여 있었다. 그런데 현재에는 과거의 훌륭하였던 삼림은 사라지고 그 면모만을 남기고 있을 뿐이다. 현재 남아있는 삼나무 숲은 멀리 떨어져 점점이 있는 12곳이 있는데 이런 곳은 깊은 산중이어서 접근이 어렵거나 교회 근처로 수 천 년 동안 보호되어온 지역들이다. 이 지역의 생물학적 파괴사를 연구한 마아빈 W. 마이크셀의 말과 같이 현재 레바논산맥의 대부분은 "사하라의 산들에서와 같이 불모"로 되어 버렸다.(주 2) 제대로 자라지 못한 식생이 표토가 씻기어 내려가 들어난 바위틈 사이에 겨우겨우 살아남아 있다. 5천년 문화의 지난날의 영화를 말해주는 것은 레바논 고원에 남아있는 쇠퇴한 문화유적 뿐이다.

삼나무의 벌채가 시작된 것은 후에 페니키아인이라고 불리게 된 사막의 셈족이 지중해 동해안을 점령하게 된 기원전 3000년 경으로 거슬러 올라간다. 농업생산에 한계가 있는 산간지대에 살게 된 페니키아인은 수공업과 교역에 힘썼으며 그의 교역선은 영국이나 서부 아프리카까지 진출하였다. 그들이 만든 유리제품, 염료, 직물, 도기, 금속류 등은 튀루스나 시돈과 같은 교역항의 번영을 도왔으며 얼마 안가서 이들 항구는 지중해와 서남아시아에서 대부분의 물건을 교역하는 무역의 중심이 되었다. 페니키아의 산물 중 가장 값진 것은 아마도 삼나무였을 것이다. 삼나무는 재질이 강하고 크기 때문에 조선이나 궁전의 건축에 이용되었는데 원래부터 양질의 목재가 부족하였던 구대륙에서는 문명의 발달과 더불어 양질의 목재 부족을 초래케하여 그 수요는 더욱 증대하였다.

고대 이집트의 왕들은 레바논 산 목재를 최초로 수입한 기록을 남기고 있다. 기원전 약 2600년의 스네후르 왕에 관한 기록에는 배와 궁전의 문을 만들기 위하여 구입한 삼나무를 가득 실은 배 40척이 입항한 기록이 있다. 그 후 2000년간 목재는 물물교환이나 또는 이집트가 페니키아를 지배 할 때는 공물의 형태로 이집트로 들어왔다.

레바논의 삼나무는 이집트에서 뿐 아니라 또 다른 문화의 요람인 중동의 메소포타미아에서도 값진 것이었다. 기원전 3000년의 유명한 메소포타미아 신화 "길가메쉬의 서사시"를 보면 넓은 지역에 걸쳐있는 삼나무 숲에 관한 언급이 있으나 최초의 삼나무 교역기록은 정복자인 앗시리아인이 사원과 궁전을 세우기 위하여 삼나무를 고정적으로 공물로 바칠 것을 요구한 기원전 1100년경의 일이다. 이런 일은 그 후에도 이어졌으며 때로는 통나무를 유프라테스 강까지 끌고 가서 뗏목으로 메소포타미아까지 운반하기도 하였다. 기원전 6세기의 바빌로니아 왕이었던 네부카드네잘 왕은 멀리 떨어져 있는 레바논 산에서 좋은 목재를 확보하는데 성공한 것을 자랑하려고 비석까지 남길 정도였다.

그 후의 문명발달에 따르는 이 귀중한 자원의 고갈 과정에는 수많은 숨은 이야기가 있다. 구약성서에는 팔레스타인의 삼나무 수입에 관하여 기원전 950년경에 이스라엘의 솔로몬 왕이 튀루스의 히람 왕에게 다음과 같이 써 보냈다는 글이 있다. "당신이 나의 아버지인 다비드 왕이 살 집을 짓도록 삼나무를 보내준 것과 같이 나에게도 같은 도움을 주기 바란다." 예루살렘에 있는 유명한 솔로몬의 궁전을 짓기 위한 목재를 얻으려고 수많은 노동자가 레바논으로 보내졌다. 삼나무의 값으로 12만 5000붓쉘의 밀과 100만 갤론의 올리브유를 솔로몬왕은 보냈다고 한다.(주 3) 600년 후 마케도니아의 알렉산더왕은 유프라테스 함대를 만드는데 레바논의 삼나무를 이용한 듯하며 후계자인 안티고누스는 함대건설에 필요한 목재를 얻기 위하여 레바논에 8000명의 노동자와 1000조의 마차 말을 보낸 것이 기록으로 남아있다.

1세기반 동안을 지배한 로마제국은 드디어 남아있는 삼나무 숲을 보호하려고 하였다. 즉 하드리안 황제(117-138)는 남아 있는 삼림에 대하여 국가의 소유임을 알리는 비석을 거의 100개나 레바논 산의 북쪽기슭에 세웠다. 그 후 수세기 동안은 삼림의 벌채량은 감소한듯한데 이것은 자원량의 감소와 더불어 그 지역 통치자의 벌채제한에 힘입은 것으로 보인다.

레바논산맥의 삼림에 대한 새로운 위협이 7세기에 있었던 민족대이동, 특히 종교적 박해를 받은 이교도의 이주와 그들이 함께 갖고 온 산양이 산허리로 침입하면서 시작되었다. 이때에는 산맥의 대부분이 벌써 헐벗었으며 여러 정복자들이 목재로 이용할 수 있는 것은 베어버렸으나 그 후 1000여 년 간 산림파괴의 주범은 땔감장사로 생각된다. 그들은 그때까지도 레바논산맥에서 목탄을 팔려고 다마스커스나 트리폴리 기타 도시로 갔었다. 가장 최근의 대규모 파괴는 제2차 세계대전 때 있었다. 이때 영국군은 트리폴리와 하이파를 잇는 철도의 침목으로 산맥의 서북면에 있는 삼림에서 전나무와 참나무를 잘라 이용하였다.

주변의 인간사회가 상당히 발달할 때까지는 레바논의 삼나무 피해는 그리 심한 것이 아니었다. 따라서 생산력을 증대시킬 수 있는 농업기술이나 복잡한 사회구조의 발달은 도시의 발달이나 조선 또는 신전건립 그리고 국가노력에 의한 사업의 전제조건이라는 것이다. 삼림황폐의 속도는 모든 대륙에서 농업의 발달과 사회구조의 변혁과 더불어 빨라졌다. 그러나 삼림에 대한 인간의 영향은 1만여 년 전 농경기술의 발명보다 수 10만년 앞선 긴 역사를 갖고 있다. 농경시대, 도끼시대, 전쟁시대 이전에도 인간은 지구 표면의 모습을 바꾸었는데 그 주역은 불의 이용이었다.

불은 때로는 자연발생적인 것이었으며 경우에 따라서는 생태계에 유익한 요소로 작용하기도 하였다. 선사시대에도 인간은 불을 이용하여 여러 대륙에서 식생에 영향을 미쳤다. 인류는 불을 만들 수 있는 방법을 알게 되기 이전부터 번개나 화산폭발로 생긴 불을 보존하거나 운반하는 방법을 알고 있었던 것으로 믿어진다. 나무를 비벼서 불씨를 만드는 원시적인 착화법을 발명한 다음에도 상당히 오랫동안 불씨를 보존하는 일은 거의 신성한 일로 되어 있었다. 그래서 이동을 거듭하는 무리들에서도 대부분이 캠프에 불을 남겨놓아 그들이 귀로에 불씨가 남아있기를 바랬던 것이다. 이런 것을 바탕으로 결론지을 수 있는 것은 최소한 건조한 지대나 건기에는 우연한 산화 또는 야화가 선사시대에는 잦았으며 이것은 상당히 넓은 지역에 걸쳐 식생상태를 변동시켰을 것이라는 것이다.(주 4) 불을 보존할 필요가 없는 현대에도 야영시 불을 완전히 끄지 않고 남겨두어 그것으로 대규모의 삼림피해를 보게 되는 수가 있다.

이처럼 우발적인 삼림파괴는 질적으로나 규모면에서 불을 의도적으로 사냥에 이용하게 되면서 곧 줄어들게 되었다. 인구밀도가 낮은 때에는 사냥으로 잡은 것을 요리하는데 쓰인 나무의 양은 사냥을 위한 불의 삼림에 대한 파괴에 비하면 대단한 것은 아니었을 것이다. 불은 사냥에 옛날부터 이용된 것으로 불을 질러 동물을 깊은 숲속에서 들 또는 관목대로 쫓아내서 잡는데 지역에 따라서는 아직도 쓰이고 있다. 이것은 불을 질러 시야가 좋게 한 숲이나 초원은 밀림보다는 사냥을 하는데 일반적으로 좋은 조건을 제공하고 결과도 좋기 때문이다.

풀을 뜯어먹는 동물들을 사냥하게 되면서 삼림지대나 초원에 불을 지르는 것은 더욱 잦아졌던 것으로 생각된다. 이것은 불을 질러 거치장거리는 관목을 태워버리면 새로운 풀이 때를 맞춰 돋아나는데 이것은 초식동물에는 유리한 것이 보통이다. 물론 이러한 불의 이용이 지나치게 잦거나 걷잡을 수 없는 대규모의 것일 때는 기대한 효과를 얻을 수 없다. 현재 반건조지대에서 일어나고 있는 사막의 확대나 토양침식의 주원인이 방목민들에 의한 무분별한 불 지르기라고 많은 생태학자들은 보고 있다.

삼림지대에서 전통적으로 불 지르기는 경지를 개간하는데 주요수단이 되어왔다. 이것은 역사적으로 볼 때 유럽이나 북미에서는 과거에 그러하였으며 아시아, 아프리카, 중남미의 여러 지역에서는 아직도 이용되고 있다. 특히 습한 열대우림에서 널리 이용되는데 농민들은 일정한 경지를 개간하기 위하여 제한적인 불 지르기를 하여 얻은 경지를 수년간 경작에 이용하고 토양비옥도가 떨어지면 내버리고 다른 곳으로 이동한다.

북미대륙 평원의 주민 인디언들은 미국 들소(버팔로)의 수렵장을 넓히기 위하여 삼림을 세심한 주의를 기울여 불태웠는데 F. 프레이져, 다아링은 이것이 초원 면적 확대와 상당히 깊은 관계가 있다고 말하고 있다. 1803년 북부 로키산맥을 탐험한 유명한 루이스와 크라크는 나무가 살아갈 수 있는 넓은 곳까지 초원으로 되어있음을 발견하였다. 불 지르기를 멈추면 이런 지역은 나무숲으로 변하게 마련이다. 1520년 마젤란은 후에 그의 이름을 따서 붙인 해협을 지날 때 본 여기저기에 일어나고 있는 많은 불이 인상적이어서 그 주변지역을 Tierra del Fuego(불의 나라라는 스페인어)라고 명명하였다.(주 5) 이 이름은 아마도 마젤란 해협 뿐 아니라 남미의 대부분 지역에도 맞는 이야기일 것이다. 그 이유는 불은 당시 수렵민이나 유목민에게는 가장 많이 쓰여진 수단의 하나였기 때문이다.

불이 가장 광범위하게 그리고 철저하게 토지의 면모를 바꿔놓은 곳은 아프리카에서이다. 아프리카 대륙의 최소한의 1/3은 건조한 초원(사반나)로 덮여 있는데 이들 초원은 만약 인간에 시달리지 않았더라면 대부분이 삼림이었을 것이다. 수렵민, 유목민, 농경민에 의한 수세기 동안에 걸친 불의 이용으로 지금 남아있는 원시림과 보다 건조한 초원사이에 거대한 생태학적 지대가 새로 형성되었다. 1948년에 한 학자가 추정한 것을 보면 열대 아프리카의 삼림은 원래의 면적에 비하여 1/3로 감소하였는데 삼림파괴속도는 최근 25년간에 급속히 빨라졌다고 한다.(주 4)

아프리카, 미대륙, 동남아의 여러 지역에서 수렵민과 농경민에 의한 삼림의 파괴가 국지적으로 서서히 이뤄지는 동안 구대륙에서는 대규모의 사회조직의 출현과 더불어 본격적인 삼림파괴가 시작되었다. 레바논산과 동부지중해연안에서 일어난 파괴의 역사는 앞서 설명하였으나 그 역사가 말하듯이 삼림의 파괴는 지중해연안 전역과 아시아의 일부 특히 중국에서도 현저하여졌다.

중국은 지구 전체 육지면적의 약 1/12의 면적을 차지하고 있는데 대부분의 국토가 산악지대이며 아마도 그의 반은 과거에는 삼림지대였던 것으로 생각된다. 중국은 오랫동안 세계에서 가장 인구가 많은 나라였으며 5500년 이상의 긴 역사를 통하여 거대한 식량과 연료의 수요를 충족시키면서 발달하여왔다. 그 결과 중국은 현재 수 천 년간의 삼림파괴로 인한 비참한 생태학적 결과를 해결하기 위하여 노력하고 있다. 1956년 중국의 임업장관은 "세계에서 가장 많은 헐벗은 산을 갖고 있다" 고 하였다.(주 7) 전체국토에서 옛날의 수목으로 덮여있는 경관이 보이는 곳은 사원부근 뿐이다.

페니키아인이 정착하기 이전부터 중국에서는 인간이 황하유역의 비옥한 수림지대로 이동하였다. 수세기간에 걸친 농경지 부족현상을 겪으면서 중국 북부평야의 대부분을 개간하게 되었다. 이런 경향은 주시대(기원전 1127-255년) 872년간은 부분적으로 억제되었는데 이 시대야말로 세계에서 삼림행정이 최초로 이루어진 시대로 임야보호의 필요성에 깊은 관심을 갖고 그의 보전에 노력하였던 때였다. 그러나 주의 멸망과 더불어 그 후 22세기 동안 광범위한 삼림파괴가 계속되었다.

4-5세기가 되면서 많은 인구가 양자강이나 주강지역으로 이동하면서 임목을 벌채하였다. 생산성이 큰 수도재배의 발달이 많은 인구를 먹일 수 있었으나 결과적으로 이것은 삼림지대에 대한 압박을 더해갔다. 중국에서의 공업의 발달과 제국주의는 삼림지대 깊숙이까지 침략의 손을 뻗쳐 들어갔다. 일본인은 20세기 초에 만주를 점령하고 그들이 지배한 수 십 년 간 삼림지대 깊숙이까지 들어가 나무를 벌채하였다. 그리하여 20세기 중반에는 중국 국토의 약 8%만이 나무로 덮여있게 되었다.

산지와 하천유역이 나지화 되면서 촉진된 심한 도양침식으로 중국의 몇몇 하천들은 세계에서 가장 많은 토사유량을 가지게 되었다. 황하나 기타의 강에서 하상이 유역의 토지보다도 높아지게 되었고 이에 따라 강물을 제자리로 흐르게 하려면 계속해서 제방을 축조하여야만 했다. 대홍수가 끊임없어 황하는 "중국의 우환" 이라고 옛날부터 일컬어질 정도로 항상 위협이 되고 있다. 토양침식, 토사퇴적, 목재부족 이 모든 것은 삼림의 감소로 심화된 것인데 1949년 새 정부가 들어서면서 주요한 도전 과제의 하나가 되었다. 그리고 그 이후에도 삼림육성은 정부의 우선적 시책이 되어왔다. 중국의 인구는 16세기 초반에는 약 1억이었는데 1949년에는 5억을 넘었고 현재에는 8억 이상으로 추정된다. 이런 상황에서 중국에서 삼림육성이 극히 어려운 문제일 것이라고 생각되는데 지금까지 확실한 진전이 있다는 것은 인상적인 일이 아닐 수 없다.

유럽 남부와 아프리카 북부의 지중해연안기후조건은 울창한 삼림형성에는 알맞은 조건은 못되나 현재 이 지역을 특징짓고 있는 헐벗은 산들에서 과거에 있었던 넓은 삼림지대의 면모는 거의 찾아 볼 수 없다. 로마시대 말기에 지중해연안의 저지대에서의 삼림벌채는 심각한 것이었다.(주 9) 경지개간, 방목, 땔나무하기, 건축 등 이 모든 것이 이런 상태를 만들었다. 수세기 동안 문화활동에 의한 압박은 약화되었으나 자연적인 삼림회복을 어렵게 하였다.

플라톤은 크리티아스에서 그리스의 아티카 지방의 헐벗은 산의 참상을 슬퍼한 바 있다. 이 지역은 기원전 4세기에 벌써 심하게 삼림이 파괴되어 있었다. 플라톤은 아티카지방은 한때는 많은 삼림을 갖고 있었으나 "현재는 과거에 비하면 병으로 지쳐 뼈만 남은 것과 같이 되어버려 풍만하고 부드러운 몸은 사라지고 남아있는 것은 앙상한 해골뿐이다"라고 쓰고 있다. 귀중한 빗물은 땅속으로 스며들 틈도 없이 헐벗은 땅위를 흘러가버려 말라버렸던 것이다. 인구의 집중이 빨랐던 아티카는 대부분의 그리스나 그의 주변지방보다 수세기나 앞서 이러한 어려운 상태에 빠져 들어갔던 것이다. 그러나 플라톤의 말이 아티카에 한한 것이 아니고 더 넓은 지역에 대하여도 적용된다는 것은 지금도 이 지역을 찾는 사람들이 그 끝없이 펼쳐지고 있는 돌투성이의 불모지로 된 풍경을 보면서 이곳이 한때는 풍성하고 부드러운 풍경과 숲으로 덮어있었다는 것을 믿을 수 있을지는 의문이다.

3세기에서 4세기에 걸쳐 로마제국이 경제적위기를 맞게 되면서 전 영토에 걸쳐 펼쳐졌던 의욕에 찬 토지개간은 일시적으로 정체상태에 접어든다. 그때 지중해 주변국가들 중에서 대면적의 삼림이 남아 있던 곳은 산악지대 뿐이었다. 그러나 가축업자와 농민 그리고 비잔틴제국, 베니스, 제노아, 카탈로니아와 같은 중세기 강국들의 조선업자들은 현재의 터키, 그리스, 유고슬라비아, 이탈리아 그리고 스페인 지방의 남아있는 삼림에 대한 이용을 강하게 주장하였다.

7세기부터 11세기에 걸친 아랍인들의 북부아프리카 침략에 따른 인구유입과 가축 그리고 군사 활동은 얼마 남지 않은 이들 지역의 삼림에 대한 압박을 급속히 가중시켰다. 19세기에서 20세기에 걸쳐 프랑스의 이주민이 원주민을 대신하게 되면서 많은 농민들이 산악지로 밀려나게 되면서 또 다른 산지개간시대가 찾아들게 된다. 초기의 공업발달이나 철도건설도 한몫을 하였다. 최근 50년간의 급격한 인구증가는 땔감, 방목면적 그리고 경지면적에 대한 수요를 배가하였다. 한때 모로코, 튀니지아, 알제리아를 합한 면적의 1/3을 덮고 있던 삼림은 20세기 중반기에는 약 11%로 감소하였다. 아프리카북부 전체에 걸쳐 삼림조성계획이 시행되고 있으나 아직도 식수가 소비량을 따르지 못하고 있는 실정이다.(주 10)

중앙유럽과 서부유럽은 선사시대에는 풍부한 삼림으로 덮여있었다. 그러나 농업이 발달하면서 도끼와 불을 이용한 개간이 증가하고 삼림파괴가 서서히 진행되었다. 그리하여 12세기에 이르러서는 감소한 삼림지대의 상당한 부분이 농경지가 되었다. 중세기에는 유럽의 삼림면적은 질병, 전쟁, 사회구조의 개혁 등의 영향을 받아 인구가 늘었다 줄었다하였다. 중앙유럽과 서부유럽의 대부분지역에 걸쳐 농경지가 최대로 확대된 것은 1300년경으로 이때를 고비로 경지면적확대는 2세기동안 정체와 감소를 거듭하였다.(주 11) 건조한 지중해지대와는 달리 온대인 중앙유럽에서는 내버려두면 삼림은 자연히 갱신이 이루어진다.

유럽에서는 15세기말까지 긴 경제적 침체가 계속되는데 그것이 끝나면서 삼림지대의 휴식기도 끝난다. 이탈리아에서 불어 닥친 문예부흥의 바람을 타고 과학이나 공업이 발달하면서 문화가 꽃을 피게 되었을 뿐만 아니라 남아있는 유럽의 미개발 삼림을 파괴하기 시작하였다. 유리공업, 광업, 제련공업, 피혁공업, 비누공업 등의 발달은 막대한 양의 목재수요를 가져왔다. 유리제조업자들은 필요한 칼륨을 나무를 태운 재에서 얻었고 필요한 열은 목탄 또는 목재로부터 얻었다. 제철산업과 강철 산업이 신장하면서는 제련에 특히 많은 나무가 필요하였다. 철강(철과 탄소의 합금)산업은 오랫동안 탄소원으로 목탄을 이용하여왔다. 드디어 18세기~19세기에 용광로에 열과 탄소원으로 나무대신에 석탄을 쓰게 되는데 이것이 산업혁명으로 유럽 삼림이 완전히 파괴되어 버릴 것을 막게 하였다고 할 수 있다. 유럽 여러 나라의 식민지 확대는 조선에 필요한 목재수요를 부채질하였으며 양질의 목재공급이 줄어들면서 미국에서 남북전쟁이 철갑선시대를 연 1862년까지 유럽전체가 심각한 문제가 되었다. 평야지대에서 개간 가능한 토지가 농경지로 개간되어 버린 것은 당연한 일이나 그 후 유럽의 공업화 초기에 활동한 벌채업자나 목탄제조업자들은 끊임없이 산에서 벌채를 계속할 뿐 삼림회복에 대한 배려는 없었다.(주 12)

이러한 무분별한 삼림파괴로 생기는 악영향은 삼림이용전략에 새로운 시책이 있었어야함이 당시의 유럽인들에게는 명백한 일이었다. 그럼에도 불구하고 신대륙을 정복자한 유럽인은 세력을 확대하면서 신대륙의 환경을 마구 파괴하였다. 구대륙에서 소, 면양, 산양을 신대륙으로 가져온 것은 16세기경이었는데 그들 가축의 과다한 두수 사육으로 남미, 멕시코, 미국 서남부에서는 삼림이 파괴되고 사막이 생기고 목야지는 황폐가 조장되었다. 스페인인들은 안데스 지방과 멕시코에 도시를 건설하였는데 이것도 산림파괴의 큰 원인이 되었다. 이들 도시들 대부분이 토양침식이 일어나기 쉬운 경사지에 건립되었다. 멕시코시 근처의 언덕에는 울창한 삼나무림의 경승지가 있었으나 그 숲도 레바논의 삼나무림과 같은 운명의 길을 걸어야 했다. 즉 이 삼나무 숲은 스페인이 멕시코를 정복하고 나서 멕시코시를 재건할 때 사라져 버렸다.

도시건설보다 더 큰 피해를 준 것은 멕시코나 안데스에서 광물을 채굴하기 시작하면서였다. 갱도 지주와 재련용 목탄을 얻기 위하여 산은 헐벗게 되고 그에 따라 토양침식이 두 지역 모두에서 심해졌다. L. B. 심프슨은 멕시코에서 일어난 일에 대하여 다음과 같이 쓰고 있다.

"광산촌이 생기면 예외 없이 병든 곳이 생기고 이것은 각 광산촌이 사막의 중심이 될 때까지 점점 확대되어 갔다. 1543년에 벌써 텍스코의 인디언들은 근교의 모든 삼림이 완전히 벌채되어버려 광산에 쓸 목재를 얻으려면 하루 종일 걸리는 곳까지 가야한다고 멘도사 감독에게 호소하고 있었다. 자카테카 근처의 산들은 한때는 나무로 덮여있었으나 4세기가 지난 지금은 돌투성이의 초원이 되어있고 거기에는 어디를 가나 염소가 겨우겨우 풀을 뜯고 있는 것만을 볼 수 있다. 같은 정경이 멕시코의 구아나후아토, 이스미퀴르판, 시마판, 파추카, 차우신코, 사쿠알판, 테마스컬테펙, 탈푸하우아, 파랄 그 밖의 광산에서 계속하여 일어났다."

경제적 이유뿐만 아니라 심리적 측면도 스페인 사람들이 중앙멕시코 산을 개발하는 데에 영향을 미쳤다. 그 당시의 문서에 의하면 향수에 젖은 이민자들은 그들이 살고 있는 토지의 정경을 고향의 그것과 비슷하게 만들 생각으로 나무를 잘라낸 것을 시사하고 있다. 그들의 고향인 카스틸라 지방은 새가 쉴 나무도 없어 쉬지 않고 날아가야 한다고 전해질 정도로 수세기에 걸쳐 파괴되어 헐벗고 있었던 곳이다. 이유야 어떠하든 멕시코에서의 삼림벌채는 빠른 속도로 진행되었다. 초기 개척자들은 멕시코 전토지의 40~50%는 경제림으로 덮여있는 것으로 추정하였었다. 그런데 1950년에는 삼림면적은 10%로 감소하였고 그 후에도 계속하여 감소하고 있다.(주 14)

멕시코 북쪽 북미대륙에 정착한 유럽인들은 대서양에서 내륙으로 들어가면서 세계에서도 보기 드문 풍부한 삼림을 발견하게 된다. 미국의 정착민들은 끝없이 펼쳐져있는 삼림에 매혹되어 미묘한 환경적 균형 같은 것은 아랑곳 하지 않고 개척자 정신에 사로 잡혀 새로운 문명을 개척하는 데에만 정신이 팔려 광대한 면적에 걸쳐 나무를 베어나갔다. 물론 정착을 위하여 어느 정도의 개간사업은 필요한 일이며 또 바람직한 일이었다. 그러나 그 과정에서 환경적으로 중요한 많은 삼림들도 파괴되었다. 그리하여 20세기 초에는 전체삼림의 1/3이 완전히 파괴되어 버렸다.

이렇게 되면서 환경보존을 주장하는 사람들과 정치가들이 토양침식, 토사퇴적, 홍수 등 삼림의 변화와 관련이 있는 문제들에 겨우 관심을 갖고 걱정하기 시작하였다. 미국임업행정의 선구자인 기포드 핀초트는 15세기에 그린 중국북부의 아름답고 사람이 많이 살고 있는 냇물이 흐르는 숲 기슭의 촌락의 그림과 1900년에 찍은 같은 산간부락의 사진을 디오돌 루즈벨트 대통령에게 보여 주었다고 한다. 월터 로우더밀크는 이일을 다음과 같이 전하고 있다. "이 사진은 나무가 없는 민둥산과 바짝 마른 강바닥, 산에서 흘러내린 돌과 자갈로 덮인 농토를 찍은 것으로 과거의 부락은 폐허로 되어버린 것이었다. 대통령은 의회에서 이 그림과 사진을 보이면서 연설하였으며 이렇게 하여 미국에서 삼림지대를 보호하기 위한 미국 삼림국의 탄생을 보게 된 것이다." (주 15)

이렇게 하여 광대한 삼림이 중앙정부의 관리하에 놓이게 되었다. 벌채와 임목생장간의 장기적 균형유지를 위한 지속적 임업의 이론과 목재 공급외의 경제, 생태 그리고 레크레이션 등의 여러 가지 측면에서 삼림의 다양한 이용방안이 임업정책에 도입되게 되었다. 이런 철학이 도입되어 실제로 어떤 효과가 있었는가는 찬반의 의견이 있겠으나 미국은 건국 이래 1백년 가까이 경험한 무참한 삼림파괴를 벗어나 삼림이 보호되고 있는 것은 사실이다. 여러 지방 특히 동남부 미국에서는 과거에 파괴된 취수지역에 대한 식수사업이 현재까지 이어지고 있다.

미국의 초기 임업 지도자들은 이용할 수 있는 많은 지식과 경험의 소유자였다. 18세기부터 19세기 사이에 유럽 특히 영국, 독일, 프랑스에서 임학이 과학으로 자리를 잡게 되었다. 다른 여러 문화적 발전과 마찬가지로 과학적 임업도 필요의 산물이었다. 즉 조선용 목재나 공업용 삼림의 수요증대는 삼림의 갱신기술 발달을 강력히 요구하게 되었던 것이다.

알프스와 피레네 산맥 사면에서의 남벌은 극심한 생태학적 반격을 초래하였다. 전형적인 삼림생태학적 사실이라고 할 수 있는 여러 가지 일들이 이태리 북부지방에서 벌써 15세기 중엽에 찾아들기 시작하였다. 즉 근처의 산록에서 오랫동안 연료를 구해서 쓰고 있던 제련업자들은 여름철이면 계곡물이 말라 조업을 일시적으로 중단하여야 하였는가 하면 홍수나 극심한 산사태도 빈번해진 사실을 알게 되었다. 프랑스의 한 지방지사는 1793년의 보고서에서 문제점을 다음과 같이 요약하고 있다. "그레노블 지방의 산들은 극도로 헐벗고 앙상한 바위만이 남아 있다. 그리하여 비가 올 때마다 그 피해는 대단하다. 그리고 물길은 수시로 변하여 일정한 흐름을 기대하기가 어려워지고 있으며 수량이 아주 적은 때가 있는가 하면 비가오고 나면 갑자기 많은 토사가 흘러내려 하류역을 황폐시켜 로 강과 합하는 곳에서부터 상류지역까지 배의 운행이 불가능해지기도 한다. 이곳에는 우물이나 급수원의 수가 줄어들고 밭의 관개수도 거의 없게 되었다."(주 16) 18세기 말에 이르면 매년 겪는 산사태나 알프스 격류라고 알려져 있는 홍수가 오스트리아, 독일, 이탈리아, 프랑스, 스페인 등 제국을 만성적으로 위협하였다.

갑자기 쏟아지는 급류는 농경지, 가옥 그리고 생명을 삼켰으나 한편으로는 삼림과 환경적 안정성간의 상호관계에 관한 선구적 연구의 필요성을 인식하는 계기를 만들기도 하였다. 1797년 프랑스 기술자의 한사람인 파브르는 심한 급류는 상류 알프스에서의 삼림벌채의 결과로 생긴다는 결론을 발표하였다. 그 후 유럽 전체에 걸쳐 이런 연구가 이뤄져 알프스산맥 여러 계곡에서 자신의 생활기반을 위협하는 역할이 어떤 것인가에 관하여 더 많은 것을 알게 되었다.(주 17) 이런 연구결과는 19~20세기에 걸친 알프스 산맥지방과 피레네 산맥지방 전반에 걸친 대규모적인 조림사업을 불러일으켰으며 이것으로 여러 지역에서의 급류현상이나 산사태의 문제는 상당히 개선되었다고는 하나 아직도 문제는 심각한 채로 남아 있다. 사실 유럽 전체로 보면 지금까지 삼림벌채는 억제되고 있어서 대부분이 전문적으로 관리되고 있는데 삼림면적은 금세기에 들어 서서히 증가하고 있다. 그리하여 이제는 중앙유럽과 서유럽의 1/4이상이 삼림으로 되고 있다. 유럽산림의 역사학자 H. C. 다아비는 다음과 같이 기술하고 있다. "만약 고대로마 군단이 다시 한번 이 지역에 발을 들여 놓았다고 가정할 때 그들이 제국의 건설을 목적으로 지중해의 고향을 떠났을 때 접하였던 짙은 나무그늘을 생각나게 하는 곳은 극히 드물 것이다."(주 18) 또 당시 로마인의 고국과 그 시기의 유럽의 많은 지역의 하나의 특색이었던 그 황폐한 경치를 찾기도 어려울 것이다.

20세기 중기까지 인간은 지구상의 원래삼림면적을 최소한 1/3 혹은 1/2로 감소시켰다. 1963년에 이루어진 조치가 가장 최근의 것인데 삼림지역 - 사막의 저목림이나 극지방 툰드라의 소림에서 열대의 정글림에 이르는 모든 삼림이라는 다소 넓은 뜻으로 생각한 - 은 전 육지면적의 29%라고 하고 있다.(주 19)

현재 이들 지역에서 삼림이 얼마나 빨리 감소하고 있는가를 추측하는 것은 불가능한 일이다. 그 이유는 대부분의 가난한 나라들에서 삼림에 대한 완전한 조사가 서로 비교할 수 있을 정도로 2회 이상에서 이루어진 적이 없을 뿐더러 지난 수 십 년간에 걸쳐 한나라에서라도 제대로 된 조사가 있었다면 다행한 일이기 때문이다. 그리고 국가가 발표한 통계치를 이용하는 것은 위험한 경우가 많다. 그것은 보통 정부가 삼림지역이라고 공식적으로 지정한 면적만을 대상으로 하고 있기 때문이며 그때에도 그 수치들은 크게 손 본 것인 수가 있다. UN의 전문가들이 1963년에 조사한 세계 삼림 자료조사 보고서에 따르면 많은 나라에서 삼림지역이라고 보고된 지역의 반은 "입목축 적무"로 분류되었다. 이것은 조림은 계획되어 있으나 실제로는 되어있지 않은 부분적 또는 완전히 헐벗은 지역들을 포함하고 있기 때문이다.

공업국들에 있어서 생태학적으로 건전한 삼림들은 잘 보호되어 있는 수가 많으며 제2차세계대전후의 농업기술발달이 상당히 여러 지역에서 많은 농경지를 둘러싸고 있는 토지를 조림에 쓸 수 있게 하고 있다. 이런 지역에서는 삼림벌채가 계속되고 있는 곳이라 하여도 그 때문에 농경지나 물의 순환이 크게 위협받고 있는 일은 드물다. 그렇지만 이런 곳에서도 삼림과 관련된 환경문제에 있어서의 의견 차이는 계속되고 있다. 예를 들면 삼림의 다목적 이용과 같은 개념은 실제로 일어날 수 있는 서로 상충되는 이해관계를 교묘하게 감춰버리는 것이 될 수도 있다. 삼림이용의 우선순위가 임내방목이냐, 목재생산이냐, 일반의 레크리에이션이나 또는 원시적 환경보전을 위한 것이냐에 따라 관리기술전략은 크게 차이가 있으며 목재벌채기술의 선택도 생물학적으로나 미학적 관점에서 다양해지게 마련이다.

선진국과 달리 가난한 나라들에서는 삼림이용문제의 중심과제는 보다 기본적인 것이다. 일부 국가에서는 임업정책의 제 1단계인 보호림의 지정도 제대로 되어있지 못하다. 농민, 삼림침범자, 가축 방목자 그리고 국가의 벌채허가를 받았으나 마구 나무를 벌채하는 악덕 목재상들로부터 삼림을 보호하려는 노력은 어디서나 절대로 필요한 것이다. 그리고 여러 나라에서 법적으로 보호되어있는 삼림이외의 시골에 있는 나무들은 놀랄 정도로 빠른 속도로 사라지고 있어서 그로 인한 경제적 또는 생태학적 손실은 헤아릴 수 없을 정도로 큰 것이다.

중동, 북미, 아프리카의 일부, 남미의 안데스, 북부 이디오피아 그리고 중국 대부분에서와 같이 오래전부터 정착민의 밀도가 높았던 곳에서는 벌써 예전부터 삼림자원을 잃고 있었다고 할 수 있다. 많은 개발도상국들에서는 금세기에 들어서서 유럽 여러 나라나 그를 뒤따른 미국이 지난 수세기에 겪었던 과정을 밟아 삼림자원을 잃어가고 있는데 불행히도 파괴된 자연의 회복이 인간에게 도움을 준다는 유럽 사람들의 값진 교훈이 현재의 상태를 전환하는데 이들 나라에서는 별로 도움이 되지 못하고 있는 듯하다. 급속한 인구증가가 부족한 삼림자원에 대한 압박이 너무나도 커서 이것을 전환하는데 필요한 부담에 비하여 재정, 기술, 정치상의 노력은 너무나도 미약하다. 이렇게 헐벗은 경관이 생기게 됨에 따라 이주할 수 있는 신천지도 없어 결국 현재 얼마 남지 않은 열대의 처녀림만이 목재자원의 구실을 하고 있는 형편이다. 그리하여 고대의 중동문화가 겪은 것과 같이 일부국가들은 되돌릴 수 없는 지경까지 그들의 환경을 비참하게 파괴하고 있다. 일단 유실된 표토는 나무와 인간의 생명을 유지하고 있던 자연의 능력을 영구히 상실케 해버린다.

평가하는 사람의 관점에 따라 다르겠으나 현재 세계 삼림상태가 어떠한가를 보면 인도의 대부분, 중국, 서부아시아, 북부아프리카, 중미 그리고 남미 서북부등에서 명백한 것은 삼림이 줄고 지력을 잃어가고 있다는 것이다. 이들 모든 지역에서 목재와 그 가공품이 부족해져 그 가격이 매우 비싸다. 결국 나무가 없다는 것이 환경적으로나 인간을 위한 생산력에 큰 부담이 되고 있는 것이다. 중국만은 예외이나 이들 모든 지역에서 나무가 계속하여 없어지고 있는 것은 사실이다.

그러나 동남아, 중앙아프리카 그리고 남미의 아마존 강 유역의 상황은 상당히 애매모호하다. 이 열대습지대는 목재업자들에게는 유용한 목재자원의 더없는 보고인데 이들 중요한 수종이 오지의 농민들 손에 아무거리낌 없이 벌채되고 있음은 무서운 경제적 낭비이기도 하다. 한편 생태학자들은 전체 생태학적 지대를 묶어서 본다. 그래서 삼림이 서서히 벌채되어감에 따라 환경적 안전성에 악영향을 미치고 알지 못하는 사이에 많은 생물이 소멸되어 갈 것이라고 한다.

서부 유럽의 대부분 나라에서는 삼림에 대한 생태학적인 필요성과 토지이용간의 균형이 잘 이루어져 왔다. 그러나 이것은 결국 유럽 북부나 소련 그리고 열대 아프리카에서 다량의 목재나 그의 가공품을 수입하여 이룬 것으로 자체 내 생산에 의한 것은 아니다. 일본역시 현재 험한 산지에서의 임목벌채를 억제하고 보호하고 있으나 이것은 동남아에서 막대한 목재를 수입함으로서 가능한 일이다. 북미, 소련, 북유럽 등에서만이 삼림의 큰 경제적 가치와 생태학적으로 적절한 삼림보호가 함께 이루어지고 있는 셈이다.

현재 삼림파괴의 가장 큰 원인은 개간과 땔감을 얻기 위한 나무하기인데 그밖에도 목재를 직접 또는 공업적으로 이용하기 위한 목재벌채가 있는데 삼림파괴의 원인으로는 앞서의 두 가지 원인에 비하면 이것은 훨씬 적은 것이다. 세계의 목재생산이나 임산물가공업은 대체로 목재의 지속적인 공급이 가능한 임야의 보유 범위 내에서 이루어지고 있다. 동남아나 열대 아프리카에서와 같은 곳의 국내외 벌채업자는 장래의 문제에 대한 배려가 없는데 이런 열대다습지대에서의 악영향은 벌채로 인한 나지화되는 일보다 가치 있고 유용한 수종의 멸종으로 생기는 경제적 손실이 문제가 된다. 이것은 이런 지역에서는 벌목 후 곧 싹이 나와서 지면을 덮는 식물들이 있기 때문에 나지화 문제는 적다. 예를 들어 나이지리아에서는 수 십 년 간 국내외의 목재수요를 충족시키기 위하여 남벌이 이루어졌는데 이에 대하여 한 고위 임업행정관은 이 나라는 "금세기중에 상당한 목재 부족위기를 맞게 될 것" 이라는 우려를 표하고 있다.(주 20) 강우량이 적은 지방이나 경사지대에서는 무책임한 벌채로 심각한 생태학적 문제를 야기하게 된다. 이런 예는 현재 파키스탄이나 아프가니스탄의 산악지대에서 실제로 일어나고 있다. 수세기 걸려야 형성되는 비옥한 표토가 신생이 없이 지표가 완전히 노출되어 있을 때에는 단 한번의 폭우로 완전히 유실되어 버리기 일쑤다.

신석기시대이후 임지는 농경지나 목야지로 이용하기 위하여 주로 개간되어 왔으며 지금도 농경지의 확대는 삼림개간의 가장 큰 원인이다. 거의 모든 나라에서 농경지의 대부분은 사실 한때 적어도 임야였던 것으로 생각되며 다만 현재 관개조직이 되어있는 사막지대만은 예외였을 것으로 생각된다. 이와 같이 임야에서 경지로의 전환은 보통 토지로부터 생산물을 갈망하는 사람들에 의하여 이루어졌으며 이것은 바람직스러운 것이라고 생각된다. 그러나 생태학적으로 문제가 있는 경사면이나 농경지로는 적당하지 못한 곳에서 개간이 이루어지면 그것은 자멸적인 것이 된다. 현재 개간이 가능한 토지가 상당한 면적 중남미, 아프리카, 동남아 등지에서 삼림으로 남아있는 것으로 되어 있으나 그것은 대체로 과대하게 평가 되어 있는 수가 많다. 앞으로 20~30년간 이런 지역 일부 임야를 개간하는 것은 가령 현재의 식물이나 동물 중 일부가 멸종하게 될 생물학적 위험성이나 부담을 안고 있다 하여도 인간의 수요를 충족시키기 위해서는 필요한 일인지는 알 수 없다.

그러나 불행히도 경지 확대는 합리적으로 이루어지기 보다는 혼란으로 뒤범벅이 되는 수가 많다. 식량과 더불어 경지에 굶주린 이주민들 - 때로는 개간된 경지의 재분배의 요구도 있을 수 있는데 이것을 피하기 위한 정부의 장려로 이동하기도 한다 - 은 그곳의 토양조건에 대한 지식을 전혀 갖지 못한 채 삼림을 파헤쳐나간다. 국제 식량기구의 전문가는 이 문제를 다음과 같이 말하고 있다. "대부분 개척지 이민계획은 무모한 것이었고 토지이용에 대하여 지도가 잘못되었다. 그것은 거의 시행착오 이외의 아무것도 아니었다. 개척지로 선택된 삼림은 영속적인 농업생산이 가능한 경우는 극히 적었다. 토양의 비옥도가 떨어지면 경작이 중단되고 목야지로 전환된다. 나지화 된 곳은 삼림으로 되돌아갈 것이나 대개의 경우처럼 나무가 들어서기 전에 표토침식으로 생산력을 잃게 된다."(주 21)

이런 정착 사업의 실패가 열대지방에서는 흔한 일이었다. 그러나 이런 사업실패보다 더욱 자연의 생명유지 체계에 유해하였던 것은 아마도 경제적으로나 생태학적 이유로 삼림지대로 남겨두어야 할 고산 삼림지대까지 경지를 확대한 것일 것이다. 열대우림을 제외하면 가난한 나라들에서 남아있는 최후의 넓은 삼림은 급경사로 접근이 어려운 산간지대이다. 거의 모든 곳에서 농업이 발달한 곳은 옛날부터 평야부나 곡간 평야지였으며 인구의 증가로 농민이 급경사의 산간으로 밀려가게 되면서 심한 표토침식이 일어난다. 히말라야, 안데스 그리고 아프리카 동부의 고지대에서의 환경파괴는 그 좋은 예이다.(제 5장) 이런 문제는 이들 지방에 한정된 것이 아니고 경작지대에 접해있는 경사지에서는 어디에서나 일어날 수 있는 문제이다.

이러한 경사면을 개간하는 것은 위험한 동시에 무익한 것이다. 재배작물은 물에 씻겨 내려가기 일쑤이고 표토의 유실로 2~3년 내에 경작을 포기해야 하는 일이 흔히 생긴다. 개인적으로 실질적 수익이 있다 하여도 그것은 산록의 삼림벌채로 생기는 엄청난 사회적 비용으로 빛을 잃게 된다. 수백 년 전 유럽에서의 알프스 급류가 그러했듯이 산의 사면에서 나무를 벌채하는 일은 그들 자신의 생활에 큰 위험을 초래하는 것이다. 실제로 현재 인도네시아 사람들이 자바에서 같은 일을 당하고 있다. 농민들의 산지개간이 진행되면서 토사유실이 심해져 자바에서 없어서는 안 될 관개수로를 막아 버리고 저수지를 쓸모없이 만들어 버리고 있다.(주 22) 이와 비슷한 수많은 예들이 같은 교훈을 남기고 있다.

히말라야지방에서는 피해로 절망적이 된 농민들이 목재업자나 땔감상의 부추김으로 보다 깊은 산중으로 개간을 진행시키고 있으며 그에 따라 강 하류의 저지대에서는 홍수의 빈도가 잦아지고 그의 규모가 계속하여 증가하고 있다. 그에 따라 인도에서는 평년에도 약 2000만 명이 하천의 범람으로 직접생활에 위협을 받고 있으며 비가 많이 온 때에는 5000만 명이 피해를 받는다. 몬순지대의 비는 나무를 베어낸 경사면을 사정없이 씻어 내리고 인도대륙의 강들이 나르는 토사량이 증가하면서 하천바닥이 높아져 매년 범람현상은 급속히 심해져가고 있다. 60년대 후반에 출간된 세계은행 조사단의 보고에 따르면 파키스탄의 인더스 평야에서의 큰 홍수 횟수는 최근 25년간에 그 이전 65년보다 좀더 많았음을 지적하고 있다.(주 23) 1973년 8월에 있었던 파키스탄의 대홍수는 사상 최악의 것이었으며 200만 ha의 작물과 1000개의 부락을 침수시켰다.

산록에서 나무를 벌채함으로써 생기는 홍수문제는 동부인도, 태국, 필리핀, 인도네시아, 말레이지아, 나이지리아, 탄자니아 그 외 여러 나라에서도 발생하고 있다.(주 24) 현재 세계적으로 매년 홍수조절을 위하여 댐이나 제방의 건설공사에 쓰이고 있는 비용은 수 억불에 달하고 있으나 이런 토목공학적 해결은 생태학적 원리에 비춰 볼 때 그 결과를 해결하려는 것은 되나 그 원인에 대한 근본적 해결을 도모하는 것은 못된다. 홍수란 살아가는 데에 있어서 일어나는 일종의 피할 수 없는 자연적 사실이다. 그러나 수원지가 헐벗고 인구가 홍수가 일어나기 쉬운 곳에 집중하게 되면 홍수로 받는 세계의 작물, 가옥 그리고 가구 수의 연간 피해는 점점 커지게 마련이다.

아프리카, 아시아, 중남미의 열대지방에서의 농경양식은 일정한 면적을 개간한 다음 지력이 소모될 때까지 2~3년 간 작물을 재배한 다음 포기하는 이동식 농업이 주를 이루고 있다. 이런 농업양식은 영구경작을 위하여 개간하는 것에 비하여 연간 삼림 벌채량은 훨씬 많다. 예를 들면 FAO가 아시아에 대하여 추정한 면적을 보면 이런 이동농법으로 개간되는 임야는 연간 850만 ha에 달하며 이 면적은 매년 포르투갈만한 면적의 삼림이 사라지는 셈이다. 한편 중남미에서는 매년 500-1000만ha가 농경지로 개간되는데 그의 대부분이 일시적인 농경지로 이용된다.(주 25)

삼림에 대한 인구의 비율이 낮은 때에는 경작 후 내버려두는 기간이 길어서 자연의 힘으로 삼림은 곧 회복된다. 특히 아마존 강이나 콩고 강의 거대한 유역과 같은 습림지대에서는 삼림의 갱신이 빨리 일어난다. 그러나 경작자의 수가 증가함에 따라 개간하는 면적이 늘어 삼림전체에 걸치게 되면 지력의 회복이 미쳐 이루어지지 못하게 된다. 아이보리코스트의 우림지대에서 계속된 항공조사결과를 보면 이지역의 삼림면적은 1956년부터 1966년사이에 연간 30%가 감소하고 있는 것으로 추정된다.(주 26) 경지가 부족한 북부를 비롯한 인접국가의 이주민은 가까운 곳의 원주민과 합세하여 새로운 농경지를 개간하기 위하여 점점 삼림지대 깊숙히 들어가고 있다. 열대 습림지대를 지나치게 자주 개간하면 값비싼 교목림을 경제성이 적은 밀생관목지대로 만들거나 농경지 또는 다른 목적으로 개간하려 할 때 어려움이 많고 비용이 많이 드는 억센 초원으로 변하게 되는 수도 있다. 일시적 경작으로 교목림이 억센 *Imperata cylindrica*(띠)로 변화하게 되는 일은 필리핀, 인도네시아, 그리고 아프리카의 일부에서는 중대한 문제가 되고 있다.

이동농민, 목축업자 그리고 벌목업자들의 복합적 영향으로 세계의 열대우림은 위험에 처하고 있다. 이 문제와 관련 일부지역에서는 열대우림의 나지화가 서서히 구체화되고 있으나 일반적인 문제는 그것보다도 엄청나게 다양한 생태계 -그의 실태에 관하여 아직 우리가 알고 있는 것은 극히 적다 - 가 놀랄 속도로 완전히 다른 계로 바뀌어가고 있다는 사실이다. 열대우림에 관한 세계적 석학 폴 W. 리차드는 우리가 현재까지 알고 있는 열대삼림생태계가 20세기말까지에는 지구표면에서 실질적으로 사라질 것이라는 우려를 표명하고 있다. 이 대량살육의 대가는 경제적 척도로는 추측할 수 없을 정도로 실로 막대한 것이다. 리차드는 최근 다음과 같이 기술하고 있다. "열대지방에 살고 있는 많은 동식물이 그들에 대한 조사가 미처 완료되기도 전에 소멸될지도 알 수 없다. 이리하여 인간이 경험할 수 있는 엄청난 영역이 그의 단순한 존재만이라도 알기 전에 소실되어 버릴 수도 있겠다." (주 27) 그런 뜻에서 한정된 지역 몇 군데서 열대림을 원시적 상태로 보존하는 일은 금후 세계적영역의 자연보존사업의 주요과제의 하나일 듯하다.

매년 세계에서 벌채되는 임목의 최소한 반은 땔감으로 소비된다. 이와 관련된 여러 가지 사회적 문제나 생태학적 문제에 관하여 제6장에서 설명하겠지만 불행히도 세계적인 석유와 가스보유량의 고갈 그리고 대체에너지자원의 비싼 비용 등으로 나무에 대한 이 수요는 당분간 줄지 않을 것이다. 아프리카, 아시아, 중남미의 광대한 면적에 걸쳐있는 반건조지대에는 본래부터 나무가 적었는데 이 지역에서는 땔감문제가 임목벌채의 주범으로 이것이 사막과 비슷한 상황을 만들어 가고 있다. 이들 대륙 외의 다른 지역들에서도 취사용 연료는 꼭 필요한 것이며 그 소비는 증가하고 있어서 이것이 삼림지대에서나 멀리 떨어져 있는 곳에서의 임목자원의 결핍과 깊이 관련되어있다. 나무가 충분한 곳에서는 가족들이 필요한 나무를 수집하나 나무가 귀하거나 대도시 근교와 같은 곳에서는 땔나무나 목탄의 상거래가 활발하게 이루어진다. 지속적인 나무공급이 가능하게끔 임목축적량을 조절 유지하려 하는 것은 소수의 연료상 뿐이고 대부분은 필요한 나무를 자연이 주는 선물로 받아쓰고 있다. 현재 누구도 그들의 상행위로 생기는 큰 사회적 부담이 그들 때문이라고 생각하지 않고 있다.

연료, 목재, 신문용지원료 등으로 쓸 나무가 점점 부족해지고 또 생태학적으로 보호가 필요한 삼림이 점점 감소하면서 이것이 계기가 되어 여러나라 정부가 조림의 필요성을 인식하게 되었다. 과거 20~30년간 정부는 야심에 찬 국가적 삼림계획을 발표하고 있으나 충분한 재정협조나 정책적 뒷받침이 본의 아니게 또는 능력이 없어서 결여되어 성공을 보지 못하였다. 예를 들면 인도가 1952년에 수립한 국가적 삼림정책을 보면 삼림의 사회적 중요성을 명백히 인식하고 현재의 삼림면적을 배로 늘려 전국토의 33%를 삼림으로 만들려는 계획이었는데 이것이 실현되면 인도의 고난은 크게 개선될 전망이었다. 1975년 인도는 전국토의 23%를 삼림지역으로 지정하였다. 그러나 정부고관들은 그중 반을 약간 넘는 지역만이 이름에 걸맞는 것이라고 사석에서 토로하였다. 그리하여 인도에서의 삼림부족은 현재에도 여전히 계속되고 있으며 국민은 빈곤에 허덕이고 있고 아직도 회복되지 못하고 있다.

한 가지 희망적인 삼림복구정책이 중국에서 진행되고 있다. 신정권이 출현한 직후 신정부의 지도자들은 헐벗은 산과 침식되기 쉬운 국토에 대한 보다 근본적인 대책 없이 농업개발을 추진하는 것은 무모한 일임을 인식하였다. 그리고 세계적으로 심한 목재 부족을 겪고 있다는 것이 국가 발전 특히 정보 소통면에서 큰 문제가 되고 있었다.(주 28) 예를 들면 철로의 연장을 통한 교통망의 발전을 저해하고 있는 것은 강철보다도 침목으로 쓸 목재의 부족이었다. 신탄용, 제지, 동력선용전주, 건설재, 탄광지주 등에 필요한 목재의 부족이 중국경제발전을 여러 가지 면에서 저해하고 있었다.

1950년대에 비현실적인 점이 있는 것으로 보이나 의욕적인 대규모 조림사업이 주로 농촌의 인민공사를 중심으로 수행되도록 추진되었다. 정부지도자들은 1960년대 말까지에 전국토의 20%, 80년대에는 25%가 삼림으로 화할 것을 기대하였다. 토지나 농지의 주위, 포기된 농토는 물론 저 유명한 만리장성을 방불케 하는 방풍벽 "녹색의 벽"을 고비사막 주위에 만들어 사막화의 진행을 막으려하였다.

매년 수 천 만 명이 곡물 수확이 끝난 다음 작물재배가 시작되기까지의 농한기에 식수에 동원되었다. 그 노력은 엄청난 것이었으나 그 결과는 때로는 실망적일 수도 있었다. 중국정부관리의 말에 의하면 1963년까지에 약 7000만 ha - 국토의 약 7% - 의 면적에 식수가 이루어졌는데 많은 지역에서의 활착율은 이때에는 10%이하였다고 한다.(주 29) 노동자의 숙련도의 부족, 불량한 관리, 심은 나무를 땔감으로 쓰려고 자르거나 뿌리채 뽑거나 불리한 생육조건 등이 복합하여 대규모 식수사업의 효과를 손상시켰다. 그에 따라 60년대 중반기부터 정부는 연간 식수규모보다도 식수된 지역의 집중적 관리에 보다 중점을 두는 방향으로 전환하였다.

중국의 삼림계획이 어느 정도의 규모이고 얼마나 성공적이냐에 관한 정확한 숫자는 알 수 없다. 그러나 이용이 가능한 문서나 영상 정보를 토대로 판단할 때 5000년여의 만성적 파괴현상이 이제는 뒤집어지고 있으며 삼림면적이 서서히 증가하고 있음을 말해주고 있다. 그러나 아직도 목재부족은 심한 상태이다. 60년대 중반기에 중국을 방문한 유럽인들은 다음과 같이 기술하고 있다. 중국의 조림사업은 아직 미완성이나 현재 잘 진행되고 있으며 명백한 현실로 자리 잡고 있다. 이것은 현대인이 성취한 중요한 문화적 업적의 하나임은 의심의 여지가 없으며 중국의 환경이나 다른 나라들의 발전노력에 미친 영향, 특히 나무가 적어 생태학적파경을 겪고 있는 나라들에 미친 영향은 자명한 일이다.(주 30)

## 03 두 가지 값진 교훈 : 황진과 처녀지(개발)

1934년 5월 12일 뉴욕타임스 신문은 "수천 피트 높이의 모래먼지가 1500마일이나 떨어져 있는 몬태나주와 같은 건조한 서부로부터 밀어닥쳐 어제는 5시간동안 이나 햇빛을 가렸다"라고 신문 특유의 냉냉한 태도로 전하였다. "뉴욕은 마치 부분 일식 때의 태양과 같이 반감된 햇빛 속에 어둑어둑해졌다. 대기중의 모래 먼지량은 보통 때의 2.7배에 달해 많은 양의 먼지가 뉴욕사람들의 눈과 목으로 들어가 눈물을 흘리고 기침을 하게한 것으로 보인다."

수도인 워싱톤도 전례 없이 많은 먼지 구름에 덮였다. 미국동부 해안전체가 짙은 안개에 쌓인 것 같이 되었다. 이 안개는 멀리 미 대륙의 중앙부 가까이에 있는 대평원에서 대륙을 횡단하는 젯트 기류에 실려 온 3억 5000만 톤이나 되는 기름진 표토였다. 그때 육지로부터 300마일이나 떨어져 있는 대서양상을 항해하던 선박까지도 이 대평원의 먼지를 뒤집어썼다.

바람이 자고 먼지가 가라앉으면서 미국의 반 정도가 가는 모래로 덮이게 되었다. 뉴욕보다 그의 발생원에 가까운 시카코는 5월 11일 하루 동안에 120만 톤의 흙먼지로 덮였다. 이 양은 시카고시민 1인당 4파운드에 해당된다. 뉴욕, 시카고, 켄사스 시티 등에서 대평원의 밀과 소에 투자하여 돈을 벌려고 생각하고 있던 기업가들은 문이나 창틈을 새어 들어온 먼지가 그들의 사무실에 있는 번쩍거리는 책상 위를 덮은 것을 보고 그들의 기대가 사라지는 것으로 생각하였다. 미국은 이때 값비싼 생태학적 교훈을 얻게 된다.

대평원은 텍사스주에서 시작하여 몬태나주 다코다주를 거쳐 캐나다에 이르는 실로 10개주에 걸친 대평원이다. 16세기에서 19세기에 걸친 유럽인의 침입이 있기 전까지는 이 바람이 휘몰리던 초원은 인디안 유목민과 미국들소 대군의 차지었다. 인디언들이 불을 질러 삼림지대면적을 감소시키거나 풀의 종류가 바뀌었을 런지는 모르나 19세기 이전의 토지이용은 그 지역의 환경조건에 대체로 적합한 것이었다고 할 수 있다.

대평원의 토양은 대체로 비옥하였으나 수분부족 때문에 마음대로 개발을 못하고 개발을 막았었다. 대평원의 대부분 지역에서 곡물 생산은 비가 많은 해에 가능하였다. 비가 적은 해는 주기적이고 수년간 계속되는 것이 보통인데 이런 때에는 작물은 완전히 자랄 수 없다. 그리고 평시 강풍이 이 지역만큼 심한 곳도 미국 내에는 없다. 경제적으로나 생태학적 측면에서 볼 때 대부분의 대평원지대는 농작물의 재배보다는 목축생산에 유리한 지대이다. 그런데 19세기에는 비가 많은 해가 여러 차례 있어 새로 이주한 사람들이나 심지어 그곳에 오래 산 많은 사람들까지도 대평원의 생산력에 대하여 그릇된 생각을 갖게끔 하였던 것이다. 여러 해에 걸쳐 비가 내리는 동안 인간은 농장의 면적이나 가축수를 토지가 유지할 수 있는 한계이상으로 늘려갔다. 그러나 한발주기가 돌아오게 되면서 비참한 현실에 직면하게 되었던 것이다.

대평원의 환경적 잠재력이나 한계에 관한 견해는 10년 단위의 기후적 조건 변화에 따라 차이가 있다. 그리고 그것은 근시안적인 기업적 이해관계나 심지어는 국가적인 분위기의 영향도 크게 받았다. 미국의 중서부 반건조지대는 대평원으로 불려지지 않고 19세기 초에는 "미국 대사막" 으로 불려왔다. 이 명칭은 이 지역의 건조상황을 과장한 것이긴 하나 이것이 그 후에 생기는 풍요의 신화에 비하면 보다 정확하고 위험이 적은 것이었을런지 알 수 없다. 대평원이라는 말은 1860년대의 남북전쟁이 끝난 다음부터 흔히 쓰게 된 용어이다. 그것은 자기소유의 토지를 팔려는 토지투기자와 대평원에 이주민이 늘어 장사가 되어 철도업이 확장되기를 바라는 철도회사의 계획적인 선전 작전의 결과이기도 하였다. 신문광고에는 푸른 물결치는 옥수수 밭, 풍성한 목장 그리고 유복한 가정의 모습이 실려 동부사람들에게 서부로의 이주를 유혹하여 대평원을 마치 낙원과 같은 인상을 갖도록 꾸며댔다. 한탕주의를 꿈꾸는 자들과 미국이 앞으로 농업왕국으로써 되어 가는데 서부가 중심이 될 것이라는 당시 국민의 지배적 견해가 맞아떨어졌다. 그들에게 서부는 이주하여 모험을 해볼만한 곳으로 풍요로운 생활을 쉽게 얻을 수 있는 곳으로 비춰졌던 것이다.(주 1)

이렇게 하여 대평원에는 사람들이 정착하게 되었다. 1880년대에 이주 제1파가 이 지방에 정착하였는데 그들이 가시 돋힌 철조망을 둘러치면서 넓은 초원을 마음대로 이용할 수 있었다. 그리하여 초기 목축왕국이 열렸다. 연방정부는 160에이커의 토지를 제공하였는데 이것은 매력적인 것으로 동부의 습윤한 임지나 초원에서도 같은 면적의 토지배분으로 성공하였던 것이다. 그러나 얼마 안가서 첫 번째의 한발을 겪으면서 대평원에서는 이정도 면적의 토지로는 한 가족을 유지하기가 불가능함이 밝혀졌다. 농민들은 땅속에 수분이 다시 고이려면 1년간의 휴한기간이 필요함에도 불구하고 매년 곡물을 재배하게 되어 가축이 필요로 하는 충분한 목초지도 부족하였다. 1890년대의 부족한 강우량으로 많은 농민과 일부 정착민이 떠나지 않으면 안 되었고 그들은 부근의 농민이나 투기자들에게 토지를 팔지 않으면 안 되었고 그곳에 남은 사람들은 부재지주의 소작농으로 전락하게 되었다. 1910년에 있었던 또 다른 한발은 불길한 흙먼지구름의 징조를 보였고 더 많은 농민들이 농토를 떠났다. 이때 두 가지 새로운 여건이 대평원의 발전에 영향력을 발휘하기 시작하였다. 그 하나는 트랙터, 콤바인 그 밖의 농기계류로 이들의 이용으로 농민들은 지금까지와는 비교할 수 없는 넓은 토지에 작물을 심을 수 있게 되었다. 이 고가의 새 기계류는 많은 농민들에게는 여러 가지 유리한 점이 있기는 하였으나 한편으로는 이 기계를 사는데 부채를 져야했고 그 값을 갚기 위한 돈을 벌기 위해서는 최대의 수확을 올려야만 하였다. 또 하나는 제1차 세계대전으로 유럽의 농업생산이 격감하게 되면서 소맥의 국제가격이 폭등하게 되면서 농민들로 하여금 더 많은 초원을 밀밭으로 전환하도록 부추겼던 일이다.

환경학자 폴 시어스가 대평원의 "암운의 10년" 이라고 한 1920년대에도 소맥재배면적은 계속하여 증가하였다. 소규모 농가는 그들의 부채를 갚기 위하여 가능한 한 많은 면적에 필사적으로 밀을 재배하였으며 이런 노력은 전쟁이 끝나 밀 값이 폭락한 다음에도 계속되었다. 소맥생산의 기계화보급과 대규모 목장의 출현은 월 스트리트의 투자가나 저 멀리 유럽의 투자가들까지에도 투자의욕을 부추겼던 것이었다. 이들 "슈트케이스 농민" 은 가을철에 대규모의 소유농토에 트랙터를 이용하여 씨를 뿌리고 겨울동안에는 플로리다나 캘리포니아로 돌아가 있다가 수확기인 여름철에 되돌아와서 짧은 기간동안에 수확을 끝내고 곡물을 팔아버렸다. 만약 곡물가가 떨어지면 수확하러 되돌아오지도 않고 작물을 비바람에 내맡기곤 하였다.(주 2)

주기적인 한발과 강풍이 대평원의 사람들을 늘 괴롭히기는 하였으나 30년대 초에는 드디어 그의 토지에 대한 좋지 않은 영향이 눈에 띄기 시작하였다. 예전에는 비가 안 오면 대평원은 갈색으로 변하나 끈질긴 토착 초목류 뿌리가 서로 엉켜 바람으로부터 토양을 보호해왔다. 그러나 그 옛날 그러하였던 방대한 면적의 초원이 이제는 곡물재배를 위하여 갈아엎어져 대평원의 강풍이 아무런 보호도 없는 땅을 휘갈겼다. 한발로 건조한 토양은 이제는 식물이 살 수 없게 되어버렸고 그의 가는 입자는 공중의 먼지가 되고 좀 더 무거운 입자는 이리 저리 굴러가는 동안 눈이 쌓이는 것과 같이 되며 농경지나 농기계를 덮어버리게 되었다. 2년 계속된 한발로 1933년대는 수백만 에이커에서 노력의 대가를 찾기에는 너무도 작황이 나빠 곡물은 수확되지 않은 채로였다. 소는 바짝 마른 목야지에서 죽어가고 있었으며 수천의 농가는 생활이 궁핍하게 되어 정부의 실업대책에 의존하여 굶주림을 견뎌가는 형편이 되었다. 일부 사람들은 단념하고 이농하여 버리게 되고 트랙터를 가진 지주들이 사들이는 농장의 수는 점차 늘어갔다. 이런 이농피난민 중 많은 사람들이 서부로 향하였으며 존 스타인백의 "분노의 포도"에 잘 묘사되어있는 것과 같이 또 다른 천혜의 고장 캘리포니아로 가게 된다.

1934년 봄 고온과 건조가 또다시 곡물의 생산을 망쳤을 때 그 사태는 최악의 것이 되었다. 4월 14일 동부 여러 곳의 반 정도를 흙먼지로 뒤덮은 폭풍이 있기 전 대평원에 살고 있던 사람들은 그들이 살고 있는 지역이 새로운 시대에 돌입하고 있음을 명백히 알게 되었다. 북풍이 캔자스와 콜로라도주 동부를 휩쓸면서 표토를 날려 작물의 뿌리를 들어내게 하고 그것이 거대한 검은 구름이 되어 남쪽을 덮쳤다. 이 먹구름은 대낮에도 무시무시한 암흑의 수 시간을 겪게 하였고 그가 지나고 난 다음에는 토끼나 새의 사체가 여기저기에 흩어져 있어서 이 속에서 숨을 쉬는 것이 얼마나 위험한 일인가를 말해주고 있었다. 바람이 지나가는 곳의 사람들은 모두 얼굴을 수건으로 싸고서야 겨우 숨을 쉴 수 있었다.

이 흙먼지 바람은 그 후 수년간 단속적이기는 하나 계속되었으며 그로 인하여 몇 몇 지방에서는 폐렴환자가 2배로 늘었다. 이 폐렴은 "흙먼지폐렴" 이라고 별명 지어졌으며 이 밖에도 여러 가지 호흡기 질환이 급증하였다. 많은 사람들이 저 30년대의 검은 흙먼지폭풍이 다른 때의 것에 비하여 특별히 무서운 것이었음을 알게 되었는데 그것에는 이유가 있었다. 즉 토양학자들은 흙먼지의 암운이 검은색을 띄고 있는 것은 그때의 표토가 유기물 함량이 대단히 많은 비율을 차지하고 있었음을 밝히고 있다.(주 3)

프랭클린 D. 루즈벨트 대통령은 이 한발문제를 1936년 대통령선거 때 제1차 노변담화(역주: 루즈벨트 대통령이 라디오를 통하여 국민에게 처음으로 정견을 발표한 방식)의 주제로 하였다. 그가 대평원지대를 여행하면서 본 참상에 관한 설명은 1973년 서부아프리카에서 있은 대한발에 관한 기사를 방불케 한다. "나는 여러 가족들과 이야기를 하였다. 그중에는 소맥의 수확을 잃은 사람, 옥수수의 수확을 잃은 사람, 가축을 잃은 사람, 우물의 물을 잃은 사람, 정원을 잃은 사람 그리고 긴 여름을 1불의 돈도 없이 지내고 가축의 사료나 식량 없이 겨울을 맞게 된 사람, 땅에 뿌릴 종자도 없이 농사철을 맞아야하는 이런 사람들과 이야기를 나누었다." (주 4)

국토의 반 이상을 덮은 흙먼지의 비, 인간재해의 살아있는 교훈, 자기가 살고 있는 국토 한가운데 미국인들 자신이 만들지도 모르는 새로운 사막의 모습 등 구체적인 사실들은 지금까지 수 10년 동안 과학자들이 계속하여 주장해온 경고보다도 훨씬 효과적인 영향을 미쳤다. 폴 시어스는 지금까지 워싱톤에서 행해진 정치적 로비 중 가장 확신이 서는 것이 무엇인가를 회고하고 있다. 그것은 국가가 토지문제를 심의하고 있을 때였다. 1000마일이나 먼 곳에서 날아온 흙먼지가 국회의 청문회가 열리고 있는 방으로 스며들고 있는 곳에서 세계적으로 유명한 토양보호학자인 미 국무성 휴 H. 베넷트씨는 표토보호에 필요한 새로운 기금과 계획을 호소하였다.(주 5)

1930년대의 황진 현상은 미국의 생태학 역사에 한 큰 전기를 마련하였다. 1세기 동안을 지배하고 있었던 끝없는 개척의 최전선(개척지와 미개척지)과 무한한 자원이라는 공허한 전설은 국토의 많은 부분을 비참한 모습으로 만들었다. 사실 유명한 베넷트의 한 동료인 월터 로우터밀크는 1935년에 "미국은 지금까지 볼 수 없었던 빠른 속도로 국토를 건조하고 비생산적인 것으로 만들고 있다"라고 하였는데 많은 전문가들은 이에 의견을 같이 하였다. 1920년대에 있었던 연구들은 최소한 8000만ha가 빠른 표토침식을 당하고 있으며 그때까지 벌써 2000만 ha의 토지가 생산력을 잃어버렸음을 밝히고 있다.(주 6) 표토침식의 문제는 그때 벌써 하나의 시급한 국가적 문제가 되어 있었으나 그것이 정치적 문제가 되어 대규모적 행동으로 옮겨지는데 까지는 한 지역전체가 눈에 띌 정도로 큰 피해가 있기를 기다려야 하였다.

전대미문의 흙먼지 폭풍이 있은 지 얼마 안 된 1935년 토양 보전국이 신설되고 베넷트가 국장으로 임명되었다. 곧 모든 주가 뒤따르게 되지만 연방정부의 대평원에 대한 토양보전정책은 당시의 많은 사람들이 나라를 존망위기에 빠트리는 것으로 생각하였던 토양의 점차적 악화를 막고 그 방향을 되돌리는데 도움이 되었다. 대평원에서는 연방정부가 임명한 대평원위원회가 발족되어 토지현황이 조사되고 해결책이 건의 되었다. 1936년에 발표된 위원회의 대평원에서 진행되고 있는 상황에 관한 감동적인 보고서는 현재 세계도처의 많은 반건조지대에서 일어나고 있는 비참한 정황을 묘사하고 있는 고전적인 것이다. 그 보고서 "대평원의 미래"에는 다음과 같이 쓰여져 있다.

"현재의 경작방법은 토양 조건을 크게 악화시키고 있다. 그 때문에 넓은 면적이 풍년에도 생산력을 점점 잃어가고 있으며 흉년에는 토지가 점차 사막으로 변해가고 있다. 미국 사회가 지금까지 추구해온 꾸준한 발전은 이제 퇴조하기 시작하였다. 대평원이 보다 생산적으로 되기는커녕 반대로 생산력을 잃어가고 있다. 그 곳 주민들은 정력적이고 용기가 있고 그들은 토지를 사랑하고 있다. 그럼에도 불구하고 그들은 그곳에서 살아가는데

점점 불안해지고 있다."(주 7)

1930년대 후반에 강우량이 다시 늘면서 토양보전국 직원들은 토지의 기능을 회복시키고 유지시키는데 필요한 여러 가지 조치를 취하도록 농민들에게 재촉하였다. 특히 침식당하기 쉬운 수 100만ha 경작지를 초원으로 전환시키고 바람에 의한 표토침식을 막기 위하여 작물의 그루터기나 비경작지에 남아있는 식물잔주 등을 잘 이용하면서 휴한지를 만드는 것이 토중의 수분을 보존하여 재배하는 해의 좋은 작물생산을 얻을 수 있기 위하여 강조되었다. 대상간작 - 곡물과 다른 토양수분보존에 도움이 되는 작물이나 목초를 대상으로 교호하여 심는 것 - 은 풍식을 막았고 밭 사이에 대규모의 방풍림도 조성되었다. 계단식 포장과 등고선에 따르는 경운법은 물에 의한 토양침식을 감소시키는데 도움이 되었다. 가축의 수는 과방목에 의한 목야파괴를 방지하기 위하여 제한되었다.

1950년대 초에 대평원에 심한 한발이 있었다. 이때의 한발은 20년 전의 그 것보다 지역에 따라서는 더 심하였다. 농법의 개선이 도움이 되어 1930년대와 같은 대규모적 피해를 막았다. 그러나 토양의 피해가 광범위하여 연방정부는 새로운 조사를 해야만 했다. 이번에는 대평원을 위한 새롭고 특별한 대책이 마련되어 토양보전사업을 실시하고자하는 농민들에게는 재정적 지원을 하였다.

1970년대 중반의 세계적 곡가폭등으로 1974년과 1975년의 미국 농민은 온 힘을 기울여 생산을 하게 되어 토지생산력에 대한 새로운 우려가 생기고 농학자들의 강한 경고를 유발하였다. 정부 조사 결과를 보면 이전에 초원이나 삼림 그리고 유한지였던 약 400만 ha가 1973년 말과 1974년 초에 전국에 걸쳐 농작물재배지로 전환되었으며 그중 200만 ha이상이 적절하지 못한 토양보전책이 취해지고 있다고 한다. 1974년 한해에 이런 토지에서 수식과 풍식으로 잃어버린 표토량은 ha당 평균 27톤으로 이것은 토양보존국의 "허용량" 12톤의 2배 이상이나 된다.(이 양도 사실상 여러 지역에서 자연적인 토양·갱신량을 웃돌고 있다) 대평원의 남부에서 조사한 것을 보면 새로 작물이 재배된 2만 ha에서의 연간 표토 유실량은 ha당 34~314톤에 달하고 있다.

1975년 초 사설인 농업과학기술회의의 전문위원회가 상원에 보고한 보고서 중에는 "농민사회가 또 다른 대황진 현상을 조성하고 있다"라고 경고하고 있는 것이 있다. 위원회는 과거 40년간의 실질적인 발전에도 불구하고 최근의 몇 가지 경향은 대평원에 장기간에 걸친 건조가 있게 되어 또 다른 토지 생산성악화가 있을 것이라고 하고 있다. 높은 소맥가로 대상재배나 휴한이 무시되고 계속적으로 소맥재배가 이뤄지고 있는 경향이 큰데 이에 곁들여 소 값은 낮고 곡물 값은 높아 보다 건조하고 작황이 불안정한 위험지역에서도 목장지를 경지로 전환하고 있다. 농민들은 연작으로 잡초문제에 어려움을 겪게 되면서 그들은 과거 하였던 대로 잡초를 묻어버리는 방법으로 되돌아갔는데 이로 인하여 바람의 침식을 막아주던 식물의 잔체가 없어져 표토의 노출이 불가피하였다. 전문위원회는 또 스프링쿨러로 관개하려고 토지를 평면으로 만드는 일은 모래흙을 바람에 휘날리기 쉽게 만들고 있음을 지적하고 있다. 더욱이 토지와 물가가 높아져 방풍림의 조성을 위한 식수면적은 점점 줄어들고 있다고도 하였다.(주 9)

시장조건이 이와 같은 위험한 경향을 계속하여 고조시킬지 또는 울리고 있는 경종이 바른 행동을 촉진 시킬 것인지는 두고 보아야 할 일이다. 그러나 어찌 되었던 몇 가지 근본적인 교훈을 대평원의 역사에서 얻게 되었다. 희망적으로 보면 인간이 적절한 관리수단을 써서 반 건조지대를 바람직한 형태로 이용할 수 있는 능력이 있음은 밝혀졌다. 걱정되는 점은 대평원에서는 토양 침식이 계속하여 광범위하게 일어나고 있고 과거의 쓰디쓴 경험과 손쉽게 이용할 수 있는 여러 가지 기술이 있음에도 불구하고 또 다른 대황진의 가능성이 잠재하고 있다는 것이다. 대황진을 통하여 힘들게 얻은 대황진의 교훈도 조절할 수 없는 자유경제의 힘 어느 것도 토양환경의 안전을 보장하는 것은 못된다.

생태학적인 교훈은 바다를 건너 서서히 다른 대륙에도 나타나게 되는 것 같다. 미국과 마찬가지로 소련에서도 자연을 보다 많이 활용하려는 노력이 역습을 받게 된다는 것을 경험을 통하여 배웠다. 니키다 후루시쵸프는 1953년 소련의 최고 지도자가 되었을 때 농업문제와 관련된 힘든 선택을 하게 되었다. 전년도의 식량생산은 40년전 혁명 이전의 수준을 겨우 넘었는데 소비자수가 증가하였을 뿐만 아니라 식생활 수준도 향상되어 있었다. 수 10년 간 농업부문은 공장건설에 자본을 빼앗겨왔으나 이제는 곡물생산을 시급히 그리고 강력하게 추진하지 않으면 안 될 입장임이 명백하였다.

기존의 농지에서 수량을 실질적으로 증대시키는 일에는 막대한 비용이 필요할 것이라고 소련의 지도자들은 생각하였다. 식량의 증산을 위해서는 수 10억불을 필요로 하는 관개시설이나 거액의 자본이 필요한 화학비료공장 등이 건설되어야 하는데 그를 위해서는 냉전 상대 국가들을 따라잡기 위하여 지금까지 중공업과 소비재 생산 분야에 쓰던 자본을 돌려야 했다. 그렇게는 할 수 없으니까 그들은 동부로 눈을 돌렸다. 즉 북부 카자흐스탄, 서부 시베리아, 러시아 동부에는 아직 괭이질이 안 된 광대한 면적의 초원과 농민들이 매년 의도적으로 휴한하는 기성의 농토가 수 백 만 ha가 있다. 그래서 이런 처녀지를 경작하고 불필요한 휴한기간을 감소시키면 국내곡물생산을 비교적 낮은 비용으로 늘릴 수 있었을 것으로 생각되었다. 소련의 기후조건은 언제나 어딘가에는 한발이 있는 것이 보통인 고로 이 생각은 본질적으로 위험을 안고 있었다. 그러나 3년에 2회 정도의 풍작만 있어도 이 농업투자는 충분히 가치가 있는 것으로 생각되었다.

처녀지를 경지화 시켜 소련의 만성적 식량문제를 단시일 내에 그리고 적은 비용을 가지고 해결하기 위한 거대한 규모의 계획이 정력적으로 취해졌다. 1954년부터 1960년까지 의욕에 찬 수십만의 이주민이 영국 본토의 3배가 넘는 4000만 ha에 이주하여 경작을 하였다. 그들은 많은 어려움을 겪었다. 천막생활을 하면서 기계설비도 부적당한 것이 일쑤였으나 그들은 후루시쵸프 수상의 격려를 마음에 새기면서 열심히 일한 결과 초기에는 볼만한 성과를 거두었다. 국가 전체의 곡물생산은 이 6년간에 50%나 증가하였는데 이것은 주로 경지면적의 확대에 의한 것이었다.(주 10)

그런데 1958년이 되면서 현지 농민들 중에는 정부 정책에 공공연하게 의문을 제기하게 되었다. 한 국영농장의 장은 정부기관지인 이즈베스티아지에 다음과 같은 항의문을 보냈다. "왜 우리는 비유해서 말한다면 그들을 만족시키기 위하여 우리가 서있는 발밑의 땅에까지도 씨를 뿌려야하는 것일까. 공화국정부의 관리들은 곡물을 같은 땅에 4년간이나 계속하여 심으면 지력이 소진되어 버린다는 것을 생각 못하고 있는 것이 아닌가" 라고 하였다. 이 농장에서 경작면적은 종래에 비하여 4배가 늘었으나 휴한지 면적은 반대로 42만 9000ha나 줄이도록 지시를 받고 있다고 농장장은 불평하였다. 이제는 영년생 초본류는 완전히 제거되어 버렸다고 그들은 경고하였다.(주 11)

쇼르탄디 곡물생산연구소 소장인 A. 바라이에프는 "처녀지" 에서의 심한 풍식현상에 자극받아 모스크바의 지시와는 전혀 다른 경작법에 관한 실험을 행하였다. 그의 짐작으로는 매년 농지의 1/3을 휴한지로 남겨두는 것이 장기적으로 최대의 곡물생산을 얻는 길이 될 것이라는 것이었다. "완전휴한" 상태로 놓여 있는 동안에 토중에 수분이 축적되어 작물을 재배하는 해에 높은 수확량을 얻게 하고 건조한 토양에서 볼 수 있는 심한 풍식현상이 일어날 기회를 줄이게 된다고 그는 생각하였다. 그런데 정부가 권하고 있는 "휴한기 재배방식"은 잡초나 그루터기를 남겨두지 않고 소맥을 재배하지 않는 해에는 옥수수를 심도록 되어 있었다.

후루시쵸프는 심경농법을 주장하였는데 이것은 전작물의 잔주를 제거하여 종래에 사용하던 파종기로도 작업을 빨리 진행시킬 수 있어 조기에 파종이 완료될 수 있다고 하였다. 그러나 바라이에프는 반대로 지면에 그루터기를 남길 수 있도록 한 농기계를 이용한 천경을 권하고 있다. 그는 그루터기야 말로 토양의 "갑옷"이라고 부르고 있으며 이것이 겨울동안 강한 바람에 휘날리는 눈을 막아 토양이 노출되지 않게 한다고 하였다. 그의 관찰에 의하면 그렇지 않을 때에는 땅이 더 깊이 얼게 되고 봄에 눈이 녹으면 수분이 땅 밑의 얼음 때문에 땅속 깊이 숨어들지 못하고 지표면을 흘러내려가 작물은 이용 못하였다. 봄과 여름에는 그루터기는 쉴새없이 불어오는 바람에 의한 토양침식으로부터 표토를 보호하여 주는 휴한경지의 표토에는 없어서는 안 될 보호재인 것이다. 후루시쵸프가 주장한 조기 파종은 1959년 가을에 있었던 것과 같은 이른 눈 때문에 흔히 생기는 작물피해를 줄이는 데는 도움이 되었다. 그러나 이 방법은 믿을 수 없는 5월의 비가 늦어지면 작물이나 토양에 대한 피해를 초래한다. 바라이에프의 눈에는 장기적인 생산성유지에는 이것이 훨씬 더 중요한 의미가 있는 것으로 보였던 것이다. 또 바라이에프는 영년생 초본류와 일년생 작물의 대상간작법은 그해의 곡물생산을 희생한다는 문제는 있으나 토양의 풍식을 막는 데에는 꼭 필요한 조치라고 생각하였다.

바라이에프는 이와 같은 시류와는 반대되는 의견을 갖고 있어서 60년대 초에는 중앙정부의 지도층에는 널리 알려지지 못하였다. 그 당시 권위층에 인정받고 있던 것은 알타이 연구소의 소장인 A. 나리바이코의 방법이었다. 그는 조기파종과 완전휴한대신 휴한기 재배논자였다. 후루시쵸프 수상은 1961년말 처녀지 농업노동자에게 행한 연설 에서 나리바이코에 대한 명백한 지지를 표명하고 있다.

"바른 농업기술체제로의 전환은 처녀지에서나 나라 전체에서나 대단히 중요한 것이다. 제22차 당 대회에서 나는 필요한 지역에서는 완전휴한법의 도입이 타당함을 말하였다. 현재 알타이 연구소 소장인 나리바이코와 곡물생산연구소 소장인 콤라드 나라이에프간에 이견이 있음을 알고 있는데 나는 콤라드 나리바이코 소장의 견해에 동의하지 않을 수 없었다.??

"여러분은 이것이 단순히 개인적 감정의 문제가 아님을 이해할 것이다. 알타이 연구소가 권하고 있는 재배법보다 효과적이고 결과도 더 좋다. 나는 지금까지 콤라드 나리바이코 소장으로부터 네 번이나 이야기를 들었다. 나는 그의 의견이 옳다고 생각한다."

"완전휴한에 대하여 어떻게 생각하는 것이 좋을까. 만약우리가 농업발전이라는 관점에서 본다면 완전휴한은 적을수록 좋을 것이다. 그리고 완전휴한이 없으면서도 수확이 많으면 그것은 무엇보다도 좋은 일이다. 나는 여러분에게 여러분 스스로가 어느 정도까지 가능한가를 연구하고 결정해줄 것을 바란다. 그러나 동지들이여 모험을 하십시요. 모험 없이 목표를 달성한다는 것은 불가능한 것입니다."

"바라이에프동지여 만약 그대가 나리바이코가 얻은 수확보다 ha당 더 많은 수량을 얻을 수 있음을 설명한다면 나는 당장에 그대의 편이 될 것이다. 그러나 그대는 그것을 설명하지 못할 것으로 생각한다."

"만약 바라이에프가 자본주의적 경쟁조건하에 놓여졌다면 현재의 그의 농법으로는 아마도 살아남지 못할 것이다. 경지의 32%를 완전휴한 하면서 자본주의적 대농장들과 경쟁이 가능할까요."(주 13)

처녀지의 새 국영농장들은 수상의 권고에 따라 모험을 하였다. 그러나 1963년의 일련의 사건들은 자연을 상대로 한 이 도박이 어림없는 일이었음을 증명하였다. 봄 가뭄이 여름 하늘을 흙먼지로 뒤덮으면서 처녀지에 황폐된 풍경이 펴져나갔다. 이 처녀지에는 존 스타이백으로 하여금 대황진의 발생으로 생긴 사회적 영향을 묘사하게 한 기록은 없었으나 농업의 직접적인 영향은 보다 명백하였다. 3,000만 ha의 경지에서 가뭄으로 작물생산이 개무상태가 되었다.(주 14) 각지에서 생산이 격감하였고 언제나 있는 강풍은 수분을 잃어버려 바람에 날리기 쉽게 된 귀중한 표토를 날려 버렸다. 1963년의 극적인 흉작과 농토의 황폐는 소령 수뇌부에 대한 심각한 도전장이었다. 후루시초프 수상의 농업 정책에 대한 의문이 고조되고 현장의 가시화 된 참상은 이것을 부채질하였다. 1963년 5월 이즈베스티아지는 바라이에브의 토양침식방지를 위한 농법의 개념을 소개하였는데 이것은 2년전 후르시초프 수상이 조소하였던 농법 바로 그것이다.

다른 학자들이 부적절한 농법에 따르는 문제점들을 지적하였다. 물론 이런 문제점은 1963년의 재해가 있기 훨씬 전부터 쌓이기 시작하였던 것이다. 예를 들면 카자푸 공화국의 한 지방에서는 연평균 18만 ha의 곡물경작지가 1955년부터 1959년 사이에 바람으로 피해를 받았으며 1960년에는 45만 ha, 1961년에는 70만 ha 그리고 1962년 에는 150만 ha가 피해를 입었다. 이 수치는 다음해에는 더욱 커졌다. 재배되고 있는 작물의 피해가 커지면 거두어 들일만한 수확물의 량은 보잘 것 없는 것이 된다. 정부의 당초목표는 1963년에 ha당 2톤의 곡물생산이었으나 최고 수량의 해인 1956년 1.1t에 불과하였으며 예외적으로 한발이 심하였던 1963년에는 0.64톤으로 저하하였다. 소련 농업성의 고위관리 F A, 몰간이 후에 추정한 것을 보면 1962년부터 1965년 사이에 처녀지에서 풍식으로 피해를 받은 면적은 1,700만 ha나 되며 그중 400만 ha에서는 생산이 전혀 없었다고 한다.(주 15)

1963년 후루시초프 수상은 그 해의 흉작에 대한 조사위원회를 만들었으나 그 조사결과는 발표되지 않았다. 그 해 12월 바라이에프는 연구소장의 직위를 유지하면서 소련 최고회의의 대의원에 선출되었다. 3개월 후 그는 소련 공산당 중앙위원회에 초청되어 연설을 하였다. 이것은 정권담당자들 사이에 그의 생각을 지지하는 사람들이 많아졌음을 말해주는 명백한 증거이다. 후루시초프 자신도 1964년초 이태리의 출판자와의 회견에서 처녀지에서의 지력소모와 토양침식의 방지를 위하여 일부의 토지를 목초지로 하거나 휴한지로 전환하는 것이 절실함을 인정하고 있다. 그러나 그 해 말에는 그는 다시 국영농장에서 전력생산을 하도록 권하고 있다.(주 16) 1964년 10월 후루시초프는 최고위원들에 의하여 직을 떠나게 되었다. 재해를 부른 농업정책이 그의 정치적 실각을 초래한 여러 가지 정치적 불만의 일부분이 되기도 하였던 것이다

후루시초프의 뒤를 이은 사람들은 토양침식문제에 깊은 관심을 표하였다. 1965년부터 지표의 그루터기를 남기도록 고안된 새로운 기계가 도입되고 연간 휴한면적은 증가하게 되었다. 황량한 처녀지에 방풍림을 만들기 위하여 식수사업도 진행되었다.

처녀지 개발에 대한 최초의 꿈은 결국 실현되지 못할 것이며 이런 좋지 못한 자연 조건을 가지고 있는 지역에서는 토양 침식은 중대한 위협이다. 그러나 인간의 기술이 한 번 환경에 적용되면 처음에는 혼란스러운 상태가 야기되나 차차 어느 정도의 타당한 형태로 발전하는 것이 보통이다. 소련에서 이 새로운 농경지 확장은 생산성이 높은 서부지역에서 주기적으로 일어나는 흉작을 완화하는데 중요한 뒷받침구실을 할 것이다. 그러나 국내 여러 지역에서 많은 농업 투자가 있어야 함은 명백한 일이다. 그리고 1972년이어서 1975년 겪은 바와 같이 기상 조건이 좋지 못한 때에는 소련은 외부에서 대량의 곡물을 수입할 필요가 있는 것이다.

## 04 사막의 잠식

육지의 3분의 1 이상의 지역은 덥고 건조하다. 지도상이나 공상의 세계에서는 이들 지역은 거대한 공백지대로 보인다. 그러나 실제로는 여기에는 생물이 전혀 없는 모래 언덕의 바다에서부터 관개로 푸르게 식물이 자라고 있는 오아시스에 이르기까지 여러 가지 생태학적으로 다른 내용의 지역이 포함되어 있다. 인간이 여러 가지 지혜를 발휘하여 강물을 끌어들인 곳에서는 생산성이 높고 인구밀도가 높은 곳으로 변한 곳도 있다. 실제로 티그리스강, 유프라테스강, 인더스강, 나일강 등을 이용한 사막문명은 초기 인류역사를 장식하고 있다.

중앙 사하라나 사우디아라비아와 같이 자연의 혜택을 덜 받는 지역에서는 생명의 흔적이 아무 것도 없는 사막이 100마일이나 이어지고 있다. 서부 칠레의 아타카마 사막에는 아직까지 비가 왔다는 기록이 없는 지점도 있다. 그런데 우리가 건조하다든지 또는 반 건조지대라 생각하고 있는 곳의 대부분은 양 극단의 중간 정도이다. 이런 지역이란 유목민과 그들의 가축만이 살고 있는 식생이 적은 사막의 가장자리와 중앙아프리카, 아시아, 중남미의 대부분과 같이 정착생활을 하는 주민과 작물, 그리고 가축이 살고 있는 곳 등을 포함하고 있다. 이들 모든 지역의 공통된 한 가지 특징은 적고 흔히 불규칙적인 강우량을 갖고 있다는 것인데 강우량의 다소는 그 지역에서 살 수 있는 동식물의 종수와 양을 결정한다.

세계 건조지대의 반이하가 기후적 조건 때문에 생산성이 없는 사막으로 되어 있으며 이용이 가능한 토지도 사람과 가축의 영향으로 황무지로 되어 가고 있다. 물이 부족한 때에는 낮은 밀도로 보이는 인구라도 그의 토지에 미치는 영향은 엄청날 수 있다. 사막은 아프리카, 아시아, 중남미에서는 점점 확대되어 가고 있는데 더욱 문제가 되고 있는 것은 광대한 면적의 사막 주변의 반 건조지대의 생산력이 저하하고 있다는 사실이다. 빈곤국에 살고 있는 약 6,000만 명이 사막과 경작지 사이에 살고 있으며, 그들의 생활 기반이 위험에 처하고 있다. 일단 사막으로 변하면 그 토지는 막대한 비용을 들이지 않고는 사람이 이용할 수 있도록 개척될 수 없다.

과거 수 천 년 동안 사막은 외부 사람들을 지배해 왔다. 호화찬란하였던 고대 이집트는 로마의 군대나 황제를 매혹시켰다. 기독교 신도나 이슬람 교도에게는 사막지대는 성지이다. 1970년대에 이르러 세계의 이목이 다시 한번 건조 지대에 쏠리게 되었는데 그 한 가지 이유는 새로 생긴 부였고 다른 하나는 인류와 생태학적 파국이었다. 아프리카의 사하라 사막의 남부에 있었던 심한 한발과 기아의 소식이 퍼지면서 지금까지 잘 알려지지 않았던 차드라든가 어퍼볼타와 같은 나라의 이름이 신문 제1면을 갑자기 장식하기 시작하였다. 세계 각국의 TV에는 굶주린 사람의 움푹 꺼진 얼굴과 말라서 뼈만 남은 사람들의 손발이 종종 등장하게 되었다. 뒤늦게 대규모적인 국제적 구호사업이 시작되어 그 결과 한발 지역에서의 기아는 표면상으로는 거의 없앨 수 있었다. 그러나 이전에는 결코 그렇게 비굴하게 굴지 않던 콧대 높은 유목민의 대부분을 차지하는 수 십 만 명이 생계를 찾아 서아프리카의 대도시로 밀려들어 왔다. 그리하여 죽음은 여전히 계속되고 있는데, 그 수는 수 십 만 명에 이를 것이다.

대부분의 사람들에게는 친숙치 못한 사헬이라는 말이 얼마 안 가서 매스컴의 용어가 되었다. 실제로 이 단어는 사하라 사막을 둘러싸고 있는 좁은 띠 모양의 지대를 말하는 지리용어로서 경계라는 뜻의 아랍어에 기원된 것으로 1968년부터 1973년 사이에 심한 한발을 겪은 모리타니아, 세네갈, 마리, 어퍼볼타, 니제르, 차드 등 서부 아프리카의 6개국을 뜻한다. 사실 이때의 한발은 이 6개국 대부분과 중앙아프리카의 여러 지역을 포함하여 남쪽으로는 수단까지 덮쳤었다. 서아프리카의 비극이 파급하면서 수단, 소말리아, 이디오피아, 케냐, 탄자니아 등과 같은 동아프리카 여러 나라까지 같은 정도의 심한 한발과 기아가 휩쓸었는데 한발은 지역에 따라서는 1975년 중반까지 계속되었다.

수 십 만 아프리카인들의 비참한 생활이나 이동이 알려지면서 한발은 항상 강우량이 적은 지역에서 일어나는 일시적인 것이 아니고 보다 심각한 문제임을 인식하게 되었다. 사하라 사막 주변부의 역사나 생태학적 문제를 연구한 사람들은 수 십 년간에 걸쳐 마음 조이게 하였던 생태학적 재난이 한발로 드디어 폭발하였음을 알게 되었다. 그리고 그 근원은 이 지역의 환경적 한계성을 생각지 않은 모순된 사회, 경제적 체제에 있었기 때문이었다. 1974년 대부분의 사헬 지방 강우량은 예전과 같은 양으로 되돌아 왔으나 근본적 곤경은 그대로였다.

한발과 흉작은 요셉(역주: 구약성서 창세기에 나오는 야곱의 아들)이 고대 이집트에서 파라오 (이집트의 왕)에게 곡물을 비축할 것을 권한 사실이 있는 것으로 보면 건조 지대에서는 늘 있어 왔던 재난이었던 것으로 보인다. 그러나 한발을 당하였을 때의 피해의 규모나 취약한 건조지대의 생태계에 가해진 인간의 파괴적 압박은 사헬지대나 그 밖의 사막지대 여러 곳에서 특별히 크다. 실제로 생태계가 지탱하기 힘들 정도로 인구가 팽창해 버려 앞으로 주민들은 생활양식을 바꾸지 않으면 그들을 지탱하고 있는 생태계가 돌이킬 수 없게 되지 않나 하는 의문은 공공연한 것이었다.

많은 사막은 지금도 계속 확장되고 있다. 그러나 이 현상의 설명에는 오해의 여지가 있다. 이 말에는 사구가 넓어지면서 생산적인 경지를 삼켜버린다는 인상이 숨겨져 있다. 그런데 사막이 밖으로 확대해 간다는 생각보다는 사람이 사막을 서서히 밖으로 끌어내려 하고 있다는 것이 보다 정확한 표현일 것이다. 그리고 더욱 중요한 것은 실제 주연부에서 멀리 떨어져 있는 넓은 곳이 건조하여 사막에 가까운 지역이 새로 생기고 있는데 이것을 사막화 현상이라고 한다.

이런 현상이 어디서 어떤 속도로 진행되고 있을까? 이런 것에 대한 확실한 근거는 피해지역에 있어서의 최근의 토양조건과 같은 것까지도 단편적이다. 따라서 정밀한 결론을 내리려면 보다 긴 시간이 필요할 것이다. 그럼에도 불구하고 과학자들은 기존의 자료를 토대로 여러 지역에서 일어나고 있는 사막화 현상에 관하여 값진 추정을 하고 있다. 이집트의 저명한 생태학자 M. 캇사스 교수는 정확하다고는 할 수는 없으나 아마도 가장 대담한 추정을 하고 있는 것으로 보인다. 국제환경계획에 제출한 보고서에서 기상자료를 면밀히 검토한 결과 지표의 36.3%는 심한 건조지, 건조지, 반 건조지 등의 범주에 속한다고 하였다. 그는 이것들을 묶어 사막으로 하고 있다. 토양조건과 식생을 바탕으로 한 지구상 토지조건 조사결과는 지표의 43%가 이 범주에 속하는 것으로 되어 있다. 캇사스 교수는 위의 두 추정치간의 차 6.7%는 "인간이 만들어낸 사막의 면적이라고 생각해도 된다"고 하고 있다. 반 건조지대로 분류된 지역의 강우량보다 강우량이 많은 브라질 면적보다 넓은 지역이 삼림벌채나 과도한 방목, 야화, 기타 적절치 못한 경작으로 반 사막지대로 분류되어 왔다. 이런 토지들은 정당한 토지 이용지대에 비하면 생물이 적다. 그리고 이 추정에는 기상적 조건으로 본 건조지, 반 건조지 내부에서 볼 수 있는 훨씬 더 심한 토지 악화의 양상은 고려되어 있지 않음을 강조하여 두고 싶다.

이런 추정은 오차가 있게 마련이나 그것은 문제가 갖는 규모를 가늠할 수 있는 척도로 의미가 있다. 사막 면적과 반 건조지대에서의 늘어나는 토지 황폐 면적을 지역단위로 집계해 보면 사막화현상은 세계적인 문제의 하나로 그 중요도는 점점 커가고 있다는 결론을 얻을 수 있다. 이것은 아프리카, 아시아, 중남미에서의 식량생산량을 뿌리까지 파고드는 악영향의 하나이다.

사하라 사막이 점점 남쪽으로 확대된다는 것은 전해오는 이야기이나 그것은 현실이기도하다. 19세기에서 20세기 초에 걸쳐 일부 평론가들이 사막이 일정한 비율로 무서운 속도로 토지를 삼키고 있다고 믿었던 것은 지나친 일이였을 수 있으나 사막이 남쪽으로 넓어져가고 있다는 것은 의심의 여지가 없다. 미국 국제개발국의 전문가들은 과거 50년 동안에 사하라의 남단에서만 경작이나 집약적인 방목에 알맞은 토지가 25만 평방마일(약 65Km2) 상실되었다고 추정하고 있다.(주 3)

서아프리카에서 일어나고 있는 사막의 확대는 최근에 국제적으로 큰 관심사가 되고 있으나 동부에 있는 수단, 이디오피아, 소말리아 등의 나라에서도 모두 비슷한 위협을 받고 있다. 수단은 광대한 미개척의 토지와 나일강의 풍부한 물을 갖고 있어 아랍세계의 곡창이 될 가능성이 큰 나라로 생각되고 있다. 그러나 수단의 자연자원 파괴가 곧 중단되지 않으면 적어도 그 가능성의 일부는 사라질 것이다. 이집트의 동물학자 사미루 I. 가보우는 다음과 같이 기술하고 있다. "현재 수단에서 아마 가장 명백한 환경문제는 끊임없이 증가하고 있는 삼림의 감소와 사막면적의 확대 때문에 식생대가 점점 남쪽으로 이동하고 있다는 것일 것이다. 사막은 건조한 초원지대로 파고들고 이것이 사막으로 변화하는 동안 초원은 가까운 사반나(나무가 여기저기 있는 초원 )에 파고들게 되고 사반나는 삼림을 좀먹어 들어가고 있다.(주 4)

아카시아(*Acacia*) 나무는 건조지대에서는 흔히 볼 수 있으며 땔감이나 가축의 사료로 유용한 나무이다. M. 캇사스에 따르면 이 나무는 1955년 까지만 하여도 수단의 수도 카루툼시의 근처에서도 흔한 나무였으나 1972년에는 가장 가까운 나무가 있는 곳까지의 거리가 이 도시의 남쪽으로 90km나 되는 곳이었다.(주 5) 캇사스와 가아보우씨는 과도한 방목과 가속된 토양침식 그리고 무분별한 불질 등이 합쳐져 이와 같은 삼림의 후퇴라는 큰 희생을 초래하게 하였다고 결론을 내리고 있다. 국제환경계획의 커리-린다알이 기술한 바와 같이 소말리아의 사정도 심각하다. 소말리아의 일부 지역은 원래부터 사막이었으나 지난 세기동안에 또 다른 광대한 지역이 사막이나 반사막으로 변하였다. 커리-린다알씨는 토지이용기술면에서 획기적인 변화가 없으면 수 십년 내에 항구적인 하천유역지대와 남단의 다우지대를 제외하고는 전국토가 사막에 가까운 상태가 될 것이라고 예언하고 있다. 그는 수단이 "천재에 직면하고 있는 나라라고 기술하고 있다.(주 6)

사하라사막이 남하하고 있다는 사실은 70년대 초기의 신문기사의 주요 표제였으나 사막은 동시에 지중해 쪽으로 북상도 하고 있다. 건조한 북부 아프리카의 인구는 20세기 초에 비하면 6배로 증가하고 있다. 그리고 모로코, 알제리아, 튀니지아, 리비아 등에서의 식생파괴는 그 동안에 가속되었으며 특히 이들 나라에서 인구가 급격히 증가하였던 30년대 이후에 더 심하였다. 집중적인 과도한 방목, 오래 못가는 농지의 확대, 땔감하기 등 모두가 농업환경의 파괴 원인이 되었다. 국제식량기구의 H. N. 르 웨류우씨의 추정에 따르면 매년 10만 ha이상의 토지가 사막으로 변하고 있다고 한다.(주 7)

북부의 아트라스 산맥내의 심해가는 토양 침식과 남쪽으로의 사막 확대로 북아프리카의 여러 지역에서는 식량 생산이 제자리걸음을 하고 있다. 그리하여 한때 로마제국의 곡창이었던 이 지역은 만성적으로 주요 식량 수입지역이 되고 있다. 석유와 인광석 수출에 의한 수입의 증대와 유럽으로 이주한 100만 명의 노동자의 송금이 북아프리카 대부분 지역에서 일어나고 있는 농촌의 어려움을 완화시키고 있다.

사막화 현상은 비단 사하라 사막 주변에서만 있는 것이 아니다. 이 현상은 남아프리카의 일부에서도 주요한 문제로 되고 있다. 특히 보츠와나에서 심각하다. 케냐와 탄자니아에 있는 넓은 반 건조초원은 과도한 방목으로 심각하게 파괴되어 왔다. 지중해 연안의 이스라엘에서부터 아프카니스탄에 걸친 중동지역의 광대한 지역은 수세기에 걸친 과도한 방목과 땔감하기 때문에 비슷한 상태를 빚어내고 있다. 이 지역들은 한때는 상당한 식생이 있었던 곳이었다. 이런 지역 중 일부는 모든 중동국가에서 볼 수 있는 유목민에 의한 끊임없는 과도한 방목만 없었더라도 회복이 가능하였을 수도 있었을 것이다. 그렇지만 다른 지역에서는 토양 침식이 계속되어 영구히 황폐하여 극단적인 경우에는 사구로 되어 버렸다. 북미에서는 아리조나주의 소노라사막이나 뉴 멕시코주의 치와와사막의 많은 부분은 유럽인이 이주한 이후 2~300년에 걸친 과방목으로 형성된 것이라고 일부 전문가는 믿고 있다.(주 8)

사막에 가까운 상태가 생기고 있는 곳은 라 리오하, 산 루이스, 그리고 라 팜파 등과 같은 아르헨티나의 여러 주에서도 마찬가지며 아타카마 사막의 남하현상은 칠레 정부의 고민거리가 되고 있다. 1960년대에 있었던 10년간의 가뭄으로 사막은 80~160km 전선에 걸쳐 매년 1.5-3km의 속도로 진행하였다.(주 9)

나일강이나 인더스강변계곡과 같이 관개시설이 잘되어 있는 곳을 제외하고는 인도의 서북지방은 세계에서도 가장 인구밀도가 높은 건조지대로 그런 뜻에서는 기념비적인 곳이다. 현재 인도의 건조지대 평균인구는 평방킬로미터당 61명이며 이런 건조지대란 서부 라자스탄의 타아루 사막의 모래밭 황무지를 말한다. 그런데 건조지대라고 하는 것에는 막연히 라쟈스탄 사막이라고 불리는 그의 주변 지역 그리고 그보다 남쪽이나 동쪽 지역까지도 포함된다. 이 인구밀도는 가까이에 있는 관개지대의 인구밀도에 비하면 보잘것없는 것에 불과하나 인도중앙건조지 연구소의 학자들은 최근 "고갈된 자원을 생각할 때 대단히 높다"고 조심스럽게 말하고 있다.(주 10)

이런 높은 인구밀도로 생기는 압박 때문에 삼림이나 목야지로 밖에는 이용할 수 없는 한계조건에 가까운 토지까지도 경작지를 확대하여 이 지역을 세계에서 가장 먼지투성이의 곳으로 만드는 결과를 초래하였다. 한편 목야지로 이용할 수 있는 토지가 감소함에 따라 사육 가축두수는 상대적으로 증가하면서 다음에는 공식대로 과도한 방목상태가 되고 토양침식과 사막화가 뒤를 따른다. 서부 라쟈스탄 지방에서 방목에만 이용할 수 있는 면적은 1951년부터 1961년 사이에 1,300만 ha에서 1100만 ha로 감소하였는데 같은 기간 동안에 산양, 면양, 소의 두수는 940만에서 1440두로 증가하고 있다. 1960년대의 10년간 서부 라쟈스탄 지역의 경작면적은 전체의 26%에서 38%로 상당히 증가하기는 하였으나 가축수도 계속하여 증가하고 있어서 목야지에 대한 수요를 압박하고 있다.(주 11)

이런 조건하에서는 농업생산이 낮고 지역에 따라서는 감소하는 것은 놀랄 일이 아니다. 현재의 토지이용형태가 계속되는 한 인도의 건조지대에 살고 있는 수 1,000만 인구의 생활은 좋아야 현재의 수준이 이어질 것이다. 그럴 가능성이 대단히 크지만 최악의 경우 언젠가 장기간의 한발이 있게 된다면 인간과 자원간의 균형이 무참하게 깨지게 될 것이다. 현재 건조지대의 원조계획은 벌써 중앙정부의 빈약한 자금이나 비축식량을 고갈시키고 있다.

타아르 사막이 정말 확대되고 있는지 또 그 속도는 얼마나 빠른지에 대하여는 견해에 차이가 있다. 인도계획위원회는 1952년 독립 후 얼마 안 된 이 나라의 제 1차 5개년 계획에 관한 지리적 연구결과를 인용하고 있는데 이 계획은 위험한 것이라고 지적하고 있다. 즉 사막은 과거 50년 동안에 매년 0.5마일(0.8km) 정도의 속도로 확대되어 그가 삼키는 토지면적은 매년 13,000ha나 된다고 한다. 그 이후 사막은 같은 비율로 침식하는 것으로 널리 알려져 왔으나 1970년 인도의 학자들의 연구는 현재에 있어서는 사막의 확산은 심각한 문제가 아니라고 결론짓고 있다. 이런 최근의 결론과 사막은 실제로 확대되어 가고 있다고 계속하여 주장하는 사람들 간의 견해차의 일부는 적어도 정의의 차이에 기인하는 것이라고 하여도 될 듯하다. 결국 황폐한 토지 한 가운데 놓인 사막이 확대된다는 그 실체가 무엇이냐가 문제이다. 경작지로 이용할 수 있는 수 천 ha의 토지가 매년 경작을 못하고 있음은 의심의 여지가 없으며 인도의 5분의 1 이상 즉 프랑스의 면적만한 건조지의 생산성이 현재 심하게 악화되어 가고 있다는 것에 대하여는 모두가 이론이 없다.(주 12)

이와 같은 삼림벌채와 과도한 방목이 계속된다면 앞으로 수 10년 후에는 인도의 중부와 서부지역의 경관은 달나라의 그것이 될 것이다. 물은 사막 생명의 근원이며 장기간에 걸친 강우량의 증감은 그자체로도 그 지역의 생태학적 특성을 변화 시킬 수 있을 것이다. 사막이 확대되어 가고 있는 듯이 보일 때에는 기후적 변동이 정말 그 원인인지에 대하여 의문을 갖게 되는 것은 당연한 일이다. 불행히도 대부분의 사막지대에 있어서 기후적 변화에 관한 우리의 지식이나 장기간에 걸친 기후변동 경향에 관한 지식은 현재 진행되고 있는 사막 확대현상이 기상조건 때문이라고 명백하게 결론을 내리기에는 너무나도 억측적 요인이 많다.

세계의 기후변동의 원인이나 특성에 관한 이론은 현재 수없이 많아 많은 학자들이 진지하게 연구하고 있다. 특별히 장기간에 걸친 중요 기후변동을 증명하는 것은 그리 어려운 일은 아니다. 예를 들면 4,000년 전 인더스 강 유역의 문명은 현재의 파키스탄 보다는 습도가 높았던 상황에서 번성하였었다는 것은 의문의 여지가 없다. 그러나 현재의 한발이 20년 주기의 한발의 일환인지 200년 주기로 변동하는 강우량변동 때문인지 새로운 기후시대의 시작인지 또는 단순한 우발적인 것인지를 결정하는 것은 훨씬 어려운 일이다. 현재의 이론이나 지식을 토대로 생각할 때 기상 동향이나 그 원인에 관한 연구가 긴급한 과제임을 알 수 있다. 또 하나 부인할 수 없는 것은 건조지의 포용능력을 감소시키고 새로운 사막을 형성하는 것과 관련 인간과 가축의 역할도 부인할 수 없다는 것이다. 증명된 것은 아니나 기후변동에 관한 최근 이론에는 사막의 확대가 기후 때문이라는 것과 인간 때문이라는 것 두 가지를 절충한 흥미 있는 것이 있다. 이런 이론들은 몇몇 중요한 건조지대에서의 강우량 수준이 실제로 떨어지고 있는지는 알 수 없으나 이런 강우량의 감소가 원인의 전부는 아니고 인간의 토지이용상의 잘못이 원인의 일부가 되고 있다는 추론을 하고 있다. 과도한 방목, 목초지에서의 불질, 과다한 경작으로 야기된 공중 먼지량 증가가 국지적 강우량을 감소시키거나 나아가서는 지구 전체의 기후변동을 초래하였을 수도 있다고 이 이론가들은 생각한다. 예를 들면 위스콘신 대학교의 레이드 브라이손과 데이비드 베레이스는 매년 서북부 인도와 동부 파키스탄을 덮는 짙은 먼지가 이들 지역의 강우량을 명백히 감소시켜 왔다고 주장하고 있다.

워싱톤 D. C의 아메리칸 대학교 노루만 맥레오드는 지상에서 가속화되고 있는 식생소실로 서부 아프리카를 덮고 있는 대기 중에는 먼지의 량이 증가하고 있는데 이것이 기후형태를 변동시켜 사헬지대의 강우량을 감소시키고 있다고 추측했다. 브라이손 등은 최근 인간의 활동으로 생긴 대기 중 먼지량의 증가로 세계적인 기후변동이 일어났다고 하고 그로 인하여 중앙아프리카와 남부 아시아에서의 몬순대가 남하하게 되었고 그에 따라 사

헬지대와 북부인도에서의 한발의 빈도가 증가하고 그 정도를 더 심화 하였다고 하였다.(주 14)

특정 기후변동에 관한 이론에 대하여 최근 기후변동의 원인이나 그 방향에 관하여 견해를 달리하는 사람이 있다. 북반구 몬순대의 기후변동에 관한 좀 더 다듬어진 이론은 이 지역에서의 자료를 토대로 한 것이 아니고 주로 다른 곳에서 얻은 자료를 토대로 추론 한 것이다. 그런고로 북부 아프리카; 사헬, 서북 인도와 같은 주요사막주변지대에서 얻을 수 있는 빈약한 자료를 갖고는 여러 사람에게 기후조건이 원인이 되어 사막화가 진행되고 있다는 것의 설명은 하기가 어렵다. 이들 지역에서 변하고 있는 방향으로의 기후변동이 일어날 가능성은 대단히 높은 것은 사실이나 이들 각 지역에서 일어나고 있는 기후적 변동에 관한 연구에는 새로운 사막형성에 관련된 인간의 큰 역할에 대한 배려가 부족한 것도 사실이다.

북아프리카 여러 나라의 이용할 수 있는 강우량 기록을 깊이 있게 검토한 결과를 보면 과거 100년 동안 강우량이 감소하였다는 증거는 찾아볼 수 없다. 그럼에도 불구하고 사막의 면적은 북쪽으로 늘어나고 있다. 타아루 사막을 대상으로 조사한 인도과학자들은 그 주변부에서 최근에 건조상태가 더 심해졌다는 증거는 찾지 못하였다. 세계기상기구의 위촉을 받아 사헬지방의 한발에 관한 특별조사를 행한 E, C. 데이비 박사는 다음과 같이 결론을 내리고 있다. "이용할 수 있는 자료를 깊이 있게 분석한 결과를 보면 이 지역에서의 강우량이 그동안에 감소해 왔다는 것을 시사하는 것은 없었다." 사헬지방의 한발기간은 그 자체로는 아무런 증명도 되지 못한다. 그 이유는 그와 비슷한 기간의 한발이 과거에도 있었고 큰 기후적 변동이 오거나 안 오거나간에 앞으로도 이 지역을 다시 찾아 들것이기 때문이다. 사헬지방에서 1907년부터 1915년까지의 강우량은 최근의 한발시와 거의 같은 정도로 적었을 런지 알 수 없으나 물론 피해면적은 보다 적었을 수도 있다. 그럼에도 불구하고 레이드 브라이손은 전세기의 강우량 변동상은 그의 변동설을 강력히 뒷받침하는 것이라고 하였다. 그는 사헬지방에서의 최근의 강우량 분포상과 1907-1915년간의 그것과의 유이성은 이 두 기간 사이에 있는 대기 순환양상의 역전 주장과도 일치한다고 지적하고 있다. 타아루 사막에서 총강우량의 10년 평균치는 변하지 않았으나 심한 한발년의 빈도 - 이것은 10년 단위 평균치에는 나타나지 않음 - 는 증가하고 있는 것으로 보인다.(주 15)

기후학적 연구결과가 어떠하던지 간에 그것이 미국의 대평원이거나 사헬지대 어디서 얻은 것이든 간에 건조지대에서의 경험을 통하여 얻어낸 교훈은 건조한 환경하에서는 한발이란 피할 수 없는 것이라는 것이다. 그리고 한발을 정확하게 예측할 수 있는 일은 아니나 그것이 있었어도 놀랄 일은 될 수 없는 것이다. 한발은 토네이도(회오리바람을 동반한 강풍)나 지진과 마찬가지로 되풀이하여 일어나는 돌발적인 자연재해로 받아들여지고 있다. 그러나 진정한 불행은 현실적 환경에 맞도록 사회를 만드는데 실패하고 있는 데에 있는 것이다. 사막지대에서의 농경형태는 가장 건조한 해에도 살아남을 수 있는 것이어야 하며 강우가 많은 해에도 재배할 수 있는 한계까지 작물재배를 강요해서는 안 되겠다. 이런 것 외의 방법들은 비가 오랫동안 안 오면 반드시 죽엄과 대대적인 주민이동이 되풀이 될 뿐이다. 건조지대에서 인구와 가축수가 증가하면 동시에 이들이 살아야 할 토지의 질도 나빠지게 되는데 그 영향은 한발이 올 때마다 더욱 참혹해지게끔 되어 있다.

가뭄이 계속되어 사막에서 인간의 피해가 절정에 달하는 바로 그때 지표의 식생파괴, 경지에서의 표토의 풍식 그리고 이용할 수 없을 정도의 황폐한 토지형성 같은 것도 동시에 심해진다. 수년간 때로는 수 십 년간이나 계속하여 상당한 강우가 있으면 이것은 식생 발달을 돕고 그에 따라 가축

수도 증가하게 되고 보다 많은 목초가 남게 되면서 경지의 확대도 촉진되게 되겠다. 이런 경우 농민은 물론 정부의 관리들은 토지의 한계 생산력에 대한 잘못된 생각을 갖게 되는 수가 흔히 있다. 이런 일은 미국이나 아프리카 모두에서 되풀이하여 일어나고 있다. 이런 일이 있은 후에 비가 안 오면 지나치게 불어난 가축들은 가뭄의 피해를 받고 있는 목초지에서 이용할 수 있는 모든 목초를 먹어버리고 결국에는 굶어 죽는데 이런 현상은 가축이 집중적으로 모여드는 우물근처에서 심하다. 산양은 앙상한 뼈대(목질부)만을 남기고 최후의 푸른 잎을 먹기 위하여 나무에 기어오르기 시작하는데 이때 남은 나무는 땔감으로 나무꾼의 몫이 된다. 작물은 메마른 땅에 뿌리를 내리지 못하고 죽어버리며 헐벗은 경지의 토양은 바람에 날려 대황진으로 화한다. 이렇게 하여 이전에는 없던 곳에 사구가 생기고 비가 오랫동안 안 오면 새로운 사막이 나타나게 될 것이다. 유목민이나 농민 그리고 살아남은 가축들은 헐벗은 토지에서 쫓겨나고 그의 유입으로 주변의 토지가 과밀상태가 되고 과방목상태를 연출하는 악순환이 되풀이 된다.

심한 가뭄이 있고 난 다음해에 토지의 생산력에 대한 그릇된 낙관주의가 다시 생길 수 있다. 가축의 일부가 죽고 일부 인구가 다른 지역으로 이주하게 되면서 자연조건은 일시적이나마 균형된 상태로 되돌아가게 된다. 줄어든 가축수는 목초지에 대한 영향을 크게 줄이고 비가 오면 초본류나 관목들은 토지조건이 크게 나빠지지 않은 곳이면 어디서나 새로운 생기를 찾게 된다. 피난 갔던 사람들이 조금씩 다시 되돌아와 새로운 압박이 정상적인 진행을 방해하지 않는 한 악순환은 다시 시작된다. 근대의학이 침투하고 가축의 병방제가 잘되고 관정건설 등으로 지금까지 보다 많은 인구와 가축수를 지탱하게 되었다고는 하나 사막화가 일어난 만큼은 방목이나 경지로 이용할 수 있는 면적은 감소할 것이다. 따라서 농경과 목축을 공존시키는 기술 없이는 관정건설이나 가축치료에 대한 예방접종과 같은 개발은 사막주변부에 살고 있는 사람들에 대해서는 악영향을 미치는 결과를 초래할 뿐이다.

최근의 세계기후변동의 원인이나 전망에 대해서는 학자들 간에 이견이 많으나 저명한 세계적 기후학자들 다수가 지난 60년간에 겪은 것보다 앞으로 수 10년간에 있을 세계기후의 변동은 크게 불안정할 것이라고 예언하고 있다. 1940년 이후 지속되고 있는 지구 한냉화 경향은 여러 가지 복잡한 요인이 엉켜 있어 세계기상변동이 더욱 커질 것을 뜻하는 듯하다.(주 16) 만약 이런 예측이 맞는다면 작물의 생육과 농경법은 기상변동과 밀접한 관계가 있기 때문에 앞으로 있을 기상변동은 거의 모든 지역에서 농업에 불리하게 작용할 것으로 생각된다.

이와 같은 불안한 기상조건으로 가장 심한 타격을 받는 지역은 사하라 사막의 주변이나 북부인도가 될 가능성이 커 이들 지역은 한발이 자주 있거나 몬순기의 강우량이 예년보다 적은 일을 자주 겪게 될 것이다. 한발이 있었거나 경제적 또는 생태학적 문제가 있은 다음에 오는 가축의 변동주기는 건조지대에서는 낯익은 현상인데 만약 새로운 이상 기후에 관한 이론이 맞는다면 백년주기로 일어나는 것으로 요약될 수 있을 듯하다. 단정적으로 말할 수 있는 것은 최근 수 10년간의 기후가 과거의 지구 역사 대부분에 비하여 이례적으로 온화하고 안정되어 있다는 것이다. 또 최근 수 10년 동안 도처에서 인구나 가축수에 제약이 되었던 종래의 자연 억제작용을 근대과학의 발달로 크게 완화시켜 왔다. 만약 건조지대의 일부가 한발의 빈발기에 접어들고 있다면 금후에는 가축이나 인간을 양육할 수 있는 능력이 지금까지 보다는 대체로 낮아질 것이며 건조지대에 가해지고 있는 지금까지의 인위적인 생태학적 압력은 앞으로 더욱 심해질 것이다.

사헬지방과 같은 건조지대에서 이상기후의 영향이 어떤 것이 될 것인가를 점치는 일은 복잡한 문제임은 틀림없으나 지금까지 오랫동안 알려져 온 생태학적 악영향을 막기 위한 전략을 근본적으로 변경시켜야 하는 것은 아니다. 사실상 모든 경우 토지의 생산력 회복을 위해서는 2개의 열쇠가 되는 문제가 있다. 그 하나는 방목하는 가축수를 알맞은 크기로 줄이는 것이며 또 하나는 2, 3년 동안 풍부한 강우가 있을 때마다 농민들은 한계농지까지 무분별하게 경지면적을 늘리는 근시안적 행위를 못하게 하는 것이다.

물론 이것은 실천에 옮기기가 쉬운 일은 아니다. 과학자들의 카산드라(역주: 그리스 신화에 나오는 왕녀로 예언자)식 경고에도 불구하고 과거 수10년 동안 계속된 환경파괴 작용은 문제의 심각성을 말해 주고 있다. 근본적 문제는 사회적으로 필수적인 것과 개인적으로 필수적인 것 간의 상충이다. 도시의 화폐 중심 사회에서 거의 고립되어 있는 유목민은 그들의 주식인 우유와 유 가공품을 얻기 위하여 많은 수의 가축이 필요하다. 여분의 가축은 투자도 되고 한발시를 위한 비축도 된다.

유목민이 도시로 이주할 때는 가축 일부를 팔아 자본을 만들고 일부 가축은 죽어버린다. 개개의 농민은 위험성이 큰 한계지대에서 지내는 길 밖에 없게 되며 가장 좋은 경지에서도 그 지역의 인구를 양육하기에는 생산이 크게 부족하여 그 부족분을 보충하려고 전통적으로 해왔던 휴한을 버리게 되어 그것은 작물수량의 감소로 이어진다. 정부는 수출을 위한 환금작물의 재배를 권하고 몇 안 되는 부농과 외지인은 주요한 농경지에서 가게위주 농민들을 몰아낸다. 그리고 사망률이 높은 곳에서는 어린 아이가 중요한데 어린 아이는 가축과 마찬가지로 중요한 노동력이기 때문에 건조지의 부부는 자연히 대가족을 선호하게 된다.

결국 건조지대나 그곳의 주민을 위하여 보다 나은 장래는 개인적인 욕구충족이 "사회적 자살"을 초래하는 체제로부터 보다 나은 생활을 위하여 일하는 것이 장기적으로 사회복지로 이어질 수 있는 제도로의 근본적 체제 전환여부에 달려 있다. 이런 체제하에서는 가축은 단순히 두수에 의하여 평가 되는 것이 아니고 그의 질이나 경제적 가치에 의하여 평가 되어야 하고 또 농민들은 장기적인 생산력 상실 없이 최상의 농지에서 충분한 식량을 얻을 수 있는 지식과 농기구를 갖추고 있어야 하고 소가족의 유리함도 이해해야 한다. 이런 방향의 새 질서가 성공하려면 건조지대와 도시 그리고 보다 온화한 기후조건을 가진 지대와의 사이에 보다 긴밀한 경제적 협력관계가 있어야 함은 말할 것도 없다. 사막주변지대로의 자원, 정보, 상품의 유입이 그곳의 새 질서에 필수적이며 동시에 고급육류나 다른 농산물의 손쉬운 유출도 또한 필수적이다.

사막주변부에서의 삶에 이러한 근본적인 변혁이 긴급하게 요구되고 있는데도 불구하고 일부 전문가들은 근본적인 문제의 해결에는 도움이 되지 않는 지나치게 단순화된 문제에 매달려 있다. 유목민이 그들의 이동이 금지되고 있음을 알고 초지가 파괴되어 버렸음을 알게 됨에 따라 일부국가는 그들 유목민을 어떻게 해서든지 정착시키려고 한다. 도처에서 산양이 나무나 관목 그리고 초목류를 마구 먹어 버리는 것을 보고 일부의 생태학자들은 이 끈질기고 잘 적응한 동물을 건조지에서 완전히 배제하여야 한다고 주장하는 사람이 생겼다. 물 부족을 느끼게 되면서 지역지도자는 중앙정부나 국제 원조기구에 우물을 파줄 것을 요구하고 나섰는데 그들은 그 지역의 가축수나 새 우물주위의 초지에 가축이 모여 드는 것을 제한하는 조치를 취하려고는 하지는 않는다.

어디서나 그러하지만 사막에서도 개발계획수립자들은 수 100년 동안을 극단적으로 불리한 환경조건하에서 살아온 동식물이나 문화에서 배워야 할 점이 많다. 만약 유목민이 오래 동안 유지해 온 생태학적균형이 비참한 것이며 그것은 높은 사망률로 증명 될 수 있다고 할 수 있겠으나 그것은 또한 생명체의 접근을 거부하는 사막에서의 훌륭한 자원이용법이 되기도 하는 것이다. 흔히들 유목민은 목적 없이 헤매고 다니는 것으로 생각하고 있으나 사실 유목민의 이동은 기후조건이나 식생조건의 계절적 리듬에 맞추어 행해지는 조직적인 행동인 것이다. 그들은 한편으로는 일년 동안 가축들에게는 적절한 사료를 공급할 수 있도록 하는 동시에 방목하는 초지에서는 목초의 재생장을 가능하게 하고 있는 것이다.(주 17)

초기 역사시대의 사정을 생각해 보았을 때 그것은 현재보다 낳은 것은 못한 것이다. 가차 없는 자연 선택이 작용하는 어려운 자연조건하에서 살아온 유목민의 생활여건은 오늘날에 와서는 윤리적 측면에서도 수용할 수 있는 조건은 못된다. 어떤 경우에나 발달된 농업기술과 같은 근대적 무기에 앞서 근대 의학이 건조지대에 침투하게 되면서 과거보다 사망률이 저하되었다. 현재의 국경선은 자연적이고 생태학적인 지역을 인위적으로 나누고 있으며 이것이 유목민의 자유로운 이동을 방해하고 정착농업의 확대는 그들의 이동을 더욱 왜축시키고 있다. 또 일부 유목민은 그들의 생활지역의 환경과 생태학적 균형을 이룬 일이 없는 것으로 보인다. 예를 들면 동아프리카의 마사이족은 식민지시대가 시작되기 몇 세기 전부터 과다한 방목과 나지화 된 토지를 버리고 점점 남하였던 것으로 보인다.(주 18)

일부 유목생활의 근대적 변형은 보다 건조한 사막의 주변지대에서도 단백질생산을 할 수 있는 유일한 수단이 되며 이런 지대에서 생활하고 있는 수 100만 주민의 생활을 도울 수 있는 유일한 길이 된 듯 하다. 부족의 지도자가 자연적 조건에 맞도록 방목과 이동을 통제하고 목축에 대한 전문가들이 관여하고 있는 거대한 지역적 관리형태가 현재 니제르 지방에서 운영되고 있다. 이 같은 형태의 계획은 유목민생활의 많은 융통성을 충분히 유지하면서도 동시에 기술적 발전을 기대 할 수도 있을 것이다. 일단 방목에 대한 최소한의 통제가 이루어지고 나면 관정이나 초지개선책이 장기적인 환경파괴의 위험성이 적은 방향에서 도입될 수 있겠다.

가축에 대한 시책이 어떤 것이든 간에 그의 성공에 있어서 기본이 되는 선결문제는 가축두수를 크게 줄이는 일이다. 몇몇 전문가의 판단에 따르면 장기간에 걸친 한발이 가장 심했던 1972년과 1973년까지 사헬지방에서 사육하고 있던 방목가축두수는 이 지역의 초지가 피해를 받는 일 없이 사육할 수 있는 두수의 최소한 2배에 달하였다고 한다. 이때의 심한 한발로 가축 수는 급격히 감소하였다. 그러나 가축이 먹는 양과 목초간의 균형이 되돌아올 정도는 못되었다. 숫자란 속기 쉬운 것이기는 하나 만약 그때의 가축 총수를 1971년 수준의 1/2정도로 유지하고 간단한 목초관리기술만 도입하였더라면 이 지역의 육류와 유류생산량은 쉽게 이전수준의 배로 되었을 것이다.(주 19)

어떤 점으로는 역설적인 것이기는 하나 이것은 가축생장의 본질을 토대로 한 것이다. 대체로 초식가축은 먹은 총 사료량 중 그 반은 기본적인 생리작용유지에 이용되고 1/4은 생식작용으로 쓰며 나머지 1/4이 유류생산이나 생장 그리고 저장지방으로 쓰인다. 과방목으로 사료가 감소하면 그 감소한 양은 위의 마지막 1/4의 범주에서 감소한다. 물론 가축업은 생산 두수의 증가를 하나의 목표로 하고 있으나 소비자에게 보다 값진 축산물을 공급할 수 있는 시장체제가 같이 되어있다면 그런 방목체제는 보다 효율적인 것이 될 수 있겠다.

정주지역에서도 경작법의 개선은 유목지대에서의 제한적 방목 못지않게 중요한 것인데 경우에 따라서는 보다 더 중요한 경우도 있다. 과거 수10년간 건조지대의 농업기술에 관한 연구와 투자는 면화나 땅콩과 같은 수출을 목표로 한 경제작물을 대상으로 한 것과 사막지대에서 식량이나 섬유의 높은 생산을 위한 대규모 관개시설에 관한 것이었다.

유목민은 보통 가족용으로 기장이나 소검수수를 재배하고 풍년이 들면 유목민간이나 도시주민과의 교역을 하면서 지내는데(이들은 경지 악화에는 거의 무관심했다) 이들은 거의 무시되어 왔다. 경제작물은 건조지대의 여러 나라에서는 중요한 외화획득원이 되며 이것은 경제발전의 열쇠가 되기도 하였다. 그러나 이런 작물의 재배를 위한 경지면적의 확대가 지역의 식량수급이나 그 밖에 필요한 토지의 수요를 감안한 적절한 토지이용계획이 수반되지 않거나 그들 때문에 생긴 수익이 농촌경제나 농촌사회의 발전을 위하여 많은 부분이 쓰여 지지 않을 때에는 그 결과는 농촌의 가난한 사람들 쪽에 더 큰 악영향을 미치게 될 것이다. 인공위성에서 찍은 사진을 보면 인구의 급격한 증가, 전통적 농경기술, 경제작물의 재배면적확대 등이 복합적으로 작용하여 사헬지방의 농토는 한때에는 비옥도와 수분함량이 회복을 기다리기 위하여 10년 내지 15년간을 휴한한일도 있는데 현재에는 휴한기간은 기껏 3년이 고작이며 그보다도 짧아지고 있다.(주 20) 이런 여건하에서는 토지는 원래 갖고 있던 한발에 대한 방어력을 잃어가게 마련이다.

인구증가와 토지수요증가에 따르는 압력으로 본래의 휴한체제로 돌아가기는 힘들 것이다. 따라서 유일한 대안이라고 할 수 있는 것은 지상식물을 최대한으로 늘리고 토양침식을 최소화하고 윤작, 유기질비료, 과학적 휴한, 그리고 이에 더한다면 화학비료의 도입 등으로 토지 비옥도를 유지하는 새로운 경작법으로 가는 것이다. 1972년 서아프리카의 작물재배지대에 발생하였던 것과 같은 대황진 발생조건이나 인도 서북부에서 거의 만성화된 대황진 현상을 방지 할 수 있는 농업기술이 현재 개발되어있고 또 그것은 호주, 소련, 그리고 미국 등에서 그 효과가 증명되고 있다.

새로운 농업기술의 적용과 더불어 식수계획은 아프리카, 아시아, 중남미의 건조지대 농업에 있어서는 어디서나 시급한 일이다. 미국대평원에서는 수 1000개의 방풍림이 1930년대 이후 조성되었으며 그 밖의 발달된 기술과 더불어 한때 영원한 대황진 지대가 될 뻔한 지역을 안정시키는데 도움을 주고 있다. 또 식수사업은 개발도상국의 모든 건조지대에서 현재 큰 문제가 되고 있는 취사용 연료문제를 해결하는 데에도 도움이 될 것으로 생각된다.

사막외연부에 직접 나무를 심는 일은 사구의 진행을 막는 데에도 도움이 될 수 있겠다. 사구 진행을 막기 위한 국지적 식수사업은 이런 위협을 당하고 있는 대부분의 나라에서 시도되고 있으나 알제리아는 다른 나라에 대하여 좋은 본보기가 되고 있다. 그 식수계획은 길이 1500Km에 걸쳐 16Km폭의 삼림방풍벽(방풍림)을 만든다는 대담한 새 계획이다. 알제리아의 국가 청년대와 군대가 그 일을 수행하고 있으며 이 계획을 통하여 그들은 자기 나라의 "국가안정보장"을 다른 어떤 방법보다도 더 확고히 한다는 것이다.

최근 아프리카에서 일어나고 있는 오랜 한발과 기아는 건조지대의 역사에서 이례적인 대사건으로 부각되고 있다. 한발의 심한 정도나 모진 결과에서 뿐만 아니라 그것이 일어난 시기까지 모든 것이 세계적인 사건이었다. 이것은 세계가 현재 정보시대이고 생태학에 관한 관심이 커진 시기를 맞고 있음을 말해주고 있다.

적어도 지식층에서는 사헬지방의 비극은 1930년대 미국에 있었던 대황진의 그것에 비유되는 큰 충격이었다. 수 10년 동안 생태학자들이나 목야지 전문가들은 사헬지방과 같은 취약성을 갖고 있는 건조한 환경에 대한 압력이 증가하고 있는 것이 위험하다고 경고하여 왔으나 별 효과를 못 보아 그들의 주장이 정부나 원조기관의 우선순위나 실제 계획에 그리 깊이 있게 참작되지 못하였던 것이다. 사막화의 규모나 그 원인에 관한 지식은 아직 완전한 것은 못되나 현재 책임 있는 지도자들에게는 너무나도 명백한 것이 되고 있어 무시할 수 없게 되었다.

1977년의 국제연합의 사막화에 관한 회의는 이런 세계적 도전에 관한 기술적 지식이나 정치적 인식을 더 한층 깊게 하는데 도움이 되었을 것이다. 그러나 해결책이 사헬지방이나 그 밖의 비슷한 처지에 놓여 있는 지역에서 그리 쉽게 그리고 빨리 나올 것인지는 두고 보아야 할 일이다. 그 이유는 새로운 생존체제에 대한 사회적 경제적 장해가 만만한 것이 아니기 때문이다.

## 05 Shangri-La(이상향)에서온 피난민 - 악화하는 산악지대 환경

1974년 12월 독일의 뮌헨에서는 보기 드문 회의가 있었다. 이 회의의 조직원칙은 주의 주장이나 참여자의 소속을 일체 불문에 붙였다. 참여자 중에는 생물학자, 인류학자, 임학자, 생태학자, 경제학자, 지리학자, 실업가, 공무원 등 여러 분야의 전문가들이 포함되어 있었으며 그들은 유럽, 북미, 남미, 아프리카, 아시아 등 각지로부터 온 사람들이었다. 이런 다양한 구성원이 모여서 의견을 나누려고 했던 문제는 일반적으로는 주목을 끄는 일이 거의 없는 가난한 나라의 산악지대에서의 환경 악화에 관한 것이었다.

산악지대는 인구가 적고 경제활동의 한계지역으로 사막지대와 비슷한 점을 갖고 있으나 사막지대와는 달리 학자들이나 정부가 대체로 무시하여 온 곳이다. 아마도 최초의 인류문화가 건조지대에서 시작되었다는 사실이 사막이 특별한 매력을 갖게 하여 이 문제에 관심을 쏟았는지 알 수 없다. 그 이유가 무엇이든 간에 건조지대에 관한 중요한 국제적 연구계획은 1951년에 벌써 국제연합이 손을 댔는데 산악지대환경에 관한 종합적인 학술연구는 이때 겨우 출발하려하고 있었던 것이다.

고지대의 면적은 전 육지면적의 약 1/4이나 되고 인구는 전인구의 1/10

에 불과하다.(주 1) 고지대에서 어떤 생태학적 변화가 생기면 그것은 곧 그 밑의 계곡이나 평야에도 변화를 가져오는 일들이 역사적으로 되풀이 되어 왔는데도 불구하고 산악지역 생태계가 다른 자연지역에 비하여 오랫동안 무시되어 왔다는 사실은 기이한 일이 아닐 수 없다. 그리고 전 인구의 10% 만이 고지대에 살고 있고 그에 접해 있는 저지대에는 전인구의 40%가 살고 있다고는 하나 이들의 장래는 그 위의 산허리나 고원의 개발과 직접 관련되어 있는 것이다.

사는 곳이나 사람들은 여러 가지 특징을 갖고 있으나 히말라야, 안데스, 그리고 동 아프리카 등의 3개 고원지대의 개발도상국들은 환경문제와 경제문제에 있어서 공통된 문제점을 안고 있다. 이들 지역의 산은 어떻게 하다 찾은 사람들의 눈에는 그의 변함없고 장엄한 모습만이 들어 올 것이나 사실은 그곳들은 지상에서 가장 취약한 생태계를 갖고 있다. 험한 경사면에서는 평지에서 가능한 정도의 작물재배나 목재벌채 그리고 방목 같은 것은 할 수 없다. 그러나 산악지대 어디서나 증가하는 인구 때문에 이런 세 가지 일은 점점 심해지고 있는 실정이다. 그리고 농업기술이란 본질적으로 급하게 변화하는 환경에는 빨리 적응하기 어려운 것인데 대부분의 국가에서 보면 산악지대에 살고 있는 사람들은 그 나라에서 수입이 가장 적고 교육수준도 가장 낮으며 동시에 정치적 권력도 가장 약하다는 사실 등과 겹쳐서 문제를 더욱 악화시키고 있다. 농민에게 기술적 도움을 준다거나 어린 아이들을 학교에 보낸다거나 가족계획을 보급한다는 것과 같은 기본적인 개발사업도 고산의 바위투성이의 험한 지세가 실행을 어렵게 하고 있다.

급한 경사지에서 환경의 악화가 시작될 때에는 완만한 경사지나 평야부에서의 그것보다 더 빨리 진행되며 그 피해는 회복되기가 훨씬 어려워진다. 산악지대는 경제적으로만 빈곤한 것이 아니고 천연자원을 지탱하고 있는 기반이 씻겨 내려가면서 여기서는 번영의 기회도 다시는 찾아오지 않게 된다. 그리고 산악지대에서 일어나는 경제적 , 생태학적 조건의 악화는 저지대로의 이주자를 낳게 하여 뒤에는 늙고 의욕을 잃은 사람들만이 남게 되어 상태를 호전시킬 능력이 없다. 결국 산악지대사람들은 경사면에서 씻겨 내려가는 표토와 운명을 같이 하는 것 이외엔 선택의 길이 없다. 이렇게 하여 생긴 이주민은 평야지대의 생태계에 대한 또 다른 압박요인이 되어 그렇지 않아도 압력을 받고 있는 도시에 더 무거운 짐을 지우게 된다.

UNESCO가 산악지대 환경문제를 다루기 위하여 근래에 구성한 국제위원회 전문가들은 아시아, 아프리카, 중남미 모든 산악지대의 최근 실태는 "그 기본적인 생명유지 체제에 피해가 진행되고 있는 상태이다"라고 평가하고 있다. 그 보고서는 "최근 10년 동안에 심한 삼림벌채, 홍수와 토사집적, 토양침식, 병해충의 폭발적 대발생 등이 현저히 증가하고 있다...... 결국 열대지방의 고산지대 생태계에 대한 인간의 압력은 거의 모든 지역에서 증가하고 있는데...... 만약 경사면의 토지 안정성과 식생이 파괴된다면 돌발적이고 돌이킬 수 없는 토양붕괴의 발생은 피할 수 없을 것이다"라고 하고 있다.(주 2)

1974년의 뮌헨 회합은 산악지대의 문제에 관한 연구와 사회교육의 보다 긴밀한 협력기관을 설립하려는 사람들의 모임이었는데 각 대륙의 산악지대에서 경험을 쌓은 출석자들은 과학자거나 비전문가이거나를 막론하고 같은 우려를 표명하였다. 참가자들은 다음과 같이 경고 하고 있다. "만약 현재와 같은 속도로 진행되고 있는 삼림벌채와 토지의 잘못된 이용만 없다면 개발도상국의 산악지대의 자원이용으로 생기는 돌이킬 수 없는 피해는 막을 수 있으며 이것은 경우에 따라서는 10년 내지 20년 이내에 성공할 수도 있을 것이다. 산악지대에서 시작된 파괴 작용은 평야부나 하천유역 그리고 항만지역까지도 그 영향이 확대되고 있다."(주 3)

산악지역은 수력발전, 목재생산, 광물, 초지, 과수재배지, 자연관광지 등

자원으로써 경제적 이용가능성이 큰 수가 많은데 이런 것들에 대한 수요는 점점 늘고 있는데도 공급은 반대로 감소하고 있다. 그러나 이론적 가능성과 오늘날의 현실과는 별개의 이야기이다. 산지의 생태학적 전체성을 보존시키고 회복시키기 위한 대대적인 노력을 하지 않는다면 앞으로 2~30년 이내에 목가적인 경관은 무서운 급류와 숨 막힐 정도의 토사 퇴적으로 저지대는 영원히 뒤덮어버려 차마 볼 수 없는 헐벗은 땅이 되어 버릴 것이다.

네팔은 악화되어가고 있는 산악지대환경의 좋은 예이다. 생태학적 파괴가 이 나라만큼 빠른 속도로 가시화된 산악국은 아마도 찾아볼 수 없을 것이다. 이 1200만 인구를 가진 왕국은 아시아에서는 작은 나라이나 세계적으로는 전략적인 생태학적중추의 하나이다. 아프가니스탄에서 파키스탄, 인도, 네팔, 부탄을 거쳐 버마에 이르는 활모양의 히말라야 산맥은 수 억 인구의 생활에 관련된 생태학적 지부랄타이다. 인더스, 갠지스, 부라마푸트라 등 인도 대륙을 흐르고 있는 주요하천은 히말라야를 발원지로 하고 있으며 이들 하천은 파키스탄, 인도, 방글라데시 등에 매년 생명을 때로는 죽음을 가져오는 강들이기도 하다.

네팔 자체는 더할 나위 없는 매력을 지니고 있는 나라이다. 네팔에는 세계최고를 자랑하는 산과 에베레스트의 빙하에서부터 남단의 열대성삼림에 이르는 가장 다양한 경관을 가지고 있다. 그러나 이 비할 데 없이 좋은 자연경관을 가진 나라에 살고 있는 것은 세계에서 가장 가난한 사람들이다. 그리고 네팔은 세계에서도 가장 심각한 토양침식문제에 직면하고 있는 나라이기도 하다.

통속적인 인상과 현실간의 차가 네팔의 경우와 같이 큰 예도 드문 일이다. 많은 사람들에게 네팔은 에베레스트산을 중심으로 한 회화적인 왕국으로 히말라야 산맥 기슭에는 파고다를 여기저기서 볼 수 있고 진귀한 부락이 숨겨져 있는 독특한 풍경을 가진 비경으로 알려져 있다. 1975년초 왕국의 대관식이 있었는데 세계 각국의 보도진은 그의 다채롭고 고전적인 광경과 더불어 이 나라의 매력적인 점들을 보도하여 돌풍을 일으켰고 여기를 찾은 사교계의 인사들과 어울린 국왕과 왕비의 사진은 신문 사회면을 장식하였었다.

이러한 외견상의 낭만과 아름다움은 아직 그대로 남아있으나 그 뒤에는 하나의 큰 인간적 비극이 현재 진행되고 있다. 전통적 경작 기술하에서 점점 늘어가고 있는 인구의 수요를 충족시키려면 보다 험한 경사면을 개간하여 경지를 확대시키는 도리 밖에 없었는데 아무리 고도로 발달된 계단식 경지를 조성한다하여도 거기에는 한계가 있어서 영구적인 농작물의 재배에는 부적당한 경사면까지도 경지를 확대하지 않으면 안 되었던 것이다. 동시에 주민들은 가축의 사료와 땔감나무를 찾아 집에서 멀리 떨어진 곳까지 찾아가야 하게 되어 부락을 둘러싸고 있는 헐벗은 산은 부락을 중심으로 사방으로 확대되어만 가게 되었다. 이 지역은 원래 표토침식을 받기 쉬운 곳으로 지층은 지질학적으로 젊고 톱니 모양으로 파헤쳐진 히말라야의 산허리에서는 흙을 묶어 놓는 나무가 빠른 속도로 사라지고 있다. 그리하여 생명과 가옥 그리고 작물을 파괴해버리는 산사태는 네팔국 전역에 걸쳐 점점 자주 일어나게 되어 버렸던 것이다.(주 4)

1960년대는 대부분의 나라들이 기록적인 경제성장을 이룩하였던 10년간이다. 그러나 네팔의 구릉지대에 살고 있는 750만의 네팔인과 수 천 만의 북부인도의 주민들에 있어서는 이 10년간은 세계은행의 전문가나 네팔의 발전계획수립자들이 솔직히 인정한 바와 같이 "악화일로의 경제" 라고 할 시기였다. 국민 1인당 소득은 연간 100불을 훨씬 밑돌고 있었으나 더욱 떨어지게 되었고 1인당 식량생산량도 크게 떨어지고 있다. 영양실조가 전국적인 현상으로 되고 이에 곁들여 현대의학의 혜택을 거의 받지 못하는 상황이어서 유아 사망률은 세계최고가 되었다. 즉 네팔의 산지주민의 만 1

세미만 유아 사망률은 1000명중 300명이라는 높은 수치를 나타내고 있다.(주 5)

인도나 방글라데시로 씻겨 내려가는 표토는 네팔의 가장 값진 수출품이라고 할 수 있는데 이것은 보충되는 일이 없는 것이다. 비옥한 표토가 유실되면 식량에 대한 수요는 커가기만 하는데도 산악지대의 생산력은 오히려 감소된다. 계단식 농지의 일부는 대단히 잘 관리되어 생태학적으로 안정되어 있으나 일부는 토지생산력이 떨어져가고 있음에도 불구하고 휴한을 않고 경작이 계속되고 있으며 일부는 수확이 전혀 없을 정도까지 되어 경작을 포기하여야 하였다. 이 나라에서 인구밀도가 가장 높은 동부산악지대에서는 전체 면적의 38%정도가 경작을 포기한 경지로 추정된다.(주 6) 식피의 아무런 보호도 받지 못하고 있는 이런 경사지가 한번 몬순기의 급류에 휩쓸리면 비옥한 토양은 영구히 유실되고 인간의 이용가치도 영구히 상실되게 된다.

자연적인 토양침식의 심화가 중요한 위협이기는 하나 구릉지대에서의 토지비옥도 감소는 또 다른 문제이다. 네팔의 농민들은 용의주도하게 동물의 배설물을 비료로 이용하여 왔다. 그런데 일부지역에서는 과거에 비하여 가축 배설물 시비량이 감소하여 비옥도를 유지할 수 없을 정도이다.(주 7) 이것은 가축수가 경지면적 증가율에 못 미치는 것이 그의 한 이유가 되어 있다. 구릉지대에서는 벌써 과방목상태가 되어 나뭇잎이나 목초를 막론하고 가축의 사료로 쓸 수 있는 마초가 부족한 상태에 놓여 있다. 더욱 문제를 심각하게 하고 있는 것은 취사나 난방에 필요한 땔나무를 찾아 먼 거리를 가지 않으면 안되게 된 농민은 비료로 꼭 필요한 가축의 똥을 연료로 쓰지 않으면 안 될 처지에 놓이게 되었다는 것이다.

현재 네팔 산악지대의 농경지는 1ha당 평균 9명의 인구를 먹여 살려야 할 정도가 되어 있다. 이 경지면적당 인구비율은 네팔보다 훨씬 토지비옥도가 높고 관개수리시설이 잘 되어 있어 같은 경지에서 1년에도 몇 차례 작물수확이 가능한 방글라데시나 자바의 인구밀도에 맞먹는 것이다. 그런데 산악지대에서는 "작물재배에 이용할 수 있는 새로운 토지라고는 없다"고 네팔정부도 인정하고 있다.(주 8)

만약 네팔의 국경이 히말라야 산록에서 끝나고 있었다면 이 나라는 현재 경제적으로나 생태학적으로 완전한 파경의 어려움에 직면하고 있을지도 모르겠다. 다행이도 그 남쪽은 테라이라고 불리는 비교적 개발이 덜된 띠 모양의 평야지대를 안고 있다. 이 테라이 평야는 인도북부의 인더스-갠지스 평야의 일부로 세계에서 가장 생산성이 높은 농업지대의 하나이다. 테라이 평야는 계절적인 홍수를 겪으나 식피가 풍부한 곳으로 금세기 중기까지만 해도 말라리아 때문에 이주민의 쇄도를 면할 수 있었다. 그러나 1950년대에 말라리아 구제사업이 실시되면서 이 지역으로의 인구 유입은 피할 수 없게 되어 있는데 이에 따라 테라이 지역은 북쪽으로는 경제적 발전을 기대하기가 힘든 답답한 산악지대와 남쪽으로는 과밀한 인구를 가진 인도평야 사이에 놓이게 되었다.

네팔정부는 테라이 지방에서의 입주자수를 통제하는 것이 구릉지대에 대한 파괴 작용을 막는데 가장 중요한 것임을 인식하고는 있으나 이 지역에서의 이주파동을 효과적으로 억제할 수 있는 힘이 없다. 1964년에서 74년까지의 10년 동안에 정부는 정착자를 위하여 테라이 지방 삼림 7만 7천 7백 ha를 정식으로 제공하였다. 그러나 실제로는 3배 이상의 삼림면적이 이주자들에 의하여 불법적으로 개간되었으며 이주자 중에는 인도에서 이주한 사람도 있는 듯하다. 네팔의 전국 평균인구증가율은 약 2.3%이나 이주자가 가세하여 테라이 지방에서의 인구 증가율은 3.6%까지 되고 있다. 이런 이동 인구가 산악지대의 인구증가율을 평균 1.3%로 유지케 하고 있기는 하나 지역에 따라서는 인구증가율은 이보다 높다.(주 9)

테라이 지방에 경지로 쓸 수 있는 토지가 남아있다는 것은 현재 네팔이 당면하고 있는 심각한 인구증가, 토양의 파괴, 토지생산성의 저하와 같은 문제점을 호전시킬 숨통을 트이게 하였다. 그러나 이런 여유가 얼마동안 계속될 수 있을까에 대해서는 국내외를 막론하고 과대평가 하고 있는 듯하다.

위성사진을 분석해 보면 테라이 지방에 남아 있는 삼림 75만 ha중 약 반 이하가 경지에 이용될 수 있을 것임을 말해주고 있다.(주 10) 나머지 부분은 경제적인 작물재배에는 너무 경사가 심하거나 습한 곳이어서 수자원보호를 위하여 삼림상태로 놓아 두어야 할 곳이다. 만약 과거 10년 동안과 같은 속도로 테라이 지방으로의 인구유입이 일어난다면 좋은 경작지는 사람들에 점유되어 버릴 것이다.

테라이 지방을 향한 무모한 이주는 벌써부터 이 지역에 대가를 치르게 하고 있다. 이 지역의 토질은 원래 좋은 것이었으나 원시적 농업기술과 20년에 2배로 증가하는 이 지역의 인구 때문에 지금까지 네팔의 국제수지를 돕고 있던 테라이 지방의 잉여 농산물은 점점 감소하고 있다. 사실 최근과 같은 상황이 지속된다면 테라이 지방의 잉여 농산물 덕으로 인도로 식량을 수출해온 네팔은 1970년대 후반이 되면 식량 수입국의 대열에 끼이지 않으면 안 될 것이다. 물론 이것은 국제 수지가 이것을 허용할 것인지는 별개의 문제이다.

만약 네팔이 앞으로 다가올 심한 식량위기를 피하려면 새로운 경지면적의 증대를 도모하는 대신 우수한 종자나 기술의 혁신, 토지개량, 기술지도나 시장구조의 개선과 같은 농업의 근대화가 급속히 이루어지도록 방향을 바꿔야 할 것이다. 이렇게 하여 좋은 땅에서의 수량을 획기적으로 증가시켜주면 주변의 한계 토지까지 작물을 재배해야 하는 위험성을 억제할 수 있을 것이다. 수량증대 가능성은 테라이 지방에서 가장 크나 구릉지대도 무시 할 수는 없는 일이다. 이주정책은 일시적인 해결책으로 장기적인 것은 못된다. 많은 국민들이 생활의 질은 떨어지나 산악지대에서 살게 될 것이며 이것은 멀지 않은 장래에 가고 싶어도 갈 데가 없는 상태에 달할 것이다. 더욱이 산악지대의 환경악화는 아직 수량화된 일은 없으나 테라이 지방의 생산에 큰 부담을 강요하고 있다. 즉 테라이의 강 유역에 살고 있는 주민들은 산에서 흘러내리고 있는 강물의 증가로 홍수가 나는 빈도가 증가하고 있다고 정부관리에 호소하고 있다. 또 토양보존당국의 조사결과를 보면 테라이 지역하천의 하상은 매년 6인치 내지 1피트 정도 높아지고 있다.(주 11) 이것은 우기에는 보통정도의 수량이라 해도 하천이 범람하게 될 뿐만 아니라 하천의 유로를 이리저리 바꾸게 하여 농지를 파괴하는 일이 많아짐을 뜻한다.

네팔의 농업이 이와 같이 심각한 토지부족과 싸워야 하였던 일은 이전에는 없었던 일이다. 산악지대의 농업에서는 경지를 계단식으로 하는 것이 필요한 것이기는 하였으나 국민적 환경 보존의식의 발달이 예전에는 생존을 위하여 꼭 필요하였던 것은 아니었다. 1950년대와 1960년대에 수도인 카트만두에는 서구의 삼림보호 지도자들이 있었는데 그들이 제출한 보고서들을 읽어보면 황야에서 비탄에 잠긴 외침과 같은 것이 문학적으로 쓰여져 있다. UN에서 파견된 임학자는 1954년에 벌써 다음과 같이 기술하고 있다. 산악지대에서 일어나고 있는 임목벌채는 "파괴적이며 토양침식은 인간의 재산뿐 아니라 생명까지도 앗아가고 있다"라고 하고 있다. 그의 후임자의 한사람은 5년간 이 나라에서 아무 일도 못하고 지낸 후 1967년에 다음과 같이 쓰고 있다. "네팔과 같은 가난한 산악국에서는 한 치의 땅도 귀중한 것으로 먹을 것과 사는 것을 생산하는 원천이다. 그런데 우기가 되면 흙탕물로 갈색이 된 물이 하천을 흘러도 모른척하고 있고 그 탁류가 여러 사람의 생활기반 자체를 영구히 앗아가고 있다는 사실을 거의 모든 사람들은 아무렇게도 생각하지 않고 있다. 이런 사실은 극히 이례적인 것이

다".(주 12)

그러나 현재는 파괴의 규모가 커서 무시할 수 없을 정도이며 이것은 헌신적인 네팔정부의 관리와 민간인의 계속적인 노력에 힘입어 환경보전의 문제에 새로운 관심을 일으키고 있다. 이 나라에서 영향력이 큰 국가 계획위원회는 최근 초정파적인 긴급과제라는 형식으로 우려를 표명하고 있다. 토양침식은 "거의 돌이킬 수 없는 지경에 다다랐다. 현재와 같은 상황이 계속된다면 구릉지대에는 반사막에 가까운 생태학적 여건으로 발전하게 될 것이다"라고 위원회는 우려를 표명하고 있다.(주 13)

공식적 견해를 구체적인 계획에 반영시키는 일은 보통일이 아니다. 특히 네팔과 같이 자원에 한계가 있고 교통이나 통신에 특이성을 갖고 있는 나라에서는 더욱 그러하다.

1974년 8월 산림성내에 드디어 토양 및 수자원 보호국이 생겼다. 이것은 전국에 흩어져 있는 촌락에 시범모델을 만들 계획이나 1975년 초의 상태를 보면 이 부서에서 일하는 사람 수는 67명이며 그 중에 전문적 훈련을 받은 사람은 그의 1/3이하였다. 국가발전 정책에 따르면 이 부서는 앞으로 5년 동안에 인원수를 167명으로 늘릴 예정이라고 하니까 겨우 시작인 셈이다.

네팔에서 일어나고 있는 여러 가지 환경악화의 영향을 피할 수 없는 처지에 놓여 있는 것이 인도이다. 따라서 인도의 관리들은 네팔 사람들에게 이런 문제들과 정면 대결 하도록 격려하는 한편 토지관리와 관련된 연구를 일부 도와왔다. 인도는 네팔 국경 가까이에 있는 코시강에 우회 댐과 그에 따르는 관개시설을 건설할 당시 다량의 토사가 하상에 집적되어 그 계획의 추진이 위태로워졌던 1969년 코시강의 네팔측 유역지대 조사사업에 자금을 원조하였다. 이 강은 네팔에서 더욱 북쪽으로 치켜 올라가 티베트 깊숙한 곳에 발원지를 두고 있다. 조사단은 집수지역의 지질학적 조건으로 보아 심한 토사집적은 피할 수 없는 일이나 상당한 양의 토사는 경사가 심한 구릉지에서의 부적절한 경작과 과방목으로 생긴다고 결론을 내렸다. 불행히도 조사단은 거의 네팔지역과 같은 크기의 티베트쪽 발원지에서의 토지파괴에 관한 조사는 하지 못하였었다. 조사단은 동부 네팔의 대부분을 차지하고 있는 코시강 집수지역에 대하여 다음과 같이 경고 하고 있다. "이 지역은 현재 세계에서 최악의 토양침식이 있는 곳 중의 하나이다. 경사를 따라 경작되고 있는 사면은 빠른 속도로 표토를 잃고 있어서 작물의 생산능력이나 어떤 형태이던 간에 경제성을 가진 식생류를 유지할 능력을 잃어가고 있다." (주 14)

인도가 네팔에서 일어나고 있는 환경변화에 대하여 관심을 갖는 것은 당연하다. 그러나 사실은 거의 꼭 같은 문제가 인도 국내 히마찰 프라데쉬, 유탈 프라데쉬, 앗쌈, 잠뮤, 카시밀 등지에 있는 산악지대에서도 일어나고 있으며 어떤 면에서 보면 네팔에서보다 그 면적이 커서 더욱 심각하다. 넓은 산악지대에서는 계곡사이 낮은 비옥한 땅에서 오래전부터 인구가 과밀상태가 되어 있었으며 인구가 증가하고 비농업부문의 고용기회가 없어 경작지는 계속하여 더욱 경사가 심한 곳으로 확대되어 갔다. 수 100만ha의 토지는 이제는 표토층이라고는 찾아 볼 수 없고 유기질이나 비료성분이라고는 없는 암반이 노출된 상태이다. 삼림면적은 이동농업, 염소나 면양 그리고 소의 과방목, 가정용이나 판매를 위한 땔감하기 등으로서 점점 감퇴하고 있다.(주 15) 많은 지역에서 땔나무가 귀해져 가축류의 똥을 대신 써야만 하게 되었다.

많은 농가가 소유하고 있는 농토는 좁고 메마르며 흔히 식탁정도 크기의 토지로 분할되어 있는데 여기서 생산되는 것으로는 생계의 유지가 어렵다. 그 결과 노동력을 갖고 있는 사람들의 대부분은 계절적인 일을 찾아 평지로 갔다 작물을 심거나 수확할 때에만 도우러 돌아오는 것이 보통이다. 가족들은 장기적 안목에서 본 지력의 감퇴나 하류에 살고 있는 농민들의 앞날이 어떻게 될 것인가를 생각할 여유도 없이 당장 얻을 수 있는 것을 땅에서 짜내는 이외에 도리가 없다. 이렇게 하여도 농업 갖고는 생존의 싸움에서 이길 수 없고 유아기나 유년기의 사망률은 높기만 하다.

히말라야 산맥 서쪽에 위치한 북부 파키스탄 그리고 아프가니스탄에서도 산악지대환경은 별로 나을 것이 없다. 이 양국은 대부분이 건조지대로 사막과 비슷한데 이것은 현재 산악지대에는 이용 가능한 삼림이 적으며 따라서 이 조금밖에 남지 않은 삼림은 대단히 무거운 부담을 안고 있다는 것을 뜻한다. 예를 들면 현재 파키스탄의 삼림면적은 전국토의 3~4%에 불과한 것으로 알려져 있으며 그것도 거의 전부가 북부지방의 구릉지대에 집중되어있다. 이들 구릉지대는 전세기에 심한 삼림벌채를 당하였다.(주 16) 남아 있는 삼림은 농업이나 과방목이 점점 심해지는 가운데 한편에서는 점점 증대되는 건설이나 공업, 그리고 가구나 연료에 쓰이는 목재 등을 충족시켜야만 하게 되어 있다. 농민들은 땔감이나 가축의 사료를 위하여 나무가지를 자르고 벌채권을 얻은 업자는 세계에서도 목재의 가격이 가장 비싼 것으로 알려져 있는 이 나라의 도시수요를 채우기 위하여 환경에 대한 영향 같은 것은 아랑곳 하지 않고 넓은 면적의 삼림에서 벌채를 하고 있다.

인도를 지나 이 북부 산악지대를 관통하는 것이 파키스탄의 목줄인 인더스 강 수계이다. 떠들석한 고밀도의 인구를 가진 문명과 모래만인 황무지 사이에 있는 것은 인더스 강과 그의 6개 지류의 물뿐이다. 고원지대에 마구 번지는 토양침식, 이들 강의 강물이 나르는 놀랄 정도로 많은 토사 집적량은 파키스탄이 많은 돈을 들여 건설한 새 댐을 순식간에 소용없는 것으로 만든다. 이것은 지난 10년간 신문의 논설이나 정치가의 연설에 즐겨 다룬 문제였다. 파키스탄의 임업관계관은 산악지대에서의 삼림자원과 토지관리상황에 관하여 몇 차례의 훌륭한 조사 결과를 갖고 문제해결에 나섰으나 그 결과를 실시하는데 필요한 예산이나 정치적 뒷받침을 얻는 일은 한결 어려웠다. 파키스탄과 인도 사이에는 공통된 수원지대에 대한 학술 조사나 환경파괴를 저지하기 위한 구체적인 실행계획에 관하여 두 나라 사이에 아무런 협력 관계가 없다. 이런 관계는 생태학적보호라는 문제를 해결하는 데에는 더욱 큰 장해가 되고 있다. 파키스탄 국내에서도 문제의 규모가 너무 커서 산만한 시도를 갖고는 악화일로에 있는 문제의 방향을 돌리기는 어려운 실정이다.

아프가니스탄의 대부분 그리고 이란의 서쪽 깊숙이 있는 자그로스와 엘부르즈 산맥에서 볼 수 있는 헐벗고 메마른 풍경은 현재 진행되고 있는 상황을 바로 잡지 않는다면 파키스탄, 인도, 네팔의 앞날이 어떻게 될 것인가에 대한 경고를 하고 있다. 1960년 중기에 아프가니스탄을 찾은 국제연합의 조사단에 따르면 이 나라의 하천 유역 평야는 “지면을 덮고 있는 식물이 눈에 뜨이게 적고 서식하는 동물이 적으며 집수지 유역 상류에는 표토가 거의 없는 바위투성이의 산으로 식생도 거의 없는 상태이다.”라고 한다. 또 아프가니스탄에서 남아 있는 삼림의 대부분이 존재하는 팍티아주에서 5년간 일한일이 있는 독일의 임업 기술자는 그곳의 절박한 파괴현상을 다음과 같이 애통해 하고 있다. “아프카니스탄의 최후의 삼림이 죽어가고 있다. 그리고 그와 더불어 전 지역의 생명의 뿌리까지도 사라져가고 있다.” (주 17) 아프가니스탄은 지금까지 한번도 충분한 강우량이나 비옥한 토양의 덕을 본 일이 없으며 과거 수세기를 보아도 삼림으로 덮혀 있던 면적은 아주 적었다. 그러나 오늘날에 와서는 더욱 줄어 많아야 전 국토의 0.1%에도 미치지 못한다. 인접국인 파키스탄에서와 같이 여기서도 영리적인 목재업자, 풀을 뜯는 가축, 늘기만 하는 농민 등이 산지 생태계의 파괴에 박차를 가하고 있다.

히말라야산맥의 지구 반대쪽에는 남미 서해안을 달리는 안데스 산맥이 있다. 세계에서 가장 긴 이 산맥은 베네주엘라에서 시작하여 콜롬비아, 에콰도르, 페루, 볼리비아, 칠레를 거쳐 거의 케이프 혼에 이르는 남미대륙의 등줄기산맥으로 서쪽에 치우쳐져 있다. 태평양의 깊은 해구에서 돌출한 이 거대한 산맥은 그의 등을 넘으면 급격히 낮아지면서 거의 해발 0m에 가까워지고 있는데 여기에는 5000Km를 흘러 대서양으로 들어가는 아마존강 지류 유역의 열대림이다. 해안의 사막, 눈에 덮인 고산들, 찌는 듯한 밀림 등이 서로 어울려 있는 이 지역의 지형은 안데스의 여러 나라들에서 네 팔에 못지않은 참상을 찾아 볼 수 있다. 어떤 곳에서는 320Km밖에 떨어져 있지 않는 곳에 6000m 깊이의 바다와 해발 6000m의 산이 있는 곳도 있다. 안데스 지방을 철도나 버스로 여행하는 사람들은 태평양에서 불과 100Km 밖에 안 되는 지점이 대륙의 분수령이 되어 있음을 알게 될 때 놀라움을 금할 수 없을 것이다.

알프스나 록키산맥 등과 같은 온대지방의 주요 산악지대는 주변의 평지에 비하면 인구밀도가 낮은 것이 보통이다. 그러나 안데스나 이디오피아의 고원지대는 그 반대로 수 백 년 동안 인구밀도가 높은 상태가 계속되어 왔으며 주위에는 인구밀도가 낮은 열대우림으로 둘러싸여왔다. 험준한 안데스 산맥의 준령들에 가려져 있는 고산지대의 협곡이나 고원지대는 현재도 안데스지방의 주요 국가들에서 주민의 대부분이 살고 있는 곳이다. 이 지역은 굴곡이 심한 곳이기는 하나 영구적인 농경생활이나 인간이 활동하는 데에는 주변지역보다는 훨씬 적합한 환경조건을 갖고 있다. 그 옛날 화려했던 잉카제국이 번영하였던 쿠스코분지나 볼리비아의 알티프라노 지방 등이 바로 그곳에 있었던 것이다. 이 라마와 알파카의 고향인 나무가 없는 툰드라와 비슷한 평원은 세계에서 가장 높은 지대에 위치하고 있는 티티카카호를 둘러싸고 있다.

에콰도르 남쪽으로 태평양과 안데스 산맥 사이의 좁은 해안지대에는 나무하나 없는 사막이 있는데 산맥의 서쪽을 흐르고 있는 60여 하천이 있고 그 주변에는 좁은 띠 모양의 관개된 오아시스가 흩어져 있다. 이들 하천 중에는 계절에 따라서만 물이 흐르는 것도 있으나 대부분은 연중 물이 흐르고 있어서 수 백 년 동안 집약적인 농업과 밀집된 인구를 유지해 왔다. 산을 넘어 동쪽은 아마존 강 상류의 밀림지대인데 페루와 볼리비아의 반 이상과 에콰도르와 콜롬비아의 일부가 포함된다. 이 지역은 열대의 여러 가지 병과 열대농업의 한정된 생산성 때문에 오랫동안 인구밀도가 낮은 채로였다. 그러나 지난 수 십 년 동안 이 습한 열대지방은 금세기에 들어서 최대의 인류 이동이 있었던 곳 중의 하나라고 할 수 있을 정도로 많은 인구가 흘러들어온 곳이다. 그것은 고원지대인구의 습한 저지대로의 이동이었는데 그것은 중남미 전체에 걸친 것이었다. 근대의학이 밀림지대까지 보급되면서 그 길이 트이게 된 것인데 이주의 근원은 고지대에 있었다. 즉 도시로의 이주가 더 많기는 하였으나 이들 이주자의 대부분은 산지에서의 점점 열악해져가는 농업체제와 착취적인 사회제도를 피하여 온 사람들이었다.

안데스 지방에서 환경에 대한 인구증가의 압박이 시작된 것은 새로운 현상이 아니며 토양침식을 막기 위한 농업기술이 없어서도 아니었다. 안데스 지방 계곡 중에는 500년 전에 현재보다 더 많은 주민을 수용하고 있던 곳이 있었던 것은 틀림없는데 그때의 농법은 오늘날의 농법보다 더 적은 비용으로 장기적인 지력유지를 할 수 있었다. 안데스 지방에서의 생태학적환경의 악화가 시작된 것은 유럽인이 신세계를 발견하기 수 천 년 전인 그 옛날이다.

서기 500년경에 콜럼버스 이전의 주요 아메리카문화의 하나가 페루의 해안에 있는 골짜기, 고원대지, 그리고 협곡에 탄생하였다. 이 문화는 종교와 군대 조직에 의하여 강력하게 통제된 비교적 독립적인 소수 정착 집락 속에서 수 백 년 동안 발달하였다. 여기서 발달한 기술적, 정치적 발달의 결실은 고대 이집트나 수메르 문화에서 보는 바와 같은 관개기술에 익숙하여 대규모적이고 복잡한 문명을 발전시켰다. 이 고대 페루인들은 해안의 건조한 골자기, 산맥의 사면과 평지에 집약적인 농사법을 건립하였다. 역사가인 위리암 H., 맥거일은 이를 가르켜 "물 관리기술의 유래 없는 위업" 그리고 "세계에 유래 없는 정교한 계단농지"(주 18)라고 할 정도의 고도로 발달된 것이었다. 계단식 농법은 토양침식을 억제하고 휴한농법은 토양의 비옥도를 유지하기위한 기술이었다.

근대사회는 고대 안데스농민들의 덕을 크게 보고 있다. 우리가 현재 페루라고 부르는 지역은 재배작물의 세계적 원산지의 하나로 16세기 페루를 정복한 스페인 사람들(멕시코도 정복함)은 그때까지 그들에게 알려져 있지 않던 옥수수, 호박, 여러 가지 콩 종류, 카시바류, 토마토, 고구마, 땅콩, 아보카도 등과 같은 작물을 고국의 식탁위에 올려놓았다.(주 19) 그 중 가장 중요한 것은 감자로 이것은 옥수수를 재배할 수없는 고산지대의 안데스 지방 주민들에 의하여 재배되어 있었으며 현재도 주식이 되고 있다. 감자는 구대륙에 들어온 후 급속히 보급하였다. 현대 유럽과 소련에서 생산되는 감자는 그의 원산지인 신대륙의 그것의 수배나 된다.

수리기술과 사회통제체제는 14~15세기에 절정에 달하였는데 이때는 바로 쿠즈코 계곡의 잉카족이 안데스 산지나 해안지방의 도시국가를 정복하여 잉카제국으로 알려져 있는 타완틴 수유제국을 건립하였을 때이다. 이 산지의 인디안은 프랑스, 스위스, 이탈리아, 벨기에, 네덜란드, 룩셈부르크를 합한 면적만큼의 지역을 통치하였다. 이것은 영국에서 페루샤에 이르는 지역을 지배하였던 고대 로마 제국과 같은 크기이다. 오늘날 콜롬비아, 에콰도르, 페루, 볼리비아, 아르헨티나, 칠레에 걸쳐있는 험준한 산악지대까지 그의 세력이 미치고 있었던 잉카족은 고대이집트의 파라오사회에 맞먹는 거대한 정치, 경제적 지배력을 갖고 있었다. 그들의 세련된 관개수리체제와 넓은 산악도로는 16세기 스페인 정복자들에게는 놀라운 것이었으며 그것을 그대로 본받았을 정도이다.

1532년 잉카제국은 계속된 위기 때문에 멸망한다. 그 원인으로는 프란시스코, 피자로와 그 일당이 가져 온 천연두의 대유행도 상당히 깊은 관계가 있는 듯한데 최종적으로는 피자로의 군대에 의한 무력 침략이었다. 잉카족은 아주 파괴되기 쉬운 환경에서도 토지의 생산성 파괴를 최소화하는 영구적인 농사체제를 만드는데 성공하였으나 제국의 말기에는 제한된 경작가능한 토지에 인구가 집중하여 그로인한 악영향도 있었던 것으로 보인다.

독일의 지리학자 휘릭스 몬하임은 비용이 많이 드는 관개수리, 계단식 농업, 인공적인 경지조성이 얼마나 광범위하게 이루어졌는가를 기술하고 이것이 식량정책과 겹쳐 16세기에 이르러서는 토지의 수용력 한계에 달하여 적어도 좋지 못한 기상을 보인 해에는 아마도 공급의 한계를 넘게 되었을 것이라고 하였다. 이 이전에도 중앙 안데스지방에서는 삼림이 대부분 벌채되어 나무가 부족하여 대부분의 산악지역 주민들은 취사에 라마의 똥을 나무대신 쓰고 있었다.(주 20)

잉카제국에서 토지 파괴 작용이 어느 정도였는지에 대하여는 논의의 여지가 있다. 그런데 스페인의 정복이후 과도한 인구의 압력이 곧 사라진 것만은 확실한 듯하다. 잉카제국의 최대 인구가 얼마였는지에 대한 역사학자들의 견해에는 차이가 있어서 수 백 만에서 천 육백 만까지 추정되고 있다. 그러나 어떻든 간에 전쟁과 건강을 해치는 은광이나 수은광에서의 강제노동 그리고 유럽에서 침입한 병들이 겹쳐서 안데스 지방의 인구는 급격히 감소하였다. 식민지 지배가 시작된 처음 백 년 동안에 감소한 인구는 아마도 3/4은 되지 않았나 생각된다.(주 21)

인구의 이런 급격한 감소는 확실히 토지에 대한 직접적인 압력을 감소시키기는 하였으나 반면 얄궂게도 다음 수세기 동안은 토양보전에는 극히 불리한 조건을 낳게 하였다. 즉 적은 인구와 넓은 토지가 있다는 것은 고원지대에서는 목장을 만들고 계곡의 중간지대나 저지대에서는 작물을 재배하는 농장을 만들려는 유럽대지주들의 토지소유에 유리하게 작용하였다. 잉카시대의 중앙집권제도와 부역제도는 왕실의 은총을 받고 있는 스페인 사람에 많은 사유지를 주게 되어 대지주 지배 제도하에 놓이게 되었고 그 토지에 있는 인디오의 촌락은 지주의 지배하에 놓이게 되는 상황으로 바뀌게 되었다. 지주는 토지생산물과 인디오의 노동을 착취하고 정부는 인디오를 광산과 농장 그리고 도시에서 요구되는 노동력 충당에 징발하였다. 이와 같은 실질적인 노예제도는 그 후 정치개혁으로 사라지고 19세기 여러 독립국의 탄생을 가져오나 20세기 후반기에 이르기까지 많은 안데스 인디오들은 여전히 토지소유자의 노예상태로 남아있었다. 그리고 많은 노동자가 살고 있는 대농장 주변은 인구밀도가 높고 좁은 면적을 가진 군소 소지주는 그 좁은 토지로는 많은 식구의 생활유지가 어려웠다. 1957년 잉카사 연구가의 한사람은 안데스의 인디오에 관하여 다음과 같이 기술하고 있다. "수 백 년 계속된 착취와 수탈 그리고 학대가 그들을 가난에 쪼들린 빈천한 민족으로 만들었다. 잉카시대의 통제와 규율에서 벗어나 보다 큰 자유를 얻기는 하였으나 그들이 얻은 것은 그때보다 아마도 더 불행한 것이었을 런지 알 수 없다."(주 22)

불행히도 잉카에서의 인구감소와 사회질서의 파괴는 나라가 갖고 있던 환경보전이념과 그의 기술적 내용의 상실을 수반하였다. 광산과 비옥한 계곡의 평지에 있는 대농장에 노동력이 집중되면서 그 이전 수 백 년에 걸쳐 건설되었던 계단식 농토나 관개시설은 대부분이 파손되어 버렸다. 극소수의 계단식농토는 잉카 사람들이 만든 그대로 남아 있어서 현재도 유용하게 쓰이고 있으나 이런 토양보전의 기본기술은 현재에는 안데스 지방에서 거의 완전히 사라져 버렸다.(주 23)

만약 안데스 지방의 인구가 17세기 수준을 유지해왔더라면 토지보전기술의 결핍으로 생기는 위협은 그리 크지 않았을 것이다. 토지가 풍부하다면 농민은 경사면을 1~2년 이용하면서 그의 비옥한 표토층이 씻겨 내려가는 것을 살펴 가면서 다른 곳으로 이동할 수도 있을 것이다. 그러나 지난 1세기에 걸쳐 안데스 지방의 인구는 잉카제국시대의 그것을 훨씬 넘게 되었으며 그 결과 토지와 토지에 의존하여 살고 있는 사람들의 생활은 황폐를 면할 수 없었다.

페루의 총인구는 금세기초에 약 400만 명이던 것이 1950년에는 900만 명 1975년에는 1,500만 명에 달하고 있다. 콜롬비아의 인구는 1900년에 약 300만 명이던 것이 1950년에는 1,100만 그리고 1975년에는 2,600만 명으로 증가하고 있다. 고로 안데스 지방에서의 인구증가에 따르는 생태학적 사회적 영향은 해를 거듭하면서 커지고 있는 것은 명백하다. 인구의 증가에 따라 농민들이 험한 경사지로까지 밀려 올라가게 되면서 개간 당시부터 토양침식은 심각한 문제였다. 이 지방에서는 지력을 회복하는데 8년 내지 12년 또는 그 이상을 휴한해야 하는데 현재에는 고작 2, 3년을 휴한할 정도이다.

짧아진 휴한기간으로 유기물 생산량이 적어지면서 그것이 토양의 수분흡수나 보존능력을 감퇴시키게 되었으며 그에 따라 토양의 물리적 구조가 파괴되어 딱딱해지면서 빗물의 유실이 커지고 토양침식은 더욱 심해진다. 그리하여 수 백 년 동안 자라온 농업체제는 무너져가고 있었다. 이제는 환경조건에 대한 합리적 적응이란 있을 수 없는 상태에 이르렀다. 안데스지방의 농업생산은 현재 대체로 제자리걸음을 하고 있으며 곳에 따라서는 오히려 감소하고 있다.(주 24)

볼리비아에서는 1953년 그리고 페루에서는 1964년 이래 토지개혁이 진행되어 이 두 나라에서의 토지소유형태를 개선하고 산간지대 주민에 도움을 주고 있으나 이것이 새로운 농지를 창출하는 것은 못된다. 토지개혁이 토지생산성을 보존하는 토양관리기술을 보증하지는 못하나 이런 개혁은 가장 중요한 제 1단계가 될 수는 있겠다. 안데스 지방의 특징으로 되어있는 봉건적 경제체제에서는 토지 재분배야 말로 농업생산성을 제고하고 농업생산기술을 근대화하는 데에 필요한 전제조건의 하나이다. 그러나 토지개혁이 있은 1953년에서 15년이 지난 시점에서 볼리비아에서 토양침식의 문제가 점점 심각하여지는 것을 보면 앞으로의 세대들의 이익을 보장하는 데에는 새로운 농업체제와 가족계획이 동시에 도입될 필요가 있음을 말해준다.

스페인지배가 시작된 이래 적어도 볼리비아의 알티프라노와 그 주변계곡에서 토양비옥도가 떨어지고 식생이 감퇴한 것은 과도한 방목과 과잉경작에 의한 것이 사실이나 근래에 와서 유수로 파인 새로운 계곡이나 한때는 비옥하였던 농지의 잦은 포기, 경사지 농지에서의 수량감소 등의 현상은 모두가 파괴의 규모가 1950년대 초반부터 더 커진 것을 말해주고 있다. 데이비드 A. 프레스톤은 과거에 대지주가 관리하던 지역에 방목이나 농작물재배 그리고 땔감나무를 얻으려고 보다 많은 사람들이 드나들게 된 것이 볼리비아에서의 파괴 작용을 촉진한 중요 원인이라고 하고 그 이유는 이런 현상이 토양보전의 필요성이나 그 기술을 이해하지 못하는 사람들에 의하여 저질러졌기 때문이라고 주장하면서 다음과 같이 기술하고 있다. "혁명은 토지소유권의 변혁을 가져왔다. - 즉 노동자들은 이제는 부자지주보다 더 많은 토지를 소유하게 되었으며 그들은 자유로운 의사결정권을 갖게 되었고 그들을 대표할 수 있는 조직을 갖게 된 것이다. - 그러나 농민의 이런 사회, 정치적 해방은 토지소유권에 당연히 뒤따라야 할 책임에 대한 인식이 뒷받침되지 못했다. 그것은 그들이 350년간이나 책임이라는 것을 알지 못하고 지나왔기 때문이었다. 혁명은 토지경관의 변화를 가져오지는 못하고 해방된 농민들이 그것을 변화시켰는데 농민들은 얻은 지 얼마 안 되는

농토를 앞서 설명한 바와 같이 불리한 방향으로 변경시켰던 것이다."(주 25)

페루는 국토의 약 1/3이 산악지대이다. 이곳은 살기 어려운 계단식농토이나 전 국민의 반이 살고 있는데 이 지역은 R. F. 워터즈가 "농업적 위기"라고 부른 상태에 빠져들고 있다. 환경파괴가 가장 심한 곳은 준령연산의 남쪽 반이며 이 지역을 그곳에서는 시에라(sierra)라고 부르는데 워터즈는 "이 헐벗고 황폐한 지역은 페루의 총 경지면적의 거의 반을 차지하나 전 농업수입의 불과 1/6을 조금 넘을 정도의 농업생산 밖에 없다"고 하고 있다.(주 26)

티티카카 호를 중심으로 한 분지는 페루와 볼리비아에서 인구밀도가 높은 곳인데 이곳에서 일가구가 소유하고 있는 경작 가능한 농지면적은 불과 0.5~2ha 정도이다. 이 면적으로는 최근의 발달한 농업기술을 갖고도 일가족의 줄잡은 수요를 충족시키는데 필요한 식량공급도 충분히 할 수 없는 수가 허다하다. 그 결과 만성적인 식량부족은 토양을 지나치게 혹사하도록 재촉하고 그것이 심한 토양침식을 자초하여 결국은 농토를 버리고 계절적 또는 영구적인 이농으로 이어지게 된다. 나무가 극도로 부족하여 이용할 수 있는 가축의 똥은 모두 태워버렸고 남아 있는 관목을 자르고 남은 뿌리까지도 연료로 쓰기 위하여 파내고 있는 실정이다.(주 27)

콜롬비아에서는 토양침식, 산사태, 토사집적 등이 국가발전을 저해하는 주요 요인으로 되어있는데 이것은 모두가 인구증가와 가축사육의 토지에 대한 압력으로 촉진된 자연계의 문제들이다.

코넬 대학교의 기술자들은 남부산악지대의 카우카 지방에서 매년 환경파괴의 결과로 생기는 경제적 손실이나 인명손실이 눈에 띌 정도로 커지고 있다고 기술하고 있다. 최근의 한 산사태는 윰보강을 막아버려 넘친 강물로 윰보시에서 사망자를 냈다. "산사태가 자주 일어나 사회적으로 문제가 될 정도의 산사태가 2내지 3개월에 한번은 있다" 라고 그들은 기술하고 있다.

수원지의 삼림벌채로 최근에는 홍수가 심해지고 그러지 않아도 토사집적으로 높아진 이 지역의 하상을 더욱 높이고 있다. 이 지역의 토사는 대부분이 산 밑의 계곡이나 평지에 퇴적된다. 하상이 높아지면서 강폭이 넓어지고 흐르는 방향이 바뀌면서 하류에 있는 도시, 촌락 그리고 농토는 그때마다 피해를 보게 된다. 토사퇴적으로 카리강과 카나베라레호강은 정기적으로 막히게 되는데 이것이 카리시에서의 홍수의 주요 원인이 되고 있다. 콜롬비아에서는 토사퇴적 증가에 따르는 수력발전소의 피해가 금후 10년간에 수 10억불이 될 것으로 보인다. 안치카야 댐은 불과 7년 사이에 토사로 메꿔졌다. 이 댐은 저수능력을 상실하였으므로 건설당시 수 100만 불의 비용으로 건설한 수력발전소는 이제는 흐르는 강물만으로 발전을 겨우 하고 있고 발전량은 처음계획의 1/3정도 이다. 준설작업으로 겨우겨우 터빈이 토사에 묻히는 것을 막고 있을 따름이다.(주 28)

안데스지방 국가들 중에서 산악지대환경이 파괴되면서 밑에 있는 도시나 농지가 파괴되게 된 것은 콜롬비아만은 아니다. 잦은 홍수, 토사의 하상퇴적, 비옥한 경지에 거친 유기 퇴적물이 쌓이는 일들은 안데스 지방의 여러 나라에서는 흔히 볼 수 있는 현상이다. 예를 들면 베네수엘라에서는 매년 수 1000M/T의 유기 퇴적물이 카타툼보강, 에스쿠란테강, 차마강, 모타탄강, 카라체강 등의 강물에 실려 마라카이보호의 남쪽에 있는 비옥한 토지에 쌓여가고 있다.(주 29)

삼림 벌채는 지면에 떨어진 빗물의 흐르는 방향에 영향을 미쳐 물의 정상적 순환현상을 흐트러놓는다. 즉 떨어진 빗물은 산허리에 숨어들었다 후에 강물로 끼어들어가는 것이 정상인데 헐벗은 땅에 떨어진 빗물은 한꺼번에 홍수 모양으로 흘러내려 간다. 이렇게 하여 우기에는 홍수가 많아지고 건기에는 완전히 강물이 말라버리는 것이다. 19세기에 벌써 페루에서는 그 이전에는 항상 물이 흐르던 강이 어떤 계절에만 흐르는 현상이 해변의 몇 몇 강에서 생겼다. 이것은 그 강의 수원산악지대에서의 삼림벌채가 일으킨 변화였다. 앞서 소개한 페루정부의 조사에 따르면 서쪽경사의 계곡상류지대에서의 삼림벌채가 계속적으로 강물의 흐름을 흐트러놓아 페루의 해안지대에 있는 수리시설이 잘된 농업에 악영향을 미치고 있다고 한다.(주 30)

안데스지방에서 많은 사람들이 생계를 유지할 수 없게 되면서 타 지역으로의 대규모 이주가 불가피한 일이 되었다.(주 31) 인간집단이 어떻게 할 수 없는 여건을 피해야할 처지에 놓이게 되었을 때는 언제나 생기는 문제이지만 산악지대에서의 탈출이 여러 가지 새로운 사회문제를 야기하였다. 이주라고는 하나 일부는 계절적이고 직장을 따른 것이었다. 가족 중 일할 수 있는 사람은 해안지대나 때로는 아르헨티나의 농원이나 광산, 또는 건설현장에서 일하였다. 그러나 안데스지방의 주요도시에서 급격이 불어나는 판자촌은 이주해 온 대부분의 가족에게 그들이 떠난 여건보다 별로 좋은 여건이 못 되어서 실직과 빈곤 그리고 절망이 가득하였다.

아마존 강 유역의 밀림지대를 향한 동쪽으로의 이주민 이동은 아주 무질서한 것이었다. 각국의 정부는 나름대로 정착계획을 갖고 이민을 진행시켰으나 성공한 경우도 있고 실패한 경우에 있어 그 결과는 일정하지 않다. 그러나 대체적으로 고산지대에서 이주한 피난민들은 습한 열대의 환경에 익숙하지 않았고 준비도 부족하였다. 그리하여 대개는 이중의 고난을 당하였다. 작물재배에 대한 토양의 적합성에 대한 배려 없이 나무를 마구 벌채한 결과 귀중한 목재자원을 낭비하고 개간 후 얼마 안가서 생산성이 낮아진 농토를 버리고 말아야 했다. R. F. 워터즈는 파괴적인 재배기술로 "이주민은 그들이 피해온 여러 가지 비참한 조건을 재현하고 있다"고

말하고 있다.(주 32)

물론 앞으로 산악지대 사람들이 저지대로 이동하여 정착하는 것이 많아지는 것은 안데스지방에서의 농업외고용이 증가하게 되면 필요할 것이다. 그러나 당면한 문제는 여러 가지가 있다. 밀림지대나 도시가 수용할 수 있는 인구는 얼마나 될까? 계속 유입하는 정착민을 위해서는 수로가 확장되고 사회적환경이 정비되고 기술발달이 뒤따라야 할 텐데 동부 저지대에서 이런 것이 가능할까? 페루정부가 자연자원에 대한 평가서에서 특별히 지적한 바로는 이 나라의 광대한 밀림지대의 비옥한 농토의 대부분은 벌써 개간되어버린 고로 새로 이주하는 사람들은 점점 생산성이 낮은 토지에 정착해야 할 처지에 놓여 있다고 한다.(주 33)

다른 나라에 비하여 경제적으로 발달한 칠레를 제외하면 안데스 지방의 여러 나라는 세계에서 인구 증가율이 가장 높은 나라들이다. 현재와 같은 인구증가율이라면 페루, 볼리비아, 콜롬비아, 에콰도르, 베네수엘라 등의 나라에서는 앞으로 30년 이내에 그 인구가 현재의 2배가 될 것이다. 석유와 동 그리고 주석생산으로 안데스지방 각국의 경제는 다양한 발전을 할 것은 확실하다. 그러나 앞으로 태어날 어린이들이 어디에서 살고 그들의 직장은 어디며 그들이 먹을 것을 어디서 키울 것인가 하는 문제에 대한 전망은 어둡기만 하다.

아프리카 제일의 산악지대인 동부의 고원지대는 안데스지방의 산악지대와는 지세가 완전히 다르다. 이 고원은 이디오피아에서 남쪽으로 케냐, 우간다, 탄자니아를 거쳐 그 이남까지 뻗치고 있는데 흔히 생각하는 것과 같이 심하게 경사진 산맥은 아니고 평평하게 퍼져있는 산들의 커다란 덩어리이다. 거대한 암하라 고원은 아프리카에서 가장 넓은 산악지대로 이디오피아의 태반을 차지하고 있으며 이것은 주위의 건조한 평지에서 갑자기 높아져 평야지 보다는 약 2,000m나 높은 산지이다. 그리고 고원이라는 말은 오해의 여지가 있는데 그것은 이곳이 단순한 고원이 아니고 여기에는 해발 4,500m 이상의 산이 여러 개 있다. 이 고원은 때로는 건널 수 없을 정도로 험하고 깊은 협곡이 있고 여기저기에는 깎아 놓은 듯한 절벽으로 둘러싸인 꼭대기만 평편한 산이 있다. 이 난공불락의 성새가 이디오피아의 파란 많은 역사 속에 큰 역할을 하여오기도 하였던 것이다. 이 굴곡 많고 복잡 기묘한 이디오피아 고원은 히말라야나 안데스 지방과 같이 세계에서 가장 토양침식이 심한 곳의 하나라는 바람직스럽지 못한 특징도 갖고 있다.

이디오피아라면 외국사람들의 기억에 남아 있는 것은 1936년 이태리의 침략을 국제연맹이 묵인하였을 때 전황제가 침략의 죄를 호소하여 감동을 불러일으킨 일이 있는 것을 생각하게 될 것이다. 그런데 인류문화역사에 대한 이디오피아의 또 다른 특별한 역할은 지리적 조건인데 이 점은 흔히 잘 모르고 있다. 고대 이집트 문화의 발달은 나일강의 범람으로 매년 생기는 비옥한 토양 집적의 부산물이라는 것은 잘 알려진 사실이다. 그런데 그 토양이 어디서 온 것인지에 대하여 생각하는 사람은 별로 많지 않다. 세상에 공짜는 적은 법으로 나일강 하류에서 받고 있는 혜택이란 바로 상류 이디오피아가 값진 값을 치른 것이다. 헤로도투스는 이집트는 "나일강의 선물"이라고 불렀으나 사실 그는 그것을 이디오피아의 선물이라고 불러야 옳았을 것이다. 여러 가지 전설을 갖고 있는 부류나일강과 2개의 다른 지류에 의하여 이디오피아에서 운반되어온 흙은 실은 거대한 양의 생산능력이 매년 상류에서 하류로 옮겨지는 것이었다.

이디오피아의 인구는 1975년 2800만 명으로 추산되었으며 이것은 아프리카에서는 나이지리아와 이집트에 이어 제 3위의 인구이다. 이 나라의 연간 인구증가율은 2.6%로 인접국에 비하여 높은 것은 아니다. 이런 인구증가율은 출생률이 낮기 때문이 아니고 세계최고의 사망률 때문이다. 낮은 농업생산성과 인습적으로 소수의 지주에게 바치는 높은 소작료 때문에 농민은 오랫동안 겨우 생계를 유지하는 수준이었다.(주34) 70년대 초에서 중반기에 걸쳐 북부 월로나 오가덴주에는 흉년이 들었는데 이런 해에는 수만 내지 수 10만이 곧바로 최저생계수준에서 기아수준으로 떨어져버린다.

이디오피아 고원은 상당한 강우량을 갖고 있어서 한때 이 나라의 3/4는 삼림지대였다. 경지개간이나 초원조성을 위한 불 지르기, 땔감이나 필요한 목재의 수요를 충족시키기 위한 벌목으로 임야면적은 역사적 유물로 흔적만이 남아있다. 그리하여 현재 쓸만한 나무가 남아 있는 임야면적은 전국토의 4%이하에 불과하다. 파괴의 속도가 빨라진 것은 금세기 중반기 이후이며 60년대 초 한 미국조사단의 보고에 따르면 매년 1000평방Km의 자연림이 사라진다고 한다. 이 나라의 주요 수원지와 급경사의 산지도 벌채를 면할 수 없었다. 한 수준 높은 토양보존 전문가는 최근 그 상황을 다음과 같이 기술하고 있다. "이디오피아를 찾는 평범한 방문객이라도 이 나라 여기저기에서 눈에 띄는 토양침식의 상태를 보고 황폐에 대한 지울 수 없는 인상과 긴박한 재해를 통감하게 될 것이다."(주 35)

삼림파괴나 토양침식의 정도는 인구밀도와 정주기간의 장단에 따라 지역적 차이가 있다. 수 십 년간 동부 아프리카에서 연구생활을 한 유명한 생태학자 레스리 브라운은 이디오피아의 북부에서 남부로 여행을 해보면 이 나라에서의 토지 황폐의 진행과정과 그의 역사를 눈으로 볼 수 있다고 지적하고 있다.(주 36) 북부 사람들이 정주한 역사가 가장 오래된 북부의 티그레나 에리트레아주에는 나무는 물론 풀 한포기도 이제는 볼 수 없는 급경사의 곳이 있다. 사람들은 표토가 유실된 메마른 땅에서 자라는 작물로 겨우겨우 살아간다. 많은 강들은 건기에는 말라있고 우기가 되면 격류에 휘말린다.

북부지방에서 토양이 침식되고 삼림이 소실되면서 10세기 경부터 이디오피아의 문명중심은 남쪽으로 이동하게 된다.(주 37) 수도인 아디스아바바 주변을 포함한 중앙고원지대는 지난 수 천 년 동안 이렇게 점점 개발 되었다. 이 지역 대부분에서 훌륭한 삼림은 초원이나 잡목지대로 변하였고 샘은 마르기 일쑤고 강 길은 수시로 변하였다. 그런데 훨씬 남쪽에서는 경작자들이 최근에 들어왔기 때문에 강들에는 맑은 물이 흐르고 강길은 건기에도 일정한 곳을 흐르고 있다. 아디스아바바를 둘러싸고 있는 곳에서의 극적인 환경 변화를 보면 이런 변화는 한 세대 정도의 짧은 기간 동안에도 일어날 수 있음을 알 수 있다. 마네릭크 2세가 아디스아바바를 수도로 정한 1883년 까지만 해도 주변에는 많은 삼나무림이 남아 있었고 강에는 아주 맑은 물이 흐르고 있었다. 삼림벌채와 토양침식은 인구의 유입과 더불어 곧 시작되었으며 그 후 90년 동안에 이 지역내의 이용 가능한 토지는 전부가 경지로 변하였고 목탄상은 도시에 목탄을 공급하기 위하여 주위 반경 60km내의 나무를 전부 벌채하였다. 그래서 이제는 근처를 흐르고 있는 아와쉬 강과 그의 지류의 물은 흙탕물이고 하천의 유로는 과거와는 달리 자주 바뀌고 있는 것을 뚜렷하게 알 수 있다. 한 국제연합조사단의 보고서는 아와쉬 강 상류가 돌투성이의 사막이 되 버릴지 알 수 없다고 우려하고 있다.(주 38)

이런 조사가 있은 지 20년도 안되어 아디스아바바는 아주 심한 목재부족에 직면하게 되어 어떤 사람들은 이 도시를 포기하게 될지도 알 수 없다고 하였다. 그리고 사실 마네릭크 황제가 현재 모든 대륙에 퍼져있는 호주원산의 생장이 빠른 유카리 나무의 전국에 대한 식수계획을 시작하지 않았더라면 그렇게 되었을지도 알 수 없는 일이다. 유카리 나무는 아디스아바바를 구하였으며 현재 이디오피아 여러 곳에서 연료나 목재의 일차적 자원이 되고 있다. 한 종의 나무가 한도시의 운명에 이렇게 큰 영향을 미친 예는 아디스아바바에 미친 유카리 나무 이외에는 없을 것이다. 아디스아바바의 건물 중 90%가 유카리 나무를 이용하고 있다. 시내나 교외의 농원 주위에 심겨진 이 나무나 그의 잎은 이 도시의 주요한 연료이다. 유카리 나무나 그의 잎을 운반하는 인부나 가축 그리고 트럭의 물결이 매일같이 아디스아바바로 흘러 들어오고 있다.(주 39)

불행이도 가축의 똥을 연료로 이용하는 전통적인 습관을 버릴 수 있을 정도로 유카리 나무는 이디오피아 전국에 널리 보급되어 있는 것은 못된다. 그리고 이 나무는 많이 심었을 때 토양을 건조시키는 결점도 있다. 그래서 유카리림을 만드는 것이 토양침식을 막는 길이 되지 못한다. 이 나무의 떨어진 나무껍질이나 잎은 쉽게 분해되거나 흙에 섞이지 않으나 나무 밑에 떨어진 작은 가지나 껍질 그리고 낙엽은 사람들의 연료로 하려고 깨끗하게 긁어가는 이디오피아 사람들의 습관도 또한 토양침식을 막는데 도움이 되지 못하고 있다.

아디스아바바 남쪽 가뮤 고원에서 옥스퍼드 대학교의 지리학자들은 최근 지금까지 이어온 영속성농업이 붕괴되어가는 징조가 있음을 밝히고 있다. 1968년에 이들이 이곳을 찾았을 때만 해도 토양침식은 별로 심각한 문제가 아니었다. 경사가 심한 곳은 경작을 않고 가축이 뜯어먹게 내버려 두었고 사람들은 구릉지에는 계단식으로 경지를 만들고 남은 빗물이 흘러갈 배수로를 경사진 곳에는 만드는 등 토양침식으로 생기는 문제의 해결에 노력하고 있었음을 보여주고 있었다. 가축의 똥은 될 수 있는 대로 모두 수집하여 경지에 뿌려주는 한편 윤작과 휴한으로 토양비옥도를 보존하는데 도움을 주고 있었다. 그러나 점점 증가하는 인구의 압력으로 농민들은 앞서 가축의 방목용으로 남겨 두었던 토지를 개간하여 작물을 재배하기 시작하였다. 이것은 목초지의 감소로 과방목 상태를 초래하였고 그에 따라 남아 있는 초지에서의 토양침식을 조장하게 되었고 가축수도 감소하게 되었다. 가축수가 줄면 생산되는 우비도 줄게 되며 자연히 토지의 생산성이 감소하게 되고 이것을 보충하기 위하여 더 많은 경지가 필요하게 되며 더 많은 초지의 개간으로 이어지는 악순환이 되풀이 되게 된다. 이 지역의 촌락에서는 그들의 오랫동안 지켜온 토지관리법에 위반되는 것을 알면서도 그 밖에는 도리가 없었다.(주 40)

이디오피아는 과거 17세기 반에 걸쳐 다른 나라에 간섭을 받지 않고 독립국으로 있을 수 있었고 16세기 동안의 기독교 국가였다는 점에서 아프리카에서는 특이한 국가이다. 최소한 새 군사정부가 1975년 전국적인 토지개혁을 선포할 때가지만 하여도 아프리카 대륙에서는 가장 완고한 계급적 토지소유형태가 지배하고 있기도 하였던 나라이다. 이디오피아에서 가장 좋은 농토의 대부분은 교회와 왕족 그리고 특권층 토지 귀족이 소유하고 있었다. 이 토지에서 일하는 사람들은 농노형태의 사람들로 그들의 일상생활은 복잡한 사회경제적 계급제의 규제를 받고 있었다.(주 41) 이런 토지제도 하에서의 경제적 정치적 보수주의가 이디오피아에서의 농업근대화를 지연시키고 농민이 토지를 적절하게 관리하려는 의욕을 감소시켰던 것은 의심의 여지가 없다. 새 정부가 그가 선포한 개혁을 성공적으로 수행할 수 있고 나아가서 토양보존에 새로운 관심을 갖게 될런지는 두고 보아야 할 일이다.

비옥한 토지와 쾌적한 기후조건을 가진 케냐, 탄자니아, 우간다 등의 고원지대는 아프리카인이나 유럽인 모두에 매력적인 곳이었으며 따라서 이 고원의 중심부에 위치한 케냐의 수도 나이로비가 동부아프리카에서 산업경제발전의 창구가 되고 있는 것은 우연한 일은 아니다. 물결치듯 기복하는 평원 계곡 그리고 수많은 산맥들 위에 우뚝 솟은 것이 케냐산과 아프리카 최고봉인 킬리만자로 산이다.

이 고원은 이디오피아 고원에 비하면 기복이 덜한 고원이며 아프리카에서는 가장 생산성이 큰 토지로 인구밀도도 높다. 이 지역은 대부분의 동부

아프리카인들이 대단히 소중하게 여기는 소의 무서운 적인 체체파리의 감염지역에 접해있는 한편 북쪽으로는 가축의 방목에 가장 적합한 반 건조지에 이어져 있다. 빅토리아호의 주변지대나 우간다의 엘곤산의 경사면 그리고 나이로비의 근교 등과 같이 비옥한 토지에는 평방킬로미터 당 오백명 이상의 인구가 집중되어있으며 곳에 따라서는 이보다 훨씬 높은 곳도 있다. 식민지 시대에는 케냐에서는 경작 가능한 토지, 그것도 가장 비옥한 토지 대부분을 포함한 것의 1/4은 백인들만이 이용할 수 있도록 제한되어 있었기 때문에 케냐에서의 경작지에 대한 인구 증가의 압력은 더욱 심하였다. 이런 토지를 1960이후에는 점점 아프리카인들이 이용하게 되었다.

토지에 굶주린 농민과 목탄업자의 활동으로 동부아프리카의 고원지대에서도 아주 깊은 산중이나 군데군데의 정부보호림을 제외하고는 대부분의 삼림이 벌채의 화를 입었다. 특히 농민들이 보다 경사가 심한 사면으로 이동하거나 인구밀도가 높은 전통적인 재배기술로 지력이 저하된 지역에서는 토양침식은 더욱 심하였다.(주 42) 동부아프리카의 도시에는 농토는 좁고 과밀한 인구의 농업지대에서 이주자 들이 밀려들었는데 이들은 이들 도시에서 얻기 어려운 일자리에 매달려 겨우 생계를 유지하여 가는 것이었다. 저 유명한 동부아프리카의 동물보호구의 앞날도 새로운 농경지에 대한 국민의 압력이 점점 증대하고 있어서 장담할 수 있는 실정이 못되고 있다.

탄자니아 동부의 우루구루산맥에서의 생태학적 변천은 비교적 잘 조사되어 있으며 현재로서는 잘 알려진 유용한 사례의 하나이다. 여러 중요하천의 발원지인 우루구루산맥은 한때 울창한 삼림지대였다. 그러나 지난 1세기 반 동안 삼림을 개간하여 생계중심경작이 전체경사지대에 걸쳐 확산되어갔다. 그 결과 20세기의 중반기에는 이 산악지대에서의 나지화와 무리한 경작으로 인한 무서운 결과가 구체적으로 나타나기 시작하였다. 심한 홍수와 토사퇴적이 하류의 도시나 농경지에서 크게 문제가 되기 시작하였고 수리학적 연구 결과를 보면 앞으로 홍수문제는 더욱 악화될 것임을 시사하고 있다. 응게렌게 강은 건조기에는 완전히 말라버리는 일이 자주 있게 되었고 강물에 의존하는 사이잘(용설란의 일종에서 생산되는 섬유) 생산 농장에서는 1960년에 처음 그리고 1966년에 두 번째로 생산을 중지하지 않을 수 없었다. 1960년 후반 우루구루산맥에서 새로이 무서운 현상이 있었다고 폴 H. 템플은 보고하고 있는데 그것은 대형의 산사태에 의한 괴멸적인 피해로 이런 것은 인간이 자초한 토양침식의 최종적인 결과로 어디서나 볼 수 있는 특징적인 것이다.

전체적으로 보아 아직도 산악지대에서 일어나고 있는 환경악화의 내용이나 규모에 관한 확고한 자료는 적다. 그러나 여러 분야의 과학자나 정부기관의 관계자들 그리고 그 밖의 여러 사람들 사이에는 산악지대에서의 일반적 경향에 대하여는 광범위한 의견의 일치를 보이고 있다. 지금까지 얻은 자료만으로 앞으로 20년 내지 30년 내에 많은 산악지대들이 다시 돌아올 수 없는 상황에 빠질 것이라는 것은 결코 과장된 주장이 아니다. 탈출구가 없는 악순환 속에 갇히어 생태학적 연계 고리가 인간의 생명을 지탱할 수 있는 자연의 능력을 점점 감소시키고 있다. 도시의 빈민굴에 흘러들어가는 수많은 이주자가 그 중요한 증거가 될 것이다.

이렇게 될 가능성은 충분히 있다. 그러나 그것은 피할 수 없는 것은 아니다. 산악지대에서 일어나고 있는 중요한 문제들 중 기술적 해결책을 아직 모르고 있는 것은 없다. 현재 진행되고 있는 부정적 여러 가지 정세를 앞으로 수 십 년 이내에 좋은 방향으로 되돌려지지 못한다면 그것은 인간의 사회제도가 환경적으로 필요로 하는 것에 제대로 적용하는데 실패하였기 때문일 따름이다.

각각의 산악지대는 그에 고유한 문제점과 해결책을 갖고 있을 것이나 널리 적용할 수 있는 일반적인 문제들을 생각해 볼 수 있을 듯하다. 거의 모든 경우 가장 중요하고 필요한 것은 물론 식량 생산을 가장 좋은 농지 즉 저지대나 계곡 낮은 곳이나 경사도가 낮은 곳에서 집약화 하는 것이다. 이런 것이 성취되었을 때에만 보다 경사가 급한 곳으로의 끊임없는 이동으로 생기는 자멸적인 압력을 억제할 수 있을 것이다. 그리고 많은 경우 토지소유제도의 개선과 기술지도사업이나 자금의 원조 - 이것은 기술적 문제라기 보다는 정치적문제이나 - 는 농업발전을 위하여 요구되는 제 일차적인 것이다.

산악을 개간해야 할 경우라면 토양보존에 필요한 기술은 꼭 도입되어야 한다. 가장 간단한 수단을 갖고도 토양침식을 크게 막을 수 있다. 예를 들면 네팔의 일부지방에서는 많은 계단식 농토에서 매년 있는 몬슨에 대비하여 석벽을 쌓는데 그 방식이 경지의 안쪽이 아니고 바깥쪽에 돌을 쌓고 있는데 이것은 잘못된 것이다. 그리고 안데스 지방에서는 지난날 쓰던 계단식 농업기술을 다시 활용하는 것이 당장 농민들과 농토 그리고 하류도시에 도움이 될 것이다. 물론 계단식농법만이 늘 문제를 해결하여 주는 것은 아니다. 예를 들면 탄자니아의 우루구루산맥지대에서 토양학전문가는 계단식 농법이 그곳의 산사태를 조장하고 하부토를 노출시킨다는 사실을 발표하였다. 그들은 전략적인 식수와 등고선에 따른 경작 그 밖의 간단한 재배기술의 변경이 토양침식을 크게 감소시킬 수 있음을 발견하였다.(주 44) 이런 수단들은 아직은 널리 적용되고 있지 못한데 그 이유는 농민들이 이런 기술로 그것이 가능하다고 깨닫지 못하고 있거나 투하된 노동력에 맞먹는 충분한 생산력 증가를 믿지 않기 때문이다. 산악지대의 많은 농민들은 아직까지도 농업기술지도원의 존재를 알지 못하고 있다.

생태학적으로는 산악지대경사면을 삼림으로 되돌려주는 것이 이상적이겠으나 인구증가로 그것이 어려운 곳에서는 사과나 살구, 견과 또는 과실

수 재배가 좋은 대안이 될 수 있겠다. 이런 것은 삼림기능을 농민들의 고용이나 수입과 결부시키면서 여러 가지 생태학적 장점도 살릴 수 있다. 파키스탄에서는 UN의 도움으로 수원림 개량사업에 성공하였는데 이것은 해외에서의 식량 원조를 이용하여 농민을 도로건설과 식수에 동원하고 새로 조성된 과수원에서 수입이 생길 때까지 묶어두는데 성공한 예이다.(주 45)

아시아, 중남미, 아프리카의 산악지대에서는 보다 광범위한 조림사업이 필요한데 나무는 취약한 경사지나 토양침식을 막는데 필요할 뿐만 아니라 땔감을 공급하여 가축의 똥을 취사에 쓰는 것을 억제하는 데에도 도움이 된다. 농경지에 똥을 주는 것은 경지의 생산성을 높이는데 도움이 되고 부적당한 경사지까지 경지를 넓히는 것을 줄일 수 있게 한다. 실제로 산악지대의 모든 국가들은 주요 하천의 상류에 특별히 전략적 지역으로 삼림보호지구를 지정하고 있다. 그러나 이런 "보호림"이 제대로 구실을 하는 것은 필요한 식량과 땔감을 다른 곳에서 충분히 충당할 수 있을 때만 가능하겠다.

농업외소득의 가능성이 커지는 것도 토지에 대한 압력을 감소시키는데 도움이 되겠다. 안데스 지방에서는 광산과 그의 관련 산업이 직장과 임금을 공급하고 있다. 그러나 이때에도 이러한 산업이 도리어 자멸의 길을 가지 않도록 환경에의 영향을 충분히 감시하고 규제하는 일이 꼭 필요하다. 가난한 나라에서는 산업공해의 규제와 같은 사치는 허용될 수 없다는 견해가 강해지고 있는 것은 사실이나 환경보호의 필요성에 의한 부국과 빈국간의 차는 일반이 생각하는 것과 같이 큰 것은 아니다. 페루의 정부는 광산과 제련소에서 생기는 대기오염으로 그 주변의 수 1,000ha의 산지에 있는 식물이 죽어가고 있어서 "보기에도 무참한" 토양침식이 일어나고 있다고 지적하고 있다.(주 46)

관광은 산악지대에서 한때 많은 가능성을 보여주었으나 또 다른 위협이 되고 있다. 아름다운 경치와 문화 때문에 네팔이나 페루 그리고 이디오피아와 같은 나라는 관광산업을 몇 배로 늘릴 수 있다. 그러나 관광객에 의하여 자연자원이 더 많이 파괴되는 것을 방지하기 위한 계획이 기초가 되어 있어야 한다. 지난 10여 년간 네팔의 히말라야에는 트랙커의 수가 급격히 늘었다. 이 때문에 몇몇 산악지대의 주민들 사이에는 땔나무장사가 대유행을 일으켰는데 이것은 삼림을 희생으로 생긴 것이며 특히 고지대 경사지의 취약한 생태계에 미치는 영향이 컸다.

산악지대의 장래에 대한 최대의 위협은 산악지에서 급증하는 인구의 압력이다. 아직 인구밀도가 높지 않은 저지대가 있는 곳이면 이 지역으로의 계획적인 이민도 중요할 것이나 이것은 일시적인 것에 불과하다. 산악지대에서의 인구증가를 빠른 시일 내에 억제할 필요가 있음은 부인할 수 없는 사실이다. 2~30년 후면 이들 지역이 그의 수용력한계에 달할 것은 너무나도 명백한 일이다.

일반적으로 생태학적 문제에 대하여 기술적인 해결책을 찾기는 쉽다. 정치나 문화적 요인이야말로 해결을 가로막고 있는 병목인 것이다. 어디서나 마찬가지지만 산악지대에서 토지에 대한 인간의 욕망을 바꾸는 것은 인간 상호간의 복잡한 관계에 변화를 일으키는 것은 어쩔 수 없는 일이다. 예를 들면 산악지대의 발전에 쓰이는 자금이나 인원은 그만큼 도시나 평야지대에 쓰일 부분을 희생하게 될 것이다. 따라서 결국은 평지에 살고 있는 사람들에게 산악지대의 장래는 그들 자신의 미래와 동떨어진 것이 아님을 믿게 하는 크나 큰 도전이 될 듯하다.

## 06 또 하나의 에너지 위기 : 땔나무

원유매장량의 감소와 그 공급에 관련된 복잡한 문제들이 이장의 주제이다. 석유문제는 중요하기는 하나 아직도 세계인구의 1/3이상의 사람들에게 있어서 에너지가 문제가 되는 것은 취사에 필요한 땔나무를 찾아 매일같이 아귀다툼을 하는 일이다. 땔나무를 하는 것은 과거에는 일종의 잡일에 불과하였으나 현재에는 삼림면적이 줄어들어 지역에 따라서는 하루 종일의 일거리가 되고 있다. 그럼에도 불구하고 외교가나 경제학자 그리고 저널리즘에서 이 문제가 아직껏 무시되고 있는 것은 이상한 일이 아닐 수 없다. 그래서 땔나무의 위기는 앞으로 금세기 동안 여러 가지 면에서 뉴스거리가 될 것이다.

화학자들은 목재를 셀로판이나 레이온과 같은 보다 복잡하고 유용한 형태로 이용하는 방법을 찾고 있으나 세계에서 벌채되고 있는 나무의 최소한 1/2은 아직도 인간에게 나무가 가진 원래의 역할인 취사와 추운지방에서는 남방용으로의 이용이다. 대부분의 가난한 나라에서 현재 90%의 인구가 주요한 연료로 나무를 쓰고 있다. 그리고 대개의 경우 인구증가가 목재생장을 웃돌고 있는 실정이다. 보통 한사람의 연간 연료로 쓰는 목재량이 1M/T이나 되는 것을 생각하면 놀랄 일이 아니니다.(주 1) 그 결과 목재 값은 점점 오르고 필요한 최저연료를 얻기 위하여 사람들은 자본과 노동력을 점점 더 많이 쓰게 되고 식량생산에 이용하던 가축의 똥까지도 취사용 연료로 사용하게 되면서 나무가 없는 경관이 늘어가는 생태학적 비극을 초래하고 있는 것이다.

땔나무의 위기가 현재 가장 큰 문제가 되고 있는 국가는 주로 인도대륙에 있는 인구밀도가 높은 국가들과 사하라 사막주변의 중앙아프리카의 반건조지대이나 다른 지역에서도 문제가 되고 있다. 예를 들면 중남미에서 나무나 목탄부족은 안데스지방, 중앙아메리카, 카리브해의 여러 나라에서도 문제가 되고 있다.

땔나무 값이 오르면 도시 빈민에 대한 경제적 부담도 커진다. 네팔의 수도 카트만두의 근교에서 어떤 날 아침 나는 등에 가지런히 자른 나무를 가득지고 무거운 발걸음으로 시내를 향하여 끊임없이 들어오는 남녀노소의 무리를 보았다. 나는 택시기사에게 주변의 산에서 몇 시간 걸려 수집한 그들의 한 짐의 나무 값이 얼마나 되는가를 물어보았다. 그는 "아아 나무요, 그것은 대단히 비싼 물건이지요."라고 거침없이 대답하였다. 나무 값은 그 당시 카트만두에서는 중요한 화제의 하나였다. "한 짐 값이 2년 전까지만 해도 6~7루피였는데 지금은 20루피나 합니다." 이와 같이 연료용 나무 값이 300%나 오른 것은 한편에서는 저소득층의 유일한 대체에너지인 수입등유 값의 급등 때문이나 땔나무 값은 석유 값이 오르는 속도보다 더 빨리 오르고 있어서 나무를 구하기가 점점 어려워지고 있음을 반영하고 있는 것이다. 현재 카트만두에서는 땔나무로 생활하는 것과 등유로 생활하는 것은 같은 비용이 들어간다.

땔나무와 목탄 값은 아시아, 아프리카, 중남미의 대부분의 지역에서 오르고 있다. 구매력이 있는 사람도 다른 생활필수품에 우선하여 땔나무를 사야한다. 그리하여 나무는 생활비의 주요한 지출의 하나로 되고 있다.

서부 아프리카의 한발이 심한 사헬지역 깊숙이 자리 잡고 있는 니제루의 니아메이에서는 단순노동자의 평균가정에서 현재 수입의 약 1/4을 땔나무의 구입에 쓰고 있으며 어퍼 볼다의 와가도우구우에서는 땔나무에 쓰이는 지출이 20~30%이다.(주 20) 땔나무를 사는데 그렇게 많은 돈을 쓸 수 없는 사람은 가까운 산야에 어린아이들을 내보내거나 자신이 나가서 땔나무를 한다. 물론 이것은 걸어갈 수 있는 범위 내에 나무가 충분히 있을 때의 일이다. 그렇지 못하면 그들은 거리에서 나뭇가지나 쓰레기 그 밖의 타는 것이면 무엇이든지 찾아 훔쳐댈지도 알 수 없는 일이다. 그리고 많은 지역에서 땔나무의 부족은 여자들에게 특히 무거운 짐을 지우고 있는데 이것은 땔나무를 구하는 일은 보통 여자들의 몫이 되어 있기 때문이다.

파키스탄의 일부 도시에서는 현재 사람들이 가로수의 나무껍질을 벗기고 있다. 이렇게 현재의 어쩔 수 없는 수요가 앞날의 가난을 초래하고 있는 것이다. 언젠가 내가 파키스탄 서북부의 프론타아주의 삼림보호부장을 페샤와루의 본청으로 찾았을 때 그는 어떤 날 나무껍질을 벗기고 있던 여자를 보고 그 것을 말리려고 차를 세웠던 일을 푸념어린 목소리로 다음과 같이 들려주었다. " 나무껍질을 벗기는 일은 사람의 껍질을 벗기는 일과 다름없는 일이요" 라고 일러 주었습니다. 물론 그 여자는 그녀가 일생동안에 이런 고관과 직접 대하게 된 일은 없었던 지 놀라서 나무껍질을 벗기는 일을 중단하였다. 그러나 그녀는 틀림없이 곧 나무껍질을 벗기는 일을 다시 할 것으로 그 이외의 어떤 일이 가능할까 삼림보호부장 자신 스스로에게 자문하는 것이었다.

땔나무 값이 오른 영향을 받고 있는 것은 도시가 아니고 나무를 연료로 쓰고 있는 농촌이다. 인도나 파키스탄에서 땅을 갖고 있지 못하는 농촌 주민들은 현재 그들의 보잘 것 없는 수입에 새로운 압박을 느끼고 있다. 지금까지 그들은 농경지주위 여기저기에 자라고 있는 나무에서 대가를 치르지 않고 땔나무를 해다 썼다. 그러나 도시에서 땔나무 값이 오르게 되면서 지주는 자연히 주변 농민들이 아무런 대가를 치르지 않고 긁어다 때는 것을 허용하지 않고 가까운 도시로 나무를 실어다 파는 것이 유리하다고 생각하게 될 것이다. 이와 같은 땔나무의 상품화는 기업가가 육림을 시작하여 그것을 영속적인 노동집약형 사업으로 하여 수익을 얻으려 할지도 모른다는 희망을 갖게도 하나 아직까지는 임야의 파괴가 보다 일반적인 결과이다. 그리고 쓸 수 있는 돈이 없거나 부족한 가난한 농촌 사람들 어느 경우에나 대단한 어려움을 겪고 있는 실정이다.

이러한 압력으로 농경지의 입목이나 비경작지의 관목림지대가 감소함에 따라 가난한 사람이나 부유한 기업가 모두가 연료용 나무로 주목한 것은 생태적으로나 경제적으로 중요하여 국가가 보호하고 있는 삼림이다. 인도에서는 도벌 문제의 중대성에 비추어 특별 기동감시대를 조직하고 위반자를 재판하기 위한 이동재판소를 두고 있으나 이런 법적인 강제 조치도 이런 지킬 수 없는 조건하에서는 별 효과를 거두지 못하고 있다. 이와 같은 시급한 땔나무의 부족문제는 중국에서도 삼림에 대한 국가적 통제의 뿌리를 흔들고 있다. 중국에서는 공동식림지의 나무들이 식수되자마자 몰래 뽑혀버리는 일도 있다.(주 3)

목재 부족은 그러리라고는 생각할 수 없는 지역에서도 일어나고 있다. 세계에서 가장 깊숙한 곳에 있는 촌락, 한때 울창한 나무숲으로 덮여 있던 네팔의 히말라야 산의 산록에서도 현재는 옛날과 달리 땔나무와 마초를 구하는 일이 하루 종일의 일거리가 되고 있는 실정이다. 그들의 부모들 세대만 하여도 이런 일은 한두 시간의 일이었다.(주 4)

이렇게 땔나무의 부족으로 직접 피해를 받는 사람들은 대부분이 문맹자이며 그 피해는 기아의 경우와 같이 눈에 잘 띄지 않아 땔나무 부족의 위기는 세계의 주목을 받지 못해왔다. 그리고 또 다른 측면에서 보면 땔나무 부족의 문제는 석유 위기와는 달리 명백히 국지적 차원의 문제이기 때문에 세계적인 문제라고 하기에는 문제가 있다. 경제적인 면에서 땔나무를 산지에서 2,300마일 이상이나 떨어져 있는 곳으로 수송한다는 것은 어려운 일이다. 이것은 현재 수 천 마일이나 떨어져 있는 곳까지 원유를 수송하는 것과는 대조적이다. 예를 들면 마리나 네팔에서 땔나무가 부족하다는 것은 미국 펜실바니아주에서 캠프파이어를 하는 보이스카웃에는 직접 문제가 안 될 것이다. 그러나 그들의 부모의 경우 사우디아라비아가 석유 값을 어떻게 결정하느냐는 차를 차고에서 꺼낼 것인가와 관계가 있는 일이다.

그러나 불행히도 땔나무 부족의 경향은 특별한 지역에 살고 있는 가난한 사람들에게만 경제적인 부담 - 그 자체가 어려운 일이기는 하나 - 이 되는 것은 아니다. 아프리카, 아시아, 중남미의 삼림지대에서 일어나고 있는 파괴현상은 부분적으로 땔나무 수집이 원인이 되고 있는데 이 문제는 이 책에서 다루는 환경적 안정성과 토지 생산성 문제의 중심과제 즉 토양침식, 대홍수의 증가, 사막의 확대, 토지 생산성의 저하 등에 관련된 중요한 문제이기도 하다.

1930년대의 대평원에서의 대황진 현상은 미국인에게 한발이 일어나기 쉬운 곳에서 식생을 파괴하는 일이 얼마나 위험한 일인가를 깨우쳐 주었다. 존 스테인 백이 '분노의 포도' 에서 그런 인간과 토지 그리고 기후조건의 상호작용으로 생긴 인간의 혼란상은 사하라의 북단과 남단 그리고 인도 서북부 라자스탄 사막주변과 같은 반 건조지에서 현재도 진행되고 있는 현상이라고 보아도 될 것이다. 염소, 소 그리고 양의 과방목이 주원인이나 땔나무의 수집도 이지역의 삼림파괴의 중요한 몫을 차지하고 있다. 땔나무는 아프리카의 세네갈에서 이디오피아에 걸친 사하라 주변 지역에서도 전체적으로 적고 값비싼 물건 중의 하나이나 특히 니아메이 등의 도시인들은 취사용 연료에 터무니없이 비싼 값을 치르고 있다. 이 귀중한 자원을 도시로 실어 나르는 상인부대(캬라반)는 사막 외곽의 넓은 지대에 사막에 가까운 상태를 조성하고 있는 것이다. 사실 와가도우구우를 중심으로 70킬로 이내에 있는 모든 나무는 도시주민에 의하여 연료로 소비되었고 이렇게 하여 생긴 벌거벗은 자연은 재생되는 일이 없이 점점 넓어 가기만 한다.

인도대륙에서 땔나무 부족으로 생긴 가장 비참한 결과는 임목파괴 그 자체 뿐 아니라 인도, 파키스탄, 방글라데시의 사람들이 땔나무를 구하지 못하여 그 대용으로 다른 것을 연료로 쓰지 않으면 안 되게 되어 또 다른 문제를 야기하였다. 인도 대륙을 찾는 사람들은 가는 촌락마다 파이 모양으로 손으로 빚은 똥 덩어리를 피라미드 모양으로 쌓아 놓고 햇빛에 말리고 있는 것을 보게 될 것이다. 여러 지역에서 이 똥 덩어리는 오랫동안 유일한 연료의 구실을 해왔던 것이나 현재는 필요한 것이 되어 그런 관습을 가진 곳의 면적은 점점 더 늘고 있다. 인도에서만 연간 3~4억 M/T의 똥 건조중으로 6,000-8,000만 M/T이 연료로 소비되는데 이것은 농경지에 꼭 필요한 영양물질과 유기물을 앗아가는 결과가 된다. 매년 인도에서 이런 방법으로 식물영양물질이 낭비되는 양은 전국화학비료 사용량의 1/3을 넘는 양이다. 이와 같은 당장의 경제적 손실을 생각하여도 인도의 국가농업위원회가 최근 "쇠똥을 자가 연료로 사용하는 것은 사실상 범죄행위이다"라고 선언한 이유를 쉽게 이해할 수 있을 것이다. 똥을 연료로 쓰는 곳은 이밖에 아프리카의 사헤라 지역의 일부 이디오피아, 이라크 등지가 있고 거의 나무가 없는 안데스 지방의 계곡지대나 볼리비아와 페루의 일부 산간경사지 주민은 라마의 똥이 잉카시대부터 주 연료로 사용되어 왔다.(주 5)

작물영양분의 손실보다 어느 면에서 더 중요한 것은 경지에 거름을 주지 못할때 생기는 토양구조와 토질에 미치는 피해이다. 부식과 토중미생물로 되어 있는 유기물은 토지생산성을 유지하는데 필요한 토양구조와 토성을 보존하는데 가장 중요한 역할을 한다. 유기물은 비바람으로부터 토양을 제자리에 묶어두는데 도움이 되고 화학비료를 주었을 때 그의 낭비를 줄이고 그로인한 오염을 줄이는 역할을 한다. 부식은 토양의 수분흡수력과 저장력을 증대시켜 건조할 때 작물에 미치는 수분부족을 완화시키기도 한다. 이런 문제는 똥을 연료로 쓰고 있는 열대지방의 토양에 대하여는 특히 필요한 일이다. 열대지방에서는 일반적으로 표토층이 얇고 뜨거운 태양과 우기의 호우에 토양이 접하게 되어 다른 곳에 비하여 침식을 받기 쉬워 지력의 감퇴나 토양구조가 파괴되기 쉽다.

한국 고원지대 농민들은 나무부족을 해결하기 위하여 다른 형태의 파괴적 방법을 쓰고 있다. 1960년대 후반 한국을 찾은 국제연합 임업관계조사단은 연료로 쓰기 위하여 살아있는 나무 가지, 관목류, 유목류 그리고 초목류 등 연료로 쓸 수 있는 것을 모두 잘라내고 있었으며 더욱 문제가 되는 것은 많은 산언덕에서 낙엽을 깨끗이 긁어 내리고 있음을 볼 수 있었다. 이와 같은 낙엽채취는 가정의 연료와 퇴비생산용으로 이용되는데 이것은 표토의 보호층과 유기물 모두를 빼앗아 가는 것으로 UN전문가들은 "한국에서의 토양침식의 제 일차 원인의 하나"라고 하였다. 땔나무 부족은 동부나이지리아에서도 생산성을 감퇴시키고 있다. 여기서 살고 있는 티이부족은 수확 후 작물의 뿌리를 연료로 쓰기위하여 뽑아내고 있다. 전통적으로 죽은 그루터기나 낙엽은 땅을 걸게 하고 토양침식을 막기 위하여 그대로 남겨 두었었다.

네팔의 산악지대에서는 땔나무수집에 점점 많은 시간을 소비하게 되어 이 나라 농업관계자들이 가장 염려하는 사태를 초래하였다. 땔나무를 얻는데 너무 시간이 많이 걸리게 되어 농민들 중에는 땔나무하기에 쓰던 시간을 벌기 위하여 예전에는 농지에 주던 똥을 취사용 연료로 쓰는 사람이 생겼다. 이와 같이 과거에 하던 습관을 버리는 일이 많아지면서 그러지 않아도 벌써 토양침식으로 지력이 떨어지고 있는 구릉지대의 지력은 급격히 떨어지게 될 것이다. 산속 깊은 촌락에서는 거름을 화학비료로 대체할 가능성이란 경제적으로 보아도 불가능한 일이다.

이렇게 인도의 일부에서 시작된 악순환은 네팔에서도 일어나기 시작하고 있다. 나무가 부족해짐에 따라 농민들은 어쩔 수 없이 연료로 소비하는 똥을 늘리게 되어 농경지로 가는 똥의 양이 줄게 되고 이로 인하여 농업생산량이 감소함에 따라 보다 넓은 면적을 개간하여야 하였고 이것은 결국 보다 경사가 심한 임지를 찾게 하는 악순환이 되풀이 되었다. 이렇게 하여 구릉지대에서는 산사태나 토양침식의 위험성이 커지고 하류의 인도나 방글라데시에서는 토사퇴적이나 홍수문제가 심각성을 더해가고 있다.

땔나무의 부족은 여러 나라가 당면하고 있는 식량문제와 두 가지 면에서 밀접하게 관련되어있다. 삼림파괴와 똥을 비료 대신 연료로 쓰게 되어 토지의 식량생산능력을 저해하고 있고 한편으로는 한 인도관리가 말한바와 같이 "서기 2000년에 국민이 필요로 하는 식량을 그런대로 생산한다고 하였을 때 어떻게 그것을 요리할 수 있을까"하는 또 하나의 문제가 있겠다.

인도 농업성의 고급관리인 B. B. 보-라는 각종 생태학적 문제를 정부시책에 추진하고 있는 인물이다. 우리가 뉴델리의 그의 사무실을 찾았을 때 그는 머리를 흔들면서 다음과 같이 말하였다. "나는 우리나라 자원이 돌이킬 수 없는 지점에 가까워져 가고 있다고 생각합니다. 걱정입니다. 만약 우리가 곧 조림과 토양보전을 위한 계획에서 어떤 극적인 계기를 마련하지 않는다면 우리자신 어쩔 수 없는 악순환의 심연에 빠져 들어가게 될 것이다" 사실 현재 진행되고 있는 상태를 빨리 되돌리지 않으면 인도의 인구는 곧 10억이 될 터인데 그 많은 인구를 먹여 살려야 할 터인데 달세게 못지않은 황폐한 농촌풍경을 맞아 이러지도 저러지도 못하게 될 것이다. 그러나 인도를 비롯하여 다른 많은 가난한 나라들의 정치가는 국민이 땔나무를 찾지 못하면 그들은 무언가 태울 것을 꼭 찾아내야 한다는 것을 인식하였을 때에나 겨우 이 문제에 주의를 기울이게 된다.

땔나무 위기는 공업국에서의 에너지위기에 비하면 어떤 면에서는 보다 심각할 수도 있고 어떤 면에서는 그렇게 심각하지 않을 수도 있다. 자원부족 문제의 해결책은 수요를 줄이거나 공급을 증대시키거나 두 가지 중 한 가지 방법을 택하여 해결할 수 있겠다. 예를 들면 1974년과 1975년의 에너지위기는 수요의 세계적 감축으로 일시적이나마 극복하는데 도움이 되었다.

그러나 개발도상국에서의 땔감수요는 이런 방법으로는 크게 축소시킬 수 없는 일이다. 정말로 가난한 나라들에 있어서의 에너지 수급체제에는 4,000~5,000파운드나 되는 자가용 자동차로 대표되는 나라에서와 같이 쉽게 빼낼 수 있는 비계 덩어리와 같은 여유를 갖고 있지 못하다. 더욱이 세계적인 불경기도 석유의 경우와 같이 땔나무에 대한 수요를 둔화시키는 일에는 영향이 별로 크지 않다. 유감스러운 사실은 이들 나라에서 연료로 쓰는 나무의 양은 그것을 필요로 하는 사람의 수에 의하여 거의 결정된다는 것이다. 적절한 대체에너지가 없는 한 앞으로 이들 국가에서 필요로 하는 땔나무에 대한 수요량은 그 나라에서의 인구증가율에 의하여 거의 결정되게 될 것이다. 땔나무의 부족이 금후 각국 정부의 인구문제해결과 밀접하게 연관되어 있음은 의심의 여지가 없다.

금후 10년 사이에 가령 인구 문제가 급속히 개선되는 일이 있어 인구학자가 놀라는 일이 있을 수는 있겠으나 땔나무와 같은 기본적인 자원에는 한계가 있어 여러 나라는 한계에 부딪히는 어려움을 겪게 될 것이다. 다행히도 나무는 석유와는 달리 적절히 관리한다면 재생이 가능한 자원이다. 땔나무 부족에 직접 대응할 수 있는 방책은 이론적으로 가난한 나라에 조림지나 농지, 수로변, 방풍림지, 농촌지역의 유휴지에 많은 나무를 심는 일이라고 하겠으며 이것은 동시에 여러 가지로 생태학적 이익을 기대할 수도 있는 일이다. 성장이 빠른 수종을 이용할 수 있는 나라도 많이 있어 10년 이내에도 간벌을 통하여 땔나무를 얻을 수도 있겠다.

생각은 간단하나 실제는 그렇지가 못하다. 나무 부족을 겪고 있는 거의 모든 나라의 정부는 식수계획을 한동안 추진한 일이 있었으며 경우에 따라서는 수 십 년간 수행한일도 있었다. 특히 각국의 산림관계당국은 목재공급을 늘려야할 필요성이나 생활환경을 위한 산림의 보호필요성을 충분히 인식하기는 하나 여러 가지 문제가 식수계획을 방해하는 일이 일반적 현상이었다.

그 하나는 목재수요량과 수요증가율간의 차이가 너무 컸기 때문이다. 대전후의 급속한 인구증가에 대하여 여러 사람들이 놀라고 있는데 이것이 많은 나라에서의 온건한 식수노력을 삼켜버려 그 효과를 거의 상실케 하고 있는 것이다. 목재생산계획이 명백한 효과를 보려면 현재 대부분 국가의 정부가 생각하고 있는 것보다는 훨씬 큰 규모로 식수가 이루어져야 할 것이다.

규모의 문제는 이 문제의 해결에 관련되어있는 제 2의 중요한 장애물과 깊은 관련을 갖고 있다. 즉 정책적 우선순위와 정책결정의 시기라는 해 묵은 문제이다. 선거에 이기려면 싸움에 이겨야하고 댐을 건설해야하고 굶주린 국민을 먹여 살려야 한다. 따라서 그 어떤 정치가도 극히 복잡한 문제이며 본질적으로 장기적인 문제로 생각되는 이런 문제들에 자금과 관심을 집중시키는 일은 없을 것이다. 가난한 나라의 생태학자들 중에는 그들 정부를 향하여 수 10년간에 걸쳐 삼림파괴와 연료부족의 위험에 관하여 경고하여 왔다. 그러나 식수계획이 선거에서 승리를 안겨주지는 않는다. 물론 이 현상은 가난한 나라에만 해당되는 것이 아니고 모든 나라에서 아주 흔히 볼 수 있는 일이다. 미국에서는 자원전문가들이 1960년대에 에너지위기가 올 것이라고 경고하였다. 그러나 실제로 1973년에 안면에 강타를 맞고서야 정부는 겨우 정신을 차렸으며 1975년 말에 이르러서도 아직 이 나라는 에너지 문제에 정면으로 맞서고 있다고 할 수는 없는 상태이다.

이런 정치본래의 문제가 있기는 하나 인도의 임업행정가들은 정부가 1970년대 중, 후반기의 개발 5개년 계획을 수립하기 수년 전에 하나의 중요한 돌파구를 만들었다. 그 계획은 대규모의 속성수림을 조성하기 위하여 전국의 농지와 공유지에 식수를 하는 것이었다.(주 7) 이 계획은 현재도 진행 중이다. 그러나 이 계획이 2~3년 전에는 생각지도 않았던 일로 처음 계획과는 다른 방향으로 전개되고 있다. 즉 세계 석유 값이 5배로 뛰고 세계적으로 식량과 비료가 부족하여 그 값이 3배로 오르게 되면서 1974년의 큰 기근이나 경제적 파탄 없이 지내려고 현상유지와 긴급대책에 개발예산을 돌려 버렸던 것이다. 인도의 개발노력은 이런 문제로 수년 후퇴하였으며 임업정책도 예외 일수는 없었다.

올바른 정치적 의지가 있고 필요한 지원자금이 있다하여도 대규모의 조림계획을 실천에 옮기는 일은 복잡하고도 어려운 여러 가지 문제가 있다. 수 백 만 주의 나무를 심어 그들이 성숙할 때까지 성공적으로 양육하는 일은 댐의 건설이나 화학비료공장을 건설하는 것과 같은 기술적이고 확실한 내용을 갖춘 사업은 아니다. 식수사업은 농촌사회의 정치, 문화, 행정 등 제요소가 항상 깊이 연관되어 있는 것이다. 따라서 그것은 지역주민의 일상생활습관의 영향을 받거나 반대로 생활에 영향을 주기도 하여 실패로 끝나는 수가 흔히 있다.

나무가 적은 지역의 대부분에는 반대로 소나 양, 염소의 수는 많다. 목야지가 심한 과방목상태에 빠진 곳에서는 어린나무의 잎은 초식동물의 구미를 돋군다. 목부가 그의 가축을 조심스럽게 관리한다고 하여도 자기 가축이 나무 잎을 먹지 않으면 다른 사람의 가축이 먹어버릴 것이라고 판단할 것이다. 약탈적인 가축은 개발이 덜된 국가에서는 식수사업을 망치는 가장 큰 장애이다. 만약 어떤 촌락에서 그의 주민들은 나무의 피해를 막기 위한 충분한 교육이 되어있어도 지나가는 유목민이나 그 밖의 과객이 그렇게 할지도 알 수 없는 일이다. 따라서 조림사업이 성공하려면 수년간 나무를 보호하는 강력한 행정적 노력이 요구되는 것이 보통이다. 더구나 나무가 생육하여 성목이 되었을 때 목재수확에 대한 감시나 수목갱신사업의 중요성에 대하여는 더 말할 필요가 없겠다.

촌락의 정치풍토도 조림사업을 좌절시킬 수 있다. 2, 3년 전에 이디오피아에서 일어난 일은 그의 한 극단적인 예일 것이나 그 교훈은 아주 명백하다. 한 농촌에서 조림계획이 토양침식을 감소시키고 그 지역의 목재수요를 충당하기위하여 공동작업으로 시작되었다. 식수작업은 그 지역에서 가난하고 대부분 토지를 소유하지 못한 주민에게 맡겨졌다. 식수작업의 노임은 대단히 낮은 것이었으나 그들에게는 귀중한 것이었다. 묘목이 배포되고 식수가 시작되었다. 모든 일이 순조롭게 진행되는 듯이 보였다. 그러나 진행상황을 조사하기 위하여 감독관이 돌았을 때 그들은 여러 곳에서 묘목이 거꾸로 심겨져 있는 것을 발견하고 놀랐다. 물론 노동자들이 나무의 뿌리와 가지를 구별 못하는 것은 아니나 봉건적 토지 제도하에서 살고 있는 그들은 식수의 이익이 어쨌든 지주의 손에 들어가게 된다는 것도 알고 있다. 그들은 자기들 개인에게 확실한 이익이 안 되는 일에 기준 이하의 임금으로 일하는 것이 불만이었던 것이다.(주 8)

같은 교훈이 여러 나라에서 뒤를 이었다. 식수계획이 가장 성공적인 경우란 지역주민의 대다수가 계획과 실행단계에서부터 깊이 관여되어있고 성공하였을 때의 자기이익을 명백히 인식할 때이다. 지방 또는 연방정부는 자극을 주어 동기를 만들고 기술면이나, 자금면에서 원조를 할 수는 있으나 주민 각자가 전통적으로 자유롭게 가축을 방목하고 나무를 해오던 땅이 왜 임지로 지정되어 접근이 제한 받는가에 대한 충분한 이해가 없는 한

주민들은 식수계획에 회의적이거나 심지어는 적대적 감정을 갖게 되기 쉽다. 그러나 주민의 광범위한 참여가 있으면 계획초기에 방목양식에 대한 조정이 가능하고 계획을 스스로 지지하고 적은 비용으로 노동력을 제공하기도 할 것이다.

이런 방향에서 부락회의를 통하여 주민의 자발적 노동으로 식수나 임목보호를 하게 되는 방책이 현재 인도에서 시도되고 있다. 물론 여러 가지 문제점이 없는 것은 아니다. 인도촌락은 당파간 싸움이 심하다는 것은 잘 알려진 사실로 장기적인 이익을 목표로 전주민이 공동으로 일한다는 것은 어떤 면에서는 이상론에 불과할지도 알 수 없다. 그러나 만약 이것이 대규모적으로 진행되면 인도의 국가적 계획은 성공할 가능성이 있다. 이런 것이 일차 계기가 되면 촉성수종의 성과가 곧바로 눈에 띄게 될 것이므로 주민들도 따라와 줄 것이다. 중국에서 지금까지 지방정부를 중심으로 주민의 노동력을 이용하여 식수하는 사업을 하고 있으며 그 성과는 확실히 어느 정도의 성공을 거두고 있다.

국제연합환경계획이 추진하고 있는 조림의 다방면에 걸친 이익에 관한 세계적인 사회교육계획이 세계적으로 식수가 얼마나 필요한 가에 대한 사람들의 더 많은 관심을 갖도록 되기를 바라는 마음 간절하다. 그러나 조림계획이 성공한다하여도 나무를 대체할 다른 에너지자원을 개발하는 것이 땔나무 문제의 해결에 큰 도움이 될 것이다. 나무를 태우는 스토브에서 천연가스나 석탄, 또는 전기를 이용하는 방향으로의 전환은 지난 19세기 중반 이후의 뚜렷한 세계적 경향인 것은 확실하다. 미국에서도 1850년까지만 해도 필요한 연료의 91%가 나무였다. 그러나 현재 경제적으로 발전한 국가들에서는 나무를 태우는 것은 일부러 전원풍을 내려는 사람과 산간에 기거하는 소수의 가난한 사람을 제외하고는 필요하여 나무를 패서 때는 사람은 거의 없다. 경제적으로 가난한 나라들에서도 나무를 때는 사람의 비율은 점점 감소해가고 있으며 특히 일부 전화가 되어있는 도시에서는 소득이 없는 시민도 취사에 천연가스통이나 석유를 이용하고 있다. 금세기에 들어서 지난 10년간의 연료소비추세가 지속된다면 석유나 천연가스의 이용은 도시는 물론 농촌까지 급속히 확대되어 결국은 땔나무는 거의 쓸모없는 것이 될 것이라고까지 생각된다.

물론 과거 2년간에 걸쳐 일어난 일들은 에너지의 사용방향이나 그의 앞날에 관하여 큰 변화를 초래하였다. 원유가가 5배나 오르면서 원유수입국에서의 경제위기의 그늘에 가려서 미처 생각지 못하였던 값이 땔나무에 대체할 가능성이 가장 큰 것이 석유였는데 이제 석유는 가난한 사람들에게는 그림의 떡이 되어 버렸다.

땔나무에서 석유로 연료가 전환됨으로써 임지에의 압력이 급격히 감소할 것으로 기대하였던 임업행정가나 생태학자들의 기대는 OPEC(석유수출국기구)가 1973년 12월 원유가격을 새로이 결정하였음을 발표하면서 하루저녁에 사라져 버렸다. 사실 원유매장량의 감소와 삼림자원의 고갈과는 서로 엉켜 복잡한 문제를 낳고 있는데 땔나무 값이 오르면 석유류의 이용을 촉진되고 반대로 원유가가 오르면 나무를 석유로 대체하는 연료사용방식의 가능성은 적어서 결국은 삼림에 대한 압박을 더해간다.

땔나무의 부족과 생태학적 압박 그리고 지구 에너지의 사정 등은 복잡하게 엉켜있어 그들의 상호 연관관계는 어떤 면에서는 학문적인 것이기는 하나 세계적 자원문제의 대처방안과 관련 흥미 있는 문제를 제기하고 있다. 개발도상국은 물론 세계전체가 OPEC 여러 나라의 영향을 받고 있다. 이들 나라의 유가 인상과 공급제한은 이 한정된 귀중한 자원에 대한 보호를 불가피하게 하고 개발도상국들에게는 불안정한 에너지 공급에 매달려 지낼 수는 없도록 하고 있다. 그러나 에너지와 생태학 그리고 식량이 잘 관리된 나라들이라면 석유공급 상황은 아주 다르게 비추어지게 될 것이다.

지구생산력을 보존하면서 최대 인구에 최대의 복지를 보장하려는 장기적 노력을 위해서는 금후 20년간 개발도상국에서의 가정용 석유나 천연가스의 사용을 억제할 것이 아니고 도리어 증가시키고 낮은 유가를 유지하도록 하여야 할 것이다. 이와 동시에 그의 성취에는 공업선진국에서는 낭비적이고 분별없는 에너지 사용 - 이것은 석유자원의 고갈을 촉진하고 있다 - 을 상당한 기간 동안 크게 중단할 때에만 가능할 것이다. 오늘날의 로스앤젤레스의 "자동차 사회"나 페르샤만의 여러 나라의 석유생산량이나 유가 결정기준이 1980년 인도의 식량생산에 홍수가 얼마만큼 큰 피해를 주었고 사하라 사막이 얼마나 많은 땅을 삼켜버렸는가 하는 것과 연관이 있다고 하는 것은 결코 억지만은 아니다.

땔나무의 대체에너지로는 화석연료만이 아니고 앞으로 수 십 년간 땔나무를 이용하는 사람들뿐만 아니라 많은 사람들은 다른 에너지원으로 눈을 돌려야 할 것이다. 앞으로 재생이 가능하고 다변화된 값싼 에너지원이 개발되어야 할 것이다. 예를 들면 낮에 모아두었던 태양에너지로 저녁밥을 짓는 것과 같은 터무니없이 싼 에너지원 이용 장치는 더 없이 좋은 것일 것이다. 그러나 실제로 이런 스토브를 개발하여 오랜 전통에 젖어 있는 세계 각지의 수억의 가난한 사람들에게 이것을 보급하는 일은 별도의 문제이다. 현재 태양열을 이용한 취사기가 개발되어 있으나 그 값은 가족단위로 35~50불이나 되고 크레디트제가 아니어서 전액을 일시에 지급하여야 하는 등의 문제로 많은 사람들이 이용을 주저하고 있다. 대량으로 생산하면 그 값은 떨어질 것이나 흐린 날이나 저녁에도 열은 저장할 수 있어야 한다는 문제는 아직도 해결되지 않고 있는 문제이다.(주 9) 그러나 대체할 수 있는 에너지를 찾지 못한다면 언젠가는 이런 태양열 레인지를 최대한으로 이용한 취사나 식사의 습관으로 바꿔야 할 나라들도 생기게 될 것이다.

과거 수 십 년간 인도의 과학자들이 선도해온 이상적 장치의 하나가 가축의 배설물이나 그 밖의 유기물을 이용한 메탄가스 발생장치로 이렇게 하여 발생시킨 메탄가스를 취사에 이용하고 퇴비로 이용한다. 그들은 이것을 바이오 가스 공장이라 부르며 인도에서는 8,000개가 넘는 이런 공장이 있다. 그러나 상당한 비용절감 없이는 연료문제가 점차로 심각해져가고 있는 수십만 농촌에의 보급은 아주 느릴 것이다. 더욱이 이 장치가 채택된다 하여도 자신이 가축을 가질 수 없는 가난한 사람들은 종래와 같이 가축의 똥 이용도 못하게 되어 도리어 종전보다도 어려운 처지에 놓이게 될 수도 있을 것이다.(주 10) 그러나 태양레인지나 생물가스장치와 같은 비교적 간단하면서도 지역적으로 이용할 수 있는 장치는 개발도상국에서 미래의 연료원으로 유용한 것이 될 것이다.

에너지 문제에 있어서 네팔은 한 가지 점에서 다른 나라들에 비하여 다행한 입장에 놓여 있다. 네팔에서 여러 가지 환경문제의 원인이 되고 있는 험준한 산과 급류는 반대로 수력발전에는 큰 잠재력을 갖고 있다. 네팔은 미개발의 수력발전자원을 갖고 있는 몇 안 되는 나라중의 하나로 잠재 발전력은 캐나다, 미국, 멕시코 삼국의 수력발전량을 합한 것과 같은 양이다. 개발에는 비용이 많이 들고 시간이 걸릴 것이다. 개발이 되면 네팔이나 인도북부의 대도시로부터 받고 있는 삼림지대의 압박은 어느 정도 완화될 것이다. 그러나 그 반면 값싼 전력이 땔나무의 수요를 감소시키는 것은 일부에 지나지 않을 지도 알 수 없다. 그 이유는 히말라야의 산중에 흩어져 있는 촌락까지 전기가 들어간다는 것은 경제적으로 가능성이 희박하기 때문이다. 땔나무 위기의 문제는 다른 여러 가지 자원문제에서와 같이 정부나 전문가들에게 인간과 토지간의 기본적 관계를 다시 생각하도록 하고 있다. 즉 그것은 거시경제모델이나 낙천적 기술주의의 그늘에 가려져 있던 문제를 다시 되돌아 보아야하게 한다. 세계인구의 1/3에 달하는 가난한 사람들에 있어서는 그들이 필요로 하는 최소한의 식량을 공급하기 위하여 거대한 단백질합성공장을 세우는 일이 어려운 것 못지않게 그들이 필요로 하는 최소한의 에너지를 공급하기 위하여 원자력발전소를 건설하여 충족한다는 것도 쉬운 일은 아니다.

땔나무 부족현상과 그와 관련된 생태학적 위기는 나무에 대한 인간의 태도가 어떠해야 하는가에 깊은 관심을 갖게 하고 있다. E. F. 슈맛하는 "불교도적 경제학" 이라는 저서에서 석가가 제자들에게 2, 3년 동안에 나무를 꼭 심어서 키워야 한다는 것을 가르친 점을 들어 불교의 실질적이면서도 깊은 가르침을 높이 사고 있다.(주 11) 불행히도 이 윤리적 전통은 동남아의 불교국들에서도 거의 상실되어 있는 실정이다. 사실 현대사회에서는 환경적 협조라는 정신은 상실되어 있다. 이것은 환경자체를 위한 보존의 문제가 아니고 환경의 보존은 파멸로 가고 있는 생태계 속에서의 인간의 생존을 보장하는데 필요한 것이다.

생각을 바꾸어야 하며 그것도 빨리 해야 한다. 땔나무에 대한 당혹할 정도로 빠른 수요증대는 지금까지 정부 관리들이 깊이 생각해본 일이 없으며 더구나 계획한 일이란 있어본 적이 없을 정도이어서 식수의 중요성을 재촉하고 있다. 아프리카나 아시아 그리고 중남미에서의 자멸적 삼림벌채는 어떻게 해서든지 속도를 줄여야 하고 그 방향을 반대로 돌려야 한다. 생태계의 악화 현상은 자연의 논리를 따라 진행된다. 그 과정은 장기간에 걸쳐 조용히 그리고 눈에 띄지 않게 서서히 진행되나 어떤 날 갑자기 자연의 시스템을 산산조각으로 내버리면서 보복한다(아프리카 북부지방). 이런 일은 1934년 미국 오클라호마에 살던 사람이나 1975년의 차드인들에게 물어보면 잘 알 것이다.

## 07 관개수계에서의 염분과 토사의 퇴적

인류 최초의 문명은 메소포타미아라고 불리 우는 티그리스 강과 유프라테스강 유역의 평야에 있는 현재의 이라크에서 발생한 것으로 보인다. 여기서 사람들은 육 칠 천년 전에 강물을 사막에 끌어들여 작물을 재배하여 풍부한 수확을 얻는 방법을 배웠다. 그리고 관개시설을 계속하여 유지할 필요가 있어 이것이 그들 가족과 부족의 협력관계유지를 크게 촉진하였다. 이것은 한편으로는 식량의 잉여생산을 초래하여 승려, 행정관리, 병사, 상인, 직공, 예술가와 같은 최초의 비농업 계층의 형성을 촉진하기도 하였다.

메소포타미아가 세계에서 최초의 관개 지역이었을 가능성이 있다는 것이 중요한 것이 아니고 인류가 육 천 년 간이나 경작하여온 결과 그 곳이 지금은 경작지로서의 적지가 아니라는 사실이다. 이 지역의 비옥도는 구대륙에서는 한때 전설적인 것이었으며 미국의 자연 보호론자 월터 로더밀크는 전성기의 메소포타미아 인구는 1,700만 내지 2,500만 이었을 것이라고 추정하고 있다.(주 1) 고대 메소포타미아를 찾은 희랍의 히로도토스는 "바빌로니아를 찾는 일이 없은 사람에게는 이 나라의 생산력은 믿을 수 없는 것일 것이다"라고 기술하고 있다. 현재 이라크의 인구는 천만 명이며 버리지 않고 아직도 작물을 재배하고 있는 농토에 살고 있는 농민들은 현재 세계에서 최하의 수확에 허덕이고 있다.

문명의 추이가 여기서와 같이 생태학적 조건 변동과 직접적으로 연관되어 있는 것은 드물다. 환경의 변화는 메소포타미아 지방 국가들의 어떤 때는 흥망의 원인이 되기도 하였고 어떤 때는 결과가 되기도 하였다. 이런 의미에서 그들의 역사는 세계 모든 관개 의존적 사회의 교훈이 되고 있다. 그러나 이라크의 황폐지에서 눈으로 보고 있으면서도 이런 교훈이 좀처럼 받아들여지기가 힘든 모양이다.

기록상으로 보면 최초의 문명은 수메르인에 의한 것인데 기원전 4,000년에 티그리스 유프라테스 강 유역의 남부지역에서 번성하였었다. 2,000년에 걸쳐 슈메르 관개시설은 토양을 완전히 파괴하여 아직도 원상으로 회복되지 못하고 있는 실정이다. 모든 물에 미량으로 함유되어 있는 염분은 증발하지 않으나 수분은 증발하거나 식물에 흡수되는 고로 남아있는 물 속의 염분함량은 점점 증가하게 된다. 식물에 이용되지 않은 관개수와 공중으로 증발되지 않은 것은 지하수위까지 침투하여 시간이 지나면서 염분 농도는 점점 높아지게 된다. 메소포타미아에는 잉여의 물을 배설 할 수 있는 자연적 수단이나 인위적 배수 수단이 없어 지하수위는 높아지기만 하였다. 수로에서 스며 나오는 물과 주기적인 홍수가 지하수에 합류하여 이것이 식물의 근부에까지 달하게 되면 그에 함유되어 있는 염분이 작물의 생장을 저해하고 고사케 한다. 지하수의 염분 농도가 그리 높지 않은 곳에서도 산소공급을 단절하여 작물의 뿌리를 죽게 하거나 생장을 방해 하였다.

지하수의 수위가 일단 지표에서 수 피트 이내의 곳까지 달하게 되면 수분은 지표의 건조한 공기와 토양에 끌려 모세관현상으로 상승하게 된다. 수분이 지표에 달하여 증발하게 되면 우리가 유리컵이나 접시에 들어있는 염분이 함유된 물이 증발하면 염분이 바닥에 남는 것과 똑같이 표토 층에 염분의 엷은 막이 남게 된다. 이와 같은 지하수의 염분축적과 수분증발이 수세기동안 되풀이 되면서 지표에는 흰 두꺼운 막으로 염분이 남게 되어 거의 모든 농토를 경작할 수 없는 것으로 변하게 하였다. 현재 이라크 남부의 광대한 지역이 마치 눈 온 직후와 같이 하얗게 빛나고 있으며 전국의 관개 가능하였던 지역의 20~30%는 경작이 불가능하다. 토중염분농도가 낮은 지역에서도 이라크의 대부분의 농민은 충분한 물이 있음에도 불구하고 격년으로만 농작물을 재배할 수 있다. 그것은 관개수가 염분을 상당히 깊은 땅속까지 씻어 내려 비교적 내염성이 강한 보리를 심어 낮은 수량이나마 얻고 다음에 일년간 심근성인 잡초의 힘을 빌려 물기 많은 땅을 건조 시킨다. 배수용의 하수토관이 매설되지 않는 한 이런 상태는 개선될 수 없으며 더욱 악화의 길을 걷는다. 그러나 이것은 비용이 많이 들고 대규모의 사업이다.

메소포타미아 저지대에서 진행되고 있는 염분축적에 관하여는 고고학자들에 의한 상세한 조사가 있다. 보리는 밀에 비하여 내염성이 강한 작물이다. 따라서 염분 퇴적이 진행됨에 따라 보리 재배면적이 증가하였다. 기원전 3,500년까지는 보리와 밀의 재배면적은 비슷하였으나 1000년 후에는 밀의 재배면적은 작물재배면적의 1/6로 감소하였고 다시 800년 후인 기원전 1,700년에는 이라크 남부 대부분의 지역에서 밀의 재배는 완전히 사라지고 말았다.

이런 재배 작물 종류의 변천보다 더욱 중요한 것은 생산력저하인데 그 경향은 슈메르 문명 말기에 관개시설이 발달하면서 더욱 촉진되었던 것이다. 생산력저하는 생존을 농민들의 식량공급에 의존하고 있는 비농민 계급이 많이 살고 있는 도시민들에게 위협이 되었다. 기원전 2,400년의 농지대장을 보면 그때의 곡물수량은 ha당 2,537리터 즉 2M/T로 최근 북미에 기준수량과 비슷하다. 그러던 것이 기원전 2,100년에는 1,460리터로 떨어지고 정치 문화의 중심이 북부 바빌로니아로 옮겨간 기원전 1,700년에는 슈메르의 ha당 수량은 897리터로 감소하고 있다. 그리하여 지난날의 슈메르의 많은 도시들은 작은 촌락으로 변하거나 황폐하여 폐허만이 남게 되었다. 토오킬드 야곱손과 로버트 M. 아담스는 다음과 같이 기술하고 있다. "이렇게 큰 규모의 역사적 사건을 한 가지 이유만으로 설명할 수는 없을 것이다. 그러나 토중의 염분 퇴적 증가가 슈메르 문명의 붕괴에 중요한 역할을 하였다는 것은 의심의 여지가 없다."(주 2)

그 후 메소포타미아 문명은 북부지방에서 계속 발달하였는데 여기서는 토중 염분퇴적이 수세기 동안 별로 문제가 되지 않았고 하류지방에서와 같이 심각한 일도 없었다. 그러나 관개시설 규모가 커지고 내용이 복잡해지면서 식량생산에 대한 또 다른 위협이 생기게 되었는데 그것은 강물이 운반하는 토사가 수로를 매우는 일이었다. 메소포타미아의 관개방식은 후기의 그것에 비하면 초기 4,000년간은 간단하여 토사퇴적은 별로 심각한 문제가 아니었다. 즉 비교적 소수의 사람들이 강의 주류를 따라 정착하고 있어서 수로는 짧고 유지관리가 용이하여 충분한 물을 얻는데 간단한 작업으로도 충분하여 때때로 강에 생기는 막히는 둑을 물이 잘 내려갈 수 있도록 터주는 것으로 충분하였다.

기원전 4세기에 알렉산더 대왕이 메소포타미아지역을 정복하고 난 다음 이 지역은 도시화와 농업 발달의 면에서 새로운 국면에 처하게 된다. 이런 경향은 3세기에서 7세기까지에 절정에 달하는데 페르샤의 사싼조 정복자들은 전례 없는 대규모의 관개시설을 만들었다. 즉 그 지역 거의 모든 경작 가능한 토지를 이용할 수 있도록 사막을 종횡으로 묶는 간선수로와 지류를 만들었다. 그 중 대표적인 예인 나아루완 수로는 길이가 300km나 되며 그의 양 둑에는 수 천 개의 벽돌 수문이 설치되었다.

티그리스강과 유프라트스강은 모두가 상류지역에서 많은 토사를 운반하였는데 그 양은 상류지대에서 경작지와 방목지가 증가하고 토지의 부적절한 이용으로 장기간에 걸쳐 점점 증가하였을 가능성이 크다. 범람원이나 하상, 그리고 페루샤만 델타지대에서의 토사 퇴적은 막대한 양으로 계속하여 축적되었다. 이렇게 지난 5,000년 동안에 티그리스-유프라트스강 하류지대에는 지역에 따라 10미터나 되는 퇴적층이 덮이게 된 것이다. 초기에 있어서의 메소포타미아 지역의 농업이나 주민의 입장에서는 토사의 문제는 가끔 수로를 막는 정도의 대수롭지 않은 문제로 도리어 전체적으로 보았을 때 이집트의 홍수지대 농업에서와 같이 비옥한 표토가 매년 퇴적된다는 점에서 도움이 되었었다.

그러나 사싼조에 들어서면서 농업의 규모가 커지고 복잡성이 더해가면서 지금까지 넓은 지역에 걸쳐 정교하게 돌아가고 있던 관개시설이 어떤 외부적 요인에 대하여 취약성을 갖는 것이 될 수도 있었다. 긴 수로는 단시일 내에 토사로 메워지며 수로가 제구실을 하려면 끊임없는 중노동이 필요하였다. 메워진 토사 제거를 위하여 넓은 지역에 걸친 협동작업이 필요하여 촌락단위의 행동으로는 살아남을 수가 없었다. 따라서 강력한 중앙집권국가가 꼭 필요하였던 것이다. 이런 시스템이 수세기동안 이어온 것은 노예나 노동자가 수로에서 토사를 퍼 올렸음을 뜻하는 것으로 지금도 이라크 중부와 북부의 일부에는 그때 생긴 토사로 된 특이한 산모양의 풍경이 남아 있다.

국가적 권력이 남아있는 동안 이 지역의 번영은 거듭되었으며 사싼조의 도시들은 국제무역의 중심이 되었으며 여기서는 헤브르어, 희랍어, 시리아어 등이 공통으로 회화에 쓰였다. 그러나 내부적인 사회 붕괴나 외부세력이나 군사적 침략 등으로 수로에 대한 공동관리체계가 무너지면서 이 관개체계는 큰 피해를 입어 지역의 식량생산이 감소하였다. 사싼조 말기 정권위기도 바로 이런 예였다. 이스람 군의 침략이 있은 뒤 짧은 기간동안 회복되기는 하였으나 12세기에는 관개시설이 황폐상태가 되어 버려 그 상태는 지금까지도 회복되지 못하고 있다. 점점 싸여가는 토사로 나아르완 수로를 흐르는 물은 아주 줄어들고 세계의 첨단을 가던 문명국가는 극소수의 먼지투성이 촌락으로 변해버렸다. 현재 대부분의 역사가들은 13세기에 몽고가 이 지역에 침입하여 메소포타미아 문명이 쇠퇴하게 된 원인이 되었다고 흔히 생각하는 것들과는 달리 그들이 메소포타미아에 도달하였을 때에 본 것은 번영된 모습이 아니고 황폐된 모습이었을 것이라는데 의견을 같이 하고 있다.

슈메르 문명의 쇠퇴 이래 되풀이하여 배우고는 잊어버리고 한 교훈이 이라크의 역사 속에 있다. 그것은 바로 관개(목마른 작물에 물을 주는 것)와 배수(토양중의 여유수분을 제거하는 것)는 하나의 시스템 속의 분리할 수 없는 두개 요소라는 것이다. 여기서 중요한 것은 단순히 물을 대고 땅을 적시는 일뿐이 아니고 (물론 사막사회에서는 이것만으로도 중요하다는 것이 이해는 가지만) 작물의 생장을 극대화 시키고 장기간에 걸쳐 토지생산성을 유지하는 일이다. 이것을 때에 따라서는 식물이 이용하지 않은 물을 지표나 지하에 배수로를 설치하여야 함을 뜻하는 것이다. 얄궂게도 생산에 불가피한 물도 일단 확보되고 나면 여분의 수분을 제거하는 일이 계속하여 수분을 공급 받는 것과 마찬가지로 절실한 문제가 되게 된다.

물론 어떤 관개지역은 지하배수나 지표배수가 잘되어 있는 자연의 혜택을 받고 있는 지역도 있다. 예를 들면 이집트에서는 매년 나일강이 넘쳐흐르면서 토양중의 염분을 씻어 내린다. 이것이 바로 메소포타미아와는 달리 나일강 유역은 수 천 년 동안 세계에서 가장 생산성이 높고 인구밀도가 높은 곳으로 지나온 이유이다. 이집트에서도 나일강 범람원을 벗어난 곳에서는 관개계획이 과거 100여 년 동안 염분누적문제로 큰 어려움을 겪어왔다. 1960년대 나일강에 건설된 아스완댐은 관개 가능한 면적을 확대 시킬 수는 있었으나 한편으로는 나일강 유역지대에서 옛날부터 있어온 토중 염분제거기능을 제거하기도 하였다. 그리하여 신구 농경지 모두에서 정체수와 염분퇴적의 문제가 이집트정부의 골칫거리가 되고 있는데 그의 해결에는 막대한 비용과 고도의 기술이 필요하다.

관개수가 지나치게 많거나 적은경우 모두에서 염분축적의 문제가 생길 수 있다. 이라크에서와 같이 지하 배수가 나쁜 곳에서는 식물이 이용하지 않았거나 증발하지 않은 관개수가 표층에 축적되어 정체수를 만들거나 반대로 수분이 증발하면서 지표층에 염분이 퇴적한다. 그러나 물의 공급이 지나치게 적으면 근권 부근에 침전된 염분을 씻어버리지 못하거나 깊숙이 침투시키지 못하여 표층의 염분 농도는 증가한다. 경우에 따라서는 파키스탄에서와 같이 물이 많을 때 생기는 문제와 물이 부족할 때 생기는 문제가 어떤 뜻에서는 동시에 발생하기도 한다. 파키스탄에서는 지난 100년 동안 인구의 증가에 따라 관개지역도 증가하였다. 그러나 이것은 필요한 물을 강이나 지하수에서 확보하지는 못한 채였다. 따라서 물 부족으로 지표를 겨우 적시는 정도로 작물에는 충분하지 못한 수도 있어 땅속의 염분을 씻어 내릴 수는 없었다. 그러나 동시에 파키스탄의 대부분의 지역에서는 자연적인 지하배수가 잘 안되고 배수로는 내벽이 제대로 되어 있지 않아 물이 스며나가고 이것들이 작물이 흡수하지 않은 수분과 합쳐져 많은 지역에서 지하수위는 거의 지표면까지 올라와 있는 상태이다.

파키스탄의 인더스 평야는 현재까지 지상에서 가장 오랫동안 관개가 되어온 지역으로 이런 점에서는 세계의 주요 자원지대인데 이 파키스탄의 인더스 평야는 여러가지 점에서 고대 메소포타미아와 비슷한 점을 갖고 있다. 이곳은 사막 지대로 모든 문명은 인더스 강과 그의 4개 지류의 물을 토대로 하였다. 염분과 토사의 퇴적이 그 옛날 슈메르인과 사싼조 문명에서와 같이 현재 파키스탄을 괴롭히고 있다. 파키스탄인이 가지고 있는 한 가지 다른 점은 그들은 근대적 기술의 도움을 받을 수 있어 관개시설을 영구적인 것으로 유지 할 수도 있다는 점이다. 한편 현재 인구가 7천만 명이나 되며 25년 후에는 그의 두 배가 될 것이라는 불리한 점도 갖고 있다. 이 때문에 실패 없는 물의 공급을 위한 확실한 대책이어야 하며 여기에는 잘못이나 고장의 여지는 아주 적은 것이어야 하겠다.

파키스탄의 관개 역사는 길고 4천년이상 옛날의 인더스 문명에 뿌리를 두고 있다. 그러나 대규모적인 수로변경은 비교적 최근의 일이다. 운하를 통한 관개가 시작된 것은 17세기 말의 일로 주로 모굴 제국 왕실의 정원과 공원에 물을 대기 위한 것이었다. 강물의 수위가 높을 때만 이용 가능하였을 것이나 이 운하를 농업에 이용할 수 있을 가능성은 곧 인식되었으며 작물을 재배하는 곳은 대체적으로 강의 양변에 위치한 좁은 폭의 대상토지에 한정되어 있었다. 19세기 중엽 영국은 연중 관개를 할 수 있는 거대한 관개시설 건설을 추진하게 되는데 이것으로 펀잡이라는 인도 대륙의 중요한 농업지대가 탄생하게 되었다. 배라라고 불리는 댐이 건설되어 저수를 하고 그 물을 운하로 흘러 보냈다. 운하의 총 길이는 수 만 마일에 달하며 어떤 것들은 미국 서남부에 있는 콜로라도 강 만큼이나 많은 물을 흘려보냈다.

이들 운하가 건설되는 것과 때를 같이 하여 생각지도 않았던 일이 생기기 시작하였다. 즉, 우물의 수위가 높아진 것이다. 운하로 생긴 새로운 물줄기가 지하의 물 순환의 균형을 깨고 흐르는 물의 1/3 정도가 지하에 침투하여 생긴 일로 원래의 지하수위는 하상보다 50~70 피트나 낮았으나 지하수위가 넓은 면적에 걸쳐 연간 1~2 피트 정도씩 높아져 결국 지표에서 10~15피트 정도의 곳까지 높아졌던 것이다. 이 지점에서 모세관 현상과 수분 증발로 지하수위의 상승속도는 감소하기는 하였으나 곳에 따라서는 지하수위가 지면까지 달하여 결국 물이 담긴 웅덩이를 만들기도 하였다. 지하수위가 식물의 근권에 까지 달하기 훨씬 전부터 토지 생산성의 감퇴는 시작되었다. 1000분의 1의 염분 농도는 실제로 작물에 대한 영향이 없는 염분 농도이나 일단 이런 염분 농도의 지하수가 지표면 수 피트까지 올라오면 모세관 현상과 수분 증발로 지표 3피트 내의 염분 농도는 20년도 못가 식물이 생장할 수 없는 농도인 100분의 1 정도까지 증가하게 된다.

1960년에 이르러 정체수와 염분 축적 문제는 심각한 것이 되었다. 인더스 평야에서 매년 작물을 재배하는 면적의 5분의 1에 해당하는 200만 ha 이상의 경지가 심한 피해를 입은 것으로 추정된다. 그리하여 정체수와 염분 축적의 단독 또는 양자의 피해로 작물수량이 크게 감소하거나 생산이 완전히 중단되게 되었다. 이 이외에도 4만 ha가 매년 같은 피해를 받았으며 그중 상당한 면적은 경작이 불가능한 것으로 되었다. 그리고 수백만 ha의 경지의 생산력은 염분 농도가 높아 그가 가지고 있는 생산력을 발휘하지 못하였다.(주 3) 파키스탄의 경우 매 20분마다 1 ha의 비옥한 농지를 잃고 있으며 반면에 새로 증가하는 인구는 ha당 매 24초에 한명 꼴이다. 이처럼 인간이 야기한 생태학적 변화가 파키스탄의 국가로서의 존재를 위협하고 있으며 이 문제는 더 이상 방치할 수 있는 것이 못된다.

1954년까지 정체수와 염분 축적으로 인한 위협에 대한 대책은 거의 아무것도 없었다. 그해 본격적인 연구가 시작되고 문제의 해결을 위한 포괄적인 전략이 수립되었고 1961년에는 정부가 실행에 옮기게 되었다. 파키스탄에서 '국가적 파멸' 을 면하기 위한 조속한 실천의 필요에 대한 경고와 과거의 잘못된 물문명의 무서운 위협의 호소로 정부는 경지에서 여분의 물을 제거하기 위하여 수만 마일의 배수로 건설을 요구 하였다. 그런데 이 새로운 계획의 중심은(특히 펀잡지방에서) 원주를 지하수가 있는 곳까지 박는 많은 관정의 설치였다.(주 4) 토목학자들의 생각으로는 지하에서 뽑아 올린 물은 경지의 관개용으로 강물 대신 쓰거나 그것을 도울 것이라고 보았다. 그들은 우물에서 뽑아 올린 물의 일부는 다시 침투하면서 토중 염분을 씻어 내리고 남은 것은 증발 작용과 식물의 흡수이용으로 충분히 상실되어 위험한 지하수위는 점점 낮아질 것으로 생각하였다. 조건이 맞는 곳이라면 적절한 관정배치는 정체수나 염분 퇴적의 문제를 해결하는 데 도움이 될 뿐 아니라 다수확품종의 도입이 가능하도록 새로운 관개수를 얻을 수 있게도 하겠다.

염분 제어 계획지역이 지정되고 그곳에 수 천 개의 관정을 팠다. 때로는 계획추진자의 기대에 미치지 못하는 수도 있기는 하였으나 성공적이었다. 1964년 말 최초의 사업추진 지역에서 조사한 것을 보면 그해 예년에 없는 강우가 있었으나 1년 동안에 11인치까지 지하수위가 떨어졌다.(주 5) 대체적으로 보아 1970년에 이르러서는 사람들의 눈에도 일단 중요한 위기는 벗어난 것으로 보였으며 그때부터는 회복되는 면적이 경작이 불가능해지는 면적을 웃돌게 되었다.

그러나 정체수와 염분 퇴적은 계속 되어 갔다. 그리고 그러는 동안에도 정부의 관심과 자금에 대한 요망은 관정을 파고 배수구를 설치하는 원래의 목적을 달성하지 못한 채로 커져만 갔다. 최근 인더스 강의 타베라 댐이 건설되었는데 비용은 최초 4억불에서 12억불로 증가하는 한편 방글라데시의 분열을 초래한 민족전쟁이 염분 문제와의 전쟁에 필요하였던 자금을 빨아들였던 것이다. 따라서 염분 퇴적 문제가 파키스탄에서 극복되었다고 하기에는 이른 주장인 듯 하다. 최근 한 외국인 정부 고문은 다음과 같이 말하고 있다. "싸움에서 이겼다고 하기에는 아직 멀었다. 그러나 최소한 싸움은 아직도 진행 중에 있으며 파키스탄은 승리의 계기는 잡고 있는 것으로 보인다." 1973년 부토 대통령은 과거 대책의 실패를 공식적으로 인정하였다. "지금까지 우리는 문제와 장난치고 있었던 것에 불과하다"라고 앞으로 10년 동안에 염분퇴적의 피해를 억제하기 위한 5억불 예산의 새 계획을 발표하면서 그는 말하였다.(주 6)

파키스탄에서의 관개 문제는 고대 이라크에서와 같이 인더스 강과 그 지류를 통하여 흘러 들어오는 굉장히 많은 토사문제로 그 어려움이 더 크다. 이 토사는 표토가 쉽게 침식되는 이 지역의 지질학적 조건과 히말라야에서의 삼림파괴 진행이 합세하여 더욱 심하게 되었다. 파키스탄이 당면하고 있는 위협은 그것 자체만으로도 문제가 되는 토사로 인한 관개수의 매몰뿐만 아니라 많은 비용을 들여 건설한 저수지가 놀랄 정도의 빠른 속도로 메꿔지고 있는 것이다. 파키스탄의 지세는 국제 기준으로 보아 댐 건설에 부적절하다. 그리고 가능한 곳이라 하더라도 이용하는 강에 비하여 대단히 적은 저수지 밖에 되지 못한다. 적은 저수지와 다량의 토사를 운반하는 큰 강이 겹쳐진다는 것은 저수지의 수명이 대단히 짧을 수밖에 없다는 것을 뜻한다.

파키스탄에서 최초의 대형 댐 건설 계획인 만그라 댐은 건설비용이 6억불이었고 1967년에 가동을 시작하였다. 건설 전의 타당성 조사에서 이 땜의 수명은 100년 이상으로 추정되었다. 그러나 가동 수년 후의 토사 퇴적량으로 보아 그의 저수 능력은 55~75년 후면 상실되어 버릴 것을 알게 되었다.(주 7) 그러나 이 추정 수명은 쥬엘름 강 수원집수역에서의 삼림개발이나 과방목이 계속됨에 따르는 토사 유실량의 점차적 증가 가능성은 계산에 넣지 않은 것이다.

물이 부족하고 인구 밀도가 높은 나라에서 당면하고 있는 기술적 문제점의 예를 1975년 초에 완성된 파키스탄의 타베라 댐에서 찾아볼 수 있다. 이 세계에서 가장 큰 토석으로 된 댐은 건설 당시 건설 후 50년이면 토사로 완전히 메워져 버릴 것이라는 사전계산을 하고 건설되었던 것이다.(주 8) 파키스탄 정부는 수력전기 발전량과 관개로 얻는 이익이 이 댐의 막대한 건설비를 보상하고도 남을 것으로 계산하고 있다. 그러나 원래의 댐이 저수 능력을 상실하게 될 때에는 물의 흐르는 길을 부근의 계곡으로 돌릴 것이기에 하류 지역에 새로이 제 2의 댐을 건설하게 될 것이다. 만그라 댐의 경우 현재 댐의 높이를 높여 댐의 저수능력을 증가 시켜 이에 의존하고 있는 관개시설의 수명을 연장 시키는 계획을 추진하고 있다.

많은 비용을 들여서 만든 콘크리트와 철근으로 만든 구조물은 수명을 다하면 새것으로 대체할 수 있으나 아직까지도 인더스 강과 그 지류의 수역, 인도와 파키스탄 수원집수역에서 촉진되고 있는 표토침식의 문제의 해결에는 거의 아무런 대책도 취하지 못하고 있다. 파키스탄은 히말라야 서부 지방에서 일어나고 있는 토지 악화를 막기 위하여 막대한 경비를 지출하고 있다. 인더스 강 수계에 유입하는 토사량을 조금만 줄여도 이것은 이들 댐의 경제적 수명을 연장시켜 파키스탄에는 대단히 큰 이익이 될 것이다.

정체수, 염분축적, 토사퇴적의 끊임없는 위협하에 파키스탄은 원시적인 것과 초현대적인 것이 놀랍게도 공존하고 있는 대표적인 예이다. 세계에서 가난에 허덕이고 있는 많은 사람들은 최근에 발달된 기술에 무관심하며 거리가 있는 국가의 결정은 그들의 생활이나 관습에 영향을 거의 미치지 않는다. 그러나 파키스탄에서는 거의 교육을 받은 일이 없는 극빈층 국민들의 생계가 발달한 기술의 영향을 받거나 지역간의 긴밀한 협력 그리고 거대하면서도 잘 짜여진 정부투자에 점점 의존도가 높아져 가고 있다. 염분 축적 문제의 해결에는 컴퓨터를 이용한 복잡한 분석과 고도로 숙련된 기술자에 의한 넓은 지역에 걸친 양수와 관개의 세심한 조절이 요구된다. 국가 규모의 관개사업은 중앙집권적이고 넓은 지역에 걸친 협동이 요구되어 개개의 농민은 관개체제의 붕괴 앞에는 어쩔 수 없는 일이다. 댐이 토사로 매몰되었을 때 새로운 댐으로 대체하려면 막대한 비용과 고도의 기술이 요구되는 것이다. 정치적 분열과 군사적 대립이 계속되어 정부가 이런 문제에 적극적으로 대처하지 못한다면 파키스탄이 제2의 메소포타미아로 변할 것은 상상이 어렵지 않다.

20~30년 전까지만 해도 증발이 심하고 배수가 잘 안되는 사막지대에 관개를 하는 것이 영구적으로 성공할 수 있을 것인지에 대하여는 찬반의 의견이 있었다. 그러나 현재 대부분의 전문가들은 토질을 영구히 유지시킬 수 있는 충분한 기술이 있다고 믿고 있다. 그럼에도 불구하고 아직도 새로운 관계시설의 설치나 건설에 있어서 이런 지식이 경시되고 있는 경우가 흔해서 배수공사가 있어도 부적절한 경우가 많다.

여러 나라에서 충분한 배수구 설치를 못하는 것이 세계의 관계개발을 어렵게 하는데 더 큰 문제의 하나가 되고 있다. 댐이나 대운하와 같은 사업을 시작할 당시에는 항상 그것은 명예로운 일이며 책임자에 대한 정치적 존경도 크다. 이런 사업은 소수의 핵심 엘리트들에 의하여 추진되고 그 업적은 가시적이며 인상적인 성과들이다. 그러나 이런 대규모 사업이 유용하고 그 유용성이 지속되려면 또 다른 단계가 필요하다. 즉 적절한 시기에 충분한 량의 물을 공급하고 각 농가수준에서 적절한 배수가 이루어지는 등이 필요한데 이런 점들이 경시되는 수가 많다. 이 단계의 사업은 소수의 고도로 훈련된 기술자뿐만 아니라 모든 분야의 사람들의 협력을 필요로 하는 보다 힘든 것이다

이 자멸적 추세에 대한 한 가지 설명을 많은 토목기술자의 마음가짐에서 찾아볼 수 있다. 그것은 이들이 댐을 설계하고 건설할 때에 개개 농민의 필요조건이나 장기적인 토양 비옥도 유지에 필요한 요소에 대한 배려가 너무나 적다는 것이다. 관개를 농업개발의 일부로 보지 않고 그것 자체를 최종적 목적으로 생각하는 일이 너무도 많다. 이와 관련하여 사업설계의 평가와 추진과정에 배수에 반대하는 견해가 끼어드는 일도 있다. 댐이나 수로를 건설하는 컨설턴트나 사업시행자는 말할 것도 없고 부족한 자금에서 다른 분야와 경합관계를 갖고 있는 정부 각 부처의 관리의 입장에서는 전체적 예산을 될 수 있는 대로 줄이면서도 추진하는 사업성과는 극대화시키

는 쪽으로 움직이는 경향이 큰 것이다. 그리하여 설계 당시부터 관개사업의 또 다른 한 면인 배수에 대한 필요성과 비용을 낮게 보는 것이 보통이다. 또 일단 관개사업공사가 착수되면 보통 그런 것과 같이 사업비가 예산을 초과하는 수가 많은데 이때에는 예정설계에 들어있는 배수로 공사까지도 연기해버리고 싶어지기 일쑤다. 이것은 염분퇴적이나 정체수 때문에 토지의 생산성이 영향을 받게 되는 것은 관개를 하기 시작한 후 상당한 시간이 경과한 다음인 반면 사업에 의한 극적인 효과는 건설 직후부터 나타나며 건설에 관여하였던 관리들도 정부의 다른 부처로 이동한 다음이라는 점을 생각할 때 책임을 묻기도 어렵다.(주 9)

현실에 대한 이와 같은 무시가 오래 계속되어온 것은 세계농업생산에 엄청난 손실이었다. 미국의 두 전문가는 세계의 전 관개 토지의 최소한 1/3은 정도의 차는 있으나 염분축적으로 생산력이 영향을 받고 있다고 추정한 바 있다. 소련의 저명한 토양학자 V. 코브다의 추정은 더 커서 전관개표토의 60~80%가 적절하지 못한 배수와 수로공사의 미비로 염분이 점점 축적되어 생산력을 잃어가고 있다고 하였다. 그의 계산에 의하면 관개시설이 수세기 동안 부적절하게 관리되어온 결과 2,000-2,500만 ha의 토지가 황폐하였고 전 세계의 관개면적이 약 2억 ha인데 그중 20~30만 ha의 토지가 매년 정체수와 염분축적으로 경작불가상태로 되어가고 있다고 한다.(주 10) 문제가 이렇게 심각한데도 불구하고 이런 세계적 문제의 무서운 측면을 일반이 인식하지 못한다는 것은 이상한 일이 아닐 수 없다.

파키스탄과 이라크는 염분 축적의 위협을 크게 받고 있는 나라의 예이나 이 문제는 두 나라 뿐 아니라 모든 대륙에서 직면하고 있는 심각한 문제들 중의 하나이다. 50만 ha 이상의 경지가 관개시설을 가진 30개 나라들 중 하나는 정도의 차이는 있으나 실제로 정체수나 염분축적으로 수량감소의 피해를 보고 있다. 예를 들면 파키스탄의 이웃인 인도에서는 전국적으로 관개되어 있는 경지면적이 4,000만 ha 이상이나 되는데 그중 600만 ha이상이 정체수와 염분축적으로 심한 피해를 받고 있으며 많은 경우 경작이 불가능한 상태로 내버려두고 있다. 최근 정부나 민간 관정 시설로 인도의 펀잡 지역 일부에서는 지하수위가 낮아지는데 도움을 주고는 있으나 하리아나, 유탈프라데쉬, 구자라트, 마하라쉬트라, 오릿싸, 라쟈스탄 등 여러 주에서는 그 위협이 그대로 남아있다. 과거 관개사업을 통한 쓰라린 경험을 토대로 인도는 새로 건설한 라쟈스탄 대운하의 물이 사막에 생명력을 갖게 하기 시작하면서 배수시설의 필요성을 세심하게 검토하고 있으나 전문가들은 그래도 염분축적으로 인한 새로운 관개지에서의 피해를 염려하고 있다. 중국에서도 적절하지 못한 관개수단의 피해가 일어나고 있다. 중국의 주요 농업지대에서 관개면적의 최소한 1/5 정도가 염분축적으로 수량이 감소되고 있으며 전국적으로는 약 1,000만 ha의 토지가 높은 염분농도로 불모지대로 되고 있는데 그 중 일부는 본래부터 염분농도가 높은 곳이었으나 일부는 과거에 농민들이 경작을 포기한 곳이다.(주 11)

중동지역에서는 이락만이 아니고 거의 모든 나라에서 정체수와 염분축적의 피해를 보고 있다. 이 지역에서는 염분으로 하얗게 된 모래위에 인간에 의한 구조물이란 높이 솟아 있는 유전의 탑일 뿐이다. 산유국이 이웃나라에 자금을 제공하게 된 것이 한 이유가 되었지만 중동과 북아프리카의 건조한 국가들에서의 관개시설이 발달하고 있으나 이곳에서도 염분 축적으로 인한 피해는 확실히 증가하고 있다.

이라크로 흘러 들어가는 유프라테스 강 상류에 있는 시리아의 유프라테스 강 계곡에서는 전 농경지의 1/4~1/2의 경지가 토중 염분의 과다와 정체수로 농작물 재배에 부적합한 토지로 되어버렸다. 이 계곡 일대에서 현재에도 면화가 재배되고 있는 토지의 ha당 수량은 1950년대에는 2.5 M/T 이던 것이 1966년도에는 1.5 M/T로 감소하고 있다. 유프라테스 강 계곡과 카보우 계곡의 관개 가능한 농지의 1/2 이상인 약 22만 ha이 1970년 현재 염분으로 피해를 받고 있거나 완전히 경작이 불가능해지고 있다. 이 피해의 거의 전부가 집약적이며 지속적으로 면화를 재배하기 시작한 지난 25년 사이에 생긴 일이다.(주 12) 이러한 문제는 유프라테스 강에 시리아가 새로운 댐을·건설하여 관개면적이 늘어났으므로 앞으로 늘어날 것이 확실하다.

요르단이 요르단 강 유역에서 관개농업을 시작한지 10년이 채 되지도 못한 1970년 정부 발표에 따르면 염분축적과 정체수의 피해는 사업지역의 12%에 달하며 그 피해는 매년 증가하고 있다고 한다. 이란에서도 정부 관리는 "대부분의 관개지역은 염분농도가 높으며 염분의 높은 농도로 수량이 떨어지고 있다"라고 하고 있다. 이란에서는 염분을 상당히 포함하고 있는 물을 다량으로 넓은 지역에 관개하려고 하고 있으나 이런 투자를 충분히 효과적인 것으로 하려면 배수와 여과의 필요성에 대한 깊은 배려가 있어야 할 것이다.(주 13)

정체수와 염분축적의 문제는 관개사업을 하고 있는 미 대륙의 모든 나라에서도 문제가 되고 있다. 1,200년경 산악지방의 잉카족이 페루의 해안지방문명을 그의 예하에 놓기 시작하였을 때 해안지방의 일부 관개농사는 벌써 포기상태에 놓여 있었는데 이것은 염분축적과 지하수의 수위상승 때문이었을 것이라고 일부 역사가들은 보고 있다. 현재 페루 해안지대 경지면적의 거의 1/3에 해당하는 20만 ha 이상의 토지가 같은 문제로 피해를 받고 있다. 아르헨티나의 파타고니아지방에는 20~30%의 농지가 염분 축적의 피해를 받고 있다. 브라질 동북부지방에서는 최소한 관개면적의 1/2 이 정체수와 염분축적의 영향을 받고 있으며 일부 지방의 수확량은 관개시설이 되기 이전보다 오히려 낮다. FAO의 전문가들은 1975년 중반 한발과 기근이 심하였던 하이티 북동부지방에서 염분축적의 문제는 시급한 문제가 되어 있었으며 그것은 점점 더 심해 가는 것임을 지적하고 있다. 농토에 염분이 축적함에 따라 이 지방에서 식량작물로 중요한 땅콩이나 두류의 재배가 피해를 받게 되었고 결국은 재배를 포기하게 되었다. 내염성이 큰 면화 같은 작물이 대체되었으나 결국은 선인장이나 그 밖의 가시 많은 관목류로 덮이게 되었다. FAO의 전문가들은 배수와 관수로 이 문제를 호전 시킬 수 있다고 하며 지금 이를 위한 싸움이 진행되고 있다.(주 14)

서북부 멕시코 지방에서는 금세기에 관개시설이 급속히 발전하여 왔으나 배수에 대한 적절하지 못한 배려와 관개용수량을 지나치게 절약하려고 하였기 때문에 심한 염분축적의 피해를 입었다. 예를 들면 야게 계곡지대에서는 4만 ha의 농지가 염분피해를 입었고 1960년대 중반에는 15,000 ha의 농지가 생산력을 잃었다. 콜로라도 강의 삼각주의 넓은 관개지대의 경우에는 더욱 심각하여 경작이 가능한 농토의 4/5가 정도 가 차이는 있으나 피해를 받고 있으며 1965년에 이르러서는 14%의 농경지는 염분과다로 경작이 불가능하게 되어 버렸다.

멕시코 정부는 최근 염분 피해를 입고 있는 여러 지역에서 배수사업을 추진하고 있으나 또 다른 기본적인 문제 즉 물이 너무 부족하고 알칼리성인 경지까지 경작지를 확대하려는 문제가 있어서 염분축적의 문제는 쉽게 해결되지 않을 것으로 보인다.

멕시코의 콜로라도 강 삼각주에는 벌써부터 염분축적의 문제가 있었는데 그것을 더욱 악화시킨 것은 멕시코로 흘러 들어가는 콜로라도 강 하류의 염분 농도가 1961년 이후 거의 2배로 증가하고 있다는 것이다. 1944년 귀중한 콜로라도 강물은 미국과 멕시코가 분할이용하기로 되었으나 수질문제에는 신경을 쓰지 않았다. 이 강물은 지질학적인 침니의 특성 때문에 자연조건하에서도 염분농도가 높은데 강물을 농업용수로 쓰는 양이 많아지고 경지에 쓰인 물이 다시 강으로 배수되게 되면서 하류의 염분농도는 꾸준히 증가하게 되었다. 관개수는 일부만이 이용되고 증발하기 때문에 남은 강물의 염분 농도는 증가할 수밖에 없다.

아리조나주의 웰튼 모하우크 관개 사업과 배수지구에서 염분 농도가 높은 지하수의 수위를 낮추려고 1961년에 펌프에 의한 배수가 시작되면서 강물의 염분농도는 급격히 증가하였다. 염수로 멕시코의 멕시칼 계곡의 하류지역의 농작물은 심한 피해를 입게 되었고 미국과 멕시코간의 외교적 중대문제가 되었다. 오랜 교섭 끝에 1973년에 외교적 합의가 이루어져 미국은 웰튼 모하우크 지역에서 배수되는 물의 수질을 개선하기 위하여 아리조나주의 유마에 탈염시설을 하게 되었다.

1973년의 외교적 합의는 수질문제를 둘러싼 국가간 분쟁에 대한 "최종적 해결"로 협정은 이루어졌으나 그 문제는 아직도 계속되고 있다. 미국 서남부에서의 관개시설확대가 계속되고 유모혈암(역주 : 여기서 석유를 추출할 수 있다)과 석탄채굴을 통한 콜로라도 강 상류에서의 물 사용량의 증가 경향은 결국 하류지역에서의 염분축적문제를 더욱 심각하게 할 것이 확실하다.(주 17) 콜로라도 강은 서남부 미국의 대부분의 지역에 있어서는 젖줄인 고로 콜로라도 강물은 되풀이하여 사용하는 길밖에 없다. 그 결과 물의 사용으로 남은 물속의 염분농도가 증가한다 하여도 어쩔 수 없는 것이다.

공들여 만든 배수 시설이 있음에도 불구하고 캘리포니아주의 임패리얼 계곡과 코아체라 계곡의 일부 농장에는 벌써 작물의 수량이 감소하고 있다. 맥시카리 계곡에서와 같은 배수시설이 아직 발달하지는 못하고 있으나 앞으로 국경지대 양측에서 관개시설이 발달하면서 강물의 염분 농도가 높아짐에 따라 어쨌든지 어려운 문제가 될 것이고 이것은 개개농민이나 지역단위로는 해결할 수 없는 문제이다. 미국의 저명한 작물재배학자인 하롤드 E. 드레인은 콜로라도 강 하류지대에 관하여 다음과 같이 기술하고 있다. "단순히 농지만의 개선 방법으로는 충분할 수 없는 날이 머지않았다" 고(주 18) 캘리포니아주 남부, 아리조나, 서북부멕시코 등지는 점점 쉽게 해결할 수 없는 곤경에 빠져 들어가고 있어 강물의 염분농도증가를 앞으로 수 십 년 내에 막지 못한다면(그 방법은 부분적으로는 경비를 많이 들여 대규모의 탈염 사업을 하는 동시에 상류의 염분증가원을 부분적으로 차단하는 방법이 있겠다) 대면적의 농토를 결국은 포기하지 않으면 안 될 것이다. 하나의 강에 얼마나 많은 인위적 부담을 가할 수 있는 가에는 한계가 있다. 이점에 대하여 현재 많은 사람들이 알고는 있으나 실제로 피해를 받고 있는 주정부나 연방정부는 이것을 아직까지 실행에 옮기지 못하고 있는 실정이다.

염분 문제와 마찬가지로 토사퇴적 문제도 모든 대륙에서 관개시설을 위협하고 있다. 운하나 그 밖의 수로에 다량의 토사가 퇴적되는 일은 생산에 필요한 관개시설의 효능을 떨어뜨리고 그의 기능을 유지하는데 필요한 경비와 노력을 헛되게 한다. 저수 댐의 토사퇴적가속화는 수력발전효율이나 홍수조절능력 그리고 관개능력을 감소시키는 탓으로 세계적으로는 매년 막대한 비용을 들이고 있으나 아직껏 한번도 그 총액이 얼마나 되는지 추정된 일이 없다.

강의 토사문제는 물론 지상에서 일어난 토양침식의 최종 산물 중의 하나이다. 집수 지역에서의 식생조건이나 토양 구조 그리고 하천의 둑이나 하상 조건 등은 강물이 씻어 내리는 토사량을 결정하는 주요 요인이다. 그러나 자연경관의 인위적 변형도 큰 영향을 미쳐 한때 맑은 물이 흐르던 강을 흙탕물로 변하게 할 수 있다. 과잉 토사 유입은 현재 세계도처에서 인간이 일으킨 수질오염의 중요한 것 중의 한가지로 다른 어떤 수질오염물질보다(어떻게 보면 다른 모든 수질오염원의 총계보다도) 그 대책에는 많은 비용이 들어간다.

미국 농무성에서는 1959~61년 사이에 미시시피주 16개 집수역에서 토사유입량을 인간의 여러 가지 토양이용형태와 관련하여 조사한바가 있다.(주 19) 조사지역들은 구릉지대로 한때에는 삼림에 덮여 있던 것을 벌채해 버린 곳으로 토양침식이 극히 심한 곳이었다. 삼림지대의 연간 토사 유실량은 ha 당 수 100부의 1 M/T에 불구하였다. 그리고 풀이 많은 초원에서의 그것은 이보다 많아 평균 4 M/T 정도였다. 그러나 이것은 아직 위험한 정도는 아니었다. 그런데 옥수수를 재배하였던 토지에서의 연간 평균 토사 유실량은 ha 당 54 M/T이나 되었다. 토지 관리를 좀더 잘한 농경지에서의 토사 유실량은 연간 ha당 8M/T이었으나 몇몇 농경지에서의 그것은 106 M/T이나 되었다.

기경지에서 땅골이 패인 곳에서는 놀랍게도 평균 토사 유실량이 450M/T까지 되는 수가 있었다. 실제 유실량은 지역에 따라 차이가 있었으나 기본적인 관계에는 차이가 없어 삼림이 개간되거나 목재벌채나 방목 또는 땔나무 채취로 심하게 파괴되면 하천으로의 토사유입량은 증가하는 것이 보통이었다.

파키스탄의 망그라 댐이나 타베라 댐과 같이 수원이 되고 있는 강에 비하여 댐의 크기가 작은 댐에서의 토사퇴적 문제는 특히 심각하다. 타베라 댐의 저수량은 다량의 토사를 씻어 내리는 인더스 강의 연간 유량의 1/7 밖에 안 되기 때문에 그의 수명은 짧을 수 밖에 없다. 반면 미국의 콜로라도 강에 건설된 미이드호의 저수량은 콜로라도 강의 연간 유량의 두 배가 되어 이 강은 토사를 운반하지만 그의 수명을 다할 것이다. 댐을 건설할 때 토사량을 과소평가하여 정부나 농민이 건설 후 그의 결과에 놀라는 수가 많다.

콜롬비아에서 안치카야댐 건설이 1947년 시작될 때 건설자들은 "열대지방의 강은 토사 운반량이 작다"는 말로 걱정하는 관리들을 안심시켰다. 그러나 경사지로의 농민의 이주와 도로 건설이 이때부터 시작되었는데 댐이 완공된 지 불과 21개월 후인 1957년에는 댐의 저수 능력의 약 1/4이 토사로 상실되었음을 알게 되었을 때의 관리들의 놀란 얼굴은 생각해 볼만한 일이다.(주 20)

대만의 석문 저수지의 경우 건설 당시 그의 수명은 71년으로 추정되었으나, 1963년부터 1968까지의 5년간에 그의 저수능력은 45%를 상실하게 되어 놀란 정부는 허가 없이 산림을 벌채하거나 상류 집수 지역내의 급경사에서의 농지 확대를 억제하는 새로운 대책을 세웠다. 필리핀의 암볼크라오 댐은 당초 수명기간 62년을 생각하고 건설하였으나 유용기간은 32년간밖에 안될 것으로 생각되는데, 그 주 원인은 아그노 강의 상류 집수구역에서의 과도한 산림 벌채 때문이다.(주 21) 세계개발사업에 관한 문헌은 모두 같은 위협적인 사실로 덮여 있으며, 앞으로 이런 일은 더욱 많아질 것이다.

북부 나이지리아에 있는 니젤강에 건설된 카인지 댐은 1969년에 완성되었는데 서부아프리카에서 최근 완성된 가장 중요한 개발계획의 하나이다. 이 댐의 건설 목적은 값싼 전력과 물을 건조한 지대에 공급하여 그곳의 공업 발전과 농업 발전을 촉진하는 것이었다. 워싱톤 D.C.에 있는 아메리칸 대학교의 폴 아네지오누가 위성사진을 분석한 것을 보면 이 사업은 원래의 목적을 달성할 수 없을 것으로 보인다. 즉 마리, 니젤, 어퍼 볼타, 다오메이 등지에서의 산림 벌채나 화전 그리고 과잉 경작 등이 예상하였던 것보다 훨씬 많은 양의 토사를 유입시키고 있음이 확실해졌기 때문이다.(주22)

인도 정부가 최근 22개의 저수댐을 대상으로 실시한 조사결과를 보면 놀랍게도 많은 예에서 토사의 연간 유입량은 댐 건설당시에 예상했던 양의 최소한 4배는 됨을 알게 되었다. 농무성의 B. B. 보오라는 "일단 댐이 쓸모없게 되었을 때 이를 대신할 새로운 댐을 건설할 장소가 없는 경우가 있다. 이것은 새로운 사업을 위한 비용이 있다하여도(이것은 비용이 있다는 것을 뜻하는 것은 아니다) 우리는 이 사업을 추진할 수 있는 물리적 조건을 갖고 있지 못함을 뜻한다."(주 23)라고 한탄하고 있다. 어떤 의미에서 댐 건설의 적지는 재생이 불가능한 자원의 하나이다. 일단 이용되고 토사로 매몰되어 버리면 보다 많은 투자에 의해서만 대체될 수 있으며 때로는 불행한 인도의 몇몇 지역에서와 같이 영구히 돌이킬 수 없는 것이 되어 버리기도 한다.

1941년의 표본조사에 의하면 미국저수지 중 39%가 유용기간이 50년 이내였다. 두 사람의 저명한 기술자는 "저수지 중 많은 것이 건설당시 하천이 운반하는 토사량을 고려하지 않고 설계된 것이 틀림없다"라고 기술하고 있다. 1962년 미국에서의 토사매몰에 의한 경제적 피해는 연간 5,000만 불이라고 한다.(주 24) 집수지 유역에 대한 보호사업은 비용이 많이 들어가는 것은 사실이나 그것은 저수지의 수명을 연장시켜 더 많은 농업생산을 가능케 하여 그 이익은 보호 경비의 수배의 가치가 있는 것이다.

동남아지역에서의 발전은 지금까지 관개사업이 주축이 되어 왔다. 동남아는 쌀 생산으로 세계에서 가장 높은 인구밀도를 보이고 있는 다습한 지역이다. 동남아국가들 중 관개사업이 가장 잘 발달한 곳은 자바라고 생각되는데 이 섬에 인도네시아의 총인구의 3분의 2가 살고 있다. 인구증가로 필리핀이나 태국과 같은 동남아의 인접국가에서도 자바와 같이 보다 발달한 관계시설망의 확보라는 방향으로 가고 있다. 한편 자바에서는 수량의 증대를 위하여 오랫동안 돌보지 않았던 농업생산 체제의 개선이 이루어져 한정된 경지에서 매년 더 많은 수확을 올릴 수 있는 순환 수로망이 확대되고 있다.

현지를 찾는 많은 사람들은 자바가 생태학적으로 악몽과 같은 앞날을 향하여 빠른 속도로 달리고 있는 것이 아닌가 염려하고 있다. 몇 가지 통계치가 그 내용을 말하고 있다. 자바섬의 면적은 13만 6천 평방킬로미터로 대체로 뉴욕 주의 그것과 비슷한 데 인구는 8천4백만이나 되며 평방킬로미터당 평균 인구 밀도는 600명(평방마일당 1,600명)인데, 이것은 평방킬로미터당 400명인 네덜란드보다 많다. 그런데 자바의 일부 집약농업지대의 농촌 인구 밀도는 위 평균치의 두 배 이상이 되는 곳도 있다. 자바의 연간 인구 증가는 200만이나 되나 현재 섬 전체 면적의 60%에 해당하는 면적이 경지로 되어 있어 그 이상의 경지 면적 증가에 대한 생태학적 가능성은 없다.

인도네시아의 저명한 학자 수미트로 죠조하디쿠수모에 따르면 1975년에서 2,000년 사이에 토지생산력은 평균 1/4이나 떨어질 것으로 보이는데 그 동안에 인도네시아의 인구는 1억 3,000만 명에서 2억 5,000만 명으로 증가하고 자바섬의 그것은 8,400만 명에서 1억 4,600만 명이 될 것이라고 한다. 이것은 자바섬의 인구밀도가 평방Km당 약 1,100명이 될 것임을 뜻한다. 수미트로가 말하는 바와 같이 "이것은 서유럽에서 가장 인구밀도가 높고 도시화의 대표지역의 현재인구밀도 보다도 높은 것이다."(주 25) 이렇게 보면 자바섬은 세계최대의 "섬도시"(섬 전체가 도시)로 변하고 있는 것이다. 자바섬 주민을 인구밀도가 낮은 다른 섬으로 이주시키는 일은 바람직한 일이며 중요한 일이다. 그러나 이것으로 자바섬의 장래가 근본적으로 바뀌는 것은 아니다. 정부는 최근 5개년 계획기간에 200만 명의 이주계획을 세우고 추진중이나 그 목표가 달성된다 하여도 자바섬의 연간 인구증가율은 1/5 감소할 뿐이다. 얼마나 많은 사람들이 단시일 내에 이주할 수 있을까 하는 문제에는 근본적으로 한계가 있게 마련이며 특히 대개의 경우 이주할 곳이 경작에 얼마나 적합한지가 조사되어 있지 않고 생태학적 조건이 익숙하지 못한 곳이기 때문에 그러하다. 자카르타의 판자촌으로 끊임없이 불법 이주하는 가난한 사람들의 물결이 이 나라에서 볼 수 있는 대표적 이주의 예라 하겠다.

"섬도시"라는 말은 홍콩이나 싱가포르와 같이 비교적 부유한 상업의 중심지라는 인상을 갖게 한다. 그러나 자바는 농업지역으로 이곳에서는 자활가능성을 전제로 대다수의 인구가 농업으로 살아가야 한다. 생산성이 큰 농토를 침식하지 않고 주민들이 주거공간들을 찾아낸다는 것만으로도 큰 일일 것이다. 놀랍게도 인도네시아는 아직까지는 식량을 대량으로 수입하고 있지는 않다. 쌀 수량 증대에 있어서의 한계와 빈곤한 농민에 대한 적절치 못한 식량공급은 결국 만성적인 영양부족을 뜻하나 아직까지는 식량의 대량수입은 필요치 않다. 그리고 인구가 2배로 증가함에 따라 정치적으로는 아마도 견디어 낼 수 있을런지 모르나 영양학적으로 적절하지 못한 식량공급을 하면서 뒤뚱거리는 자바의 모습은 이론상 가능할 수 있겠다. 이 섬의 관개시설의 효율은 크게 확대될 수 있을 것이며 이것은 개량된 종자와 재배기술의 발달에 힘입어 작물수량 증진에 도움이 될 것이다. 어업의 발달은 단백질 공급을 증대시키는데 도움이 될 것이며 인도네시아의 다른 섬에는 미개간의 토지가 있어 이런 곳의 이용은 자바섬의 식량사정을 완화시킬 수 있는 식량을 생산 할 수 있을 것이다.

그러나 이론적인 농업생산 최고치에 미치기 훨씬 전에 자바는 이러한 희망을 송두리째 뽑아버리는 생태학적 위기에 스스로 빠져 들어가고 있음을 알게 될 것이다. 이해할 수는 있으나 농민들은 벌써 안전한 작물재배가 가능한 한계를 넘어서 삼림을 개간하고 있으며, 그에 따라 장기적으로는 경작을 계속 할 수 없는 구릉지대까지를 헐벗게 하고 있다. 이런 일들로 생긴 부정적 결과는 이 섬에서 필수적인 물 공급망의 효율을 엉망으로 만들고 있다는 사실로 짐작할 수 있겠다. 위성사진에 따르면 이 섬은 티크나무나 그 밖의 인공조림지까지를 포함하여 겨우 12%가 실제로 나무로 덮여있을 뿐이다. 소로강이나 부란타스강, 시타룸 강 등 중요한 강의 집수구역에서는 삼림지대가 10% 이하인 것이 확실하다. 인도네시아의 생태학자인 옷도세마르워토 박사는 최근 3년간에 시타룸 강의 토사량이 7배로 증가하면서 하류에 건설된 인도네시아 최대의 자틸루훌 댐이 빠른 속도로 매몰되어 가고 있는 사실을 특별히 지적하면서 몇몇 집수구역에서의 토양침식촉진현상을 경고하고 있다. 시타룸강의 상류지역 몇 군데에서는 1950년대에는 울창한 정글이었던 산꼭대기까지도 현재는 카사바와 그 밖의 근경작물이 재배되고 있는 실정이다.(주 26)

자바섬에서 인구가 증가하면 그에 따라 생태계에 대한 압박은 커질 것이다. 그런데 관개체제가 개선된다는 것은 생태학적인 영향에 대해서는 반대로 취약성이 커진다는 것을 뜻한다. 자바섬의 관개체제는 정교한 시계에 비교할 수 있을 것 같다. 관망이 좋은 지점에서 보면 9개의 서로 다른 방향으로 다른 수위를 갖고 흐르고 있음을 볼 수 있다. 강이나 저수지에서 개개의 농지에 달할 때까지 물의 이동은 고도로 동시성을 가져야한다. 농업생산을 극대화 시키려면 필요한 시기에 맞춰 물이 공급하여야 하고 필요가 없어지면 곧 배수되어야 하는 것이다.

이 복잡하게 엉켜있는 관개시설망의 효율을 떨어뜨리는 요인은 모두가 작물수량의 감소에 이어진다. 수로와 수문에 토사의 량이 증가한다는 것은 그것은 마치 동맥의 혈전과 같이 그의 기능을 악화 시킨다. 건조기에 하천수가 감소하고 우기에 홍수가 심해지는 것도 산에서의 임목채벌로 생기는 또 다른 결과로 관개시설의 기능을 손상시킨다. 불길한 장기적 영향은 매년 토사가 축적되어 농토나 수로면이 점점 높아져 중력에 의한 농토에의 급수나 배수가 지장을 받게 되는 것이다.

동남아의 다른 나라들에서도 식량수요의 증가에 대비하여 각국에서 관개시설을 확대 강화하고 있어서 소위 "자바모델" 이라고 부를 수 있는 방향으로 가고 있는 셈인데 이들 국가에서 하천에서의 토사축적이나 수로가 받는 영향은 그만큼 늘어날 것이다. 예를 들면 필리핀에서는 앞으로 10년 동안에 관개면적을 3배로 늘리려 하고 있다. 그러나 이 나라의 주요하천의 집수역은 벌써 이동경작민과 벌목인들에 의하여 황폐되어버렸다. 위성사진에 나타난 것으로는 삼림벌채는 공식 통계치보다 훨씬 많이 진행되고 있는 듯하며 삼림지대가 전국토의 1/5도 채 안될 것으로 생각되어 일반적으로 주장되고 있는 35-50%와는 큰 차이가 있다.

동남아 대륙의 여러 나라에서도 여러 가지로 같은 문제들이 일어나고 있다. 그러나 그 과정은 차이가 있는 것이 일반적 현상이다. 태국의 카오피아강 유역의 관개시설들은 비교적 단순한 것인데 과거 10년 동안에 크게 발전하여 하류 중앙평야지대에서는 2모작이 가능할 수 있도록 상류의 지류에는 큰 저수시설이 생기고 수로도 잘 발달하고 있다. 수리학적 자료를 보면 과거 10년 동안 토사량이나 계절적인 유량변동에는 큰 변동이 없는 듯하다. 한편 공중사진이나 위성사진을 보면 카오피아강 수역에는 삼림지대가 40%이상 남아 있는 것으로 보인다.

그러나 몇몇 조사자들은 북부삼림지대가 매년 5-7%의 비율로 파괴되어 가고 있다고 추정하고 있다. 삼림벌채의 대부분은 소수민족이 살고 있는 산간지대에서 일어나고 있으며 특히 아편재배를 위한 이동형 화전지대로 태국중앙정부의 힘이 거의 미치지 못하는 지역에서 일어나고 있다. 표면적으로는 태국의 경우는 1930년대의 자바에서의 그것과 비슷하여 비교적 안정되어 있고 균형이 잘 잡혀 있는 듯이 보인다. 그러나 연간 인구증가율이 3%이고 삼림벌채가 5-7%인 상태가 계속된다면 머지않은 장래에 위기가 닥칠 것이다. 상류지역에서 일어나고 있는 토양침식과 불안정한 강 길이가 하류지역에 건설된 수로나 배수시설의 기능을 파괴하여 그의 유지가 극히 곤란하게 만드는 시기에 이르면 집약적으로 관리되는 관개체제가 필수적이 될 것이다. 그리고 이 시점은 농업용, 도시생활용, 공업용 그리고 수력발전용으로 카오피아강 물에 대한 경합이 극도로 심해지는 때와 일치하게 될 가능성이 큰 것으로 생각된다. 그리고 또 큰 강의 물은 바닷물이 연안저지대로 들어오지 못하도록 충분한 수량이 유지될 필요도 있겠다.

자바섬은 고도로 복잡한 관개시설을 갖고 있으나 그것은 현재 당장 해결해야 할 정도로 심각한 문제들을 안고 있다. 반면 태국은 앞으로 아마도 15년 정도는 종합적인 관개시설을 건설할 수 있는 여유는 있는 상태라는 차이점은 있으나 양국이 직면하고 있는 기본적 문제점은 동일한 것이다. 동남아는 물론 어디서나 그러하겠지만 만약 총체적인 생태학적 균형에 대한 보다 큰 배려가 없다면 관개사업으로 기대할 수 있는 이익은 결코 실현되지 못할 것이다.

이 장에서 거론한 각국의 관개시설이 안고 있는 하나하나의 생태학적 위기는 지역적으로나 국가 전체적으로 중대한 위협이 되고 있음을 알 수 있다. 이들을 통틀어 세계적 관점에서 보면 관개시설 발전계획의 중요성은 훨씬 커질 것이 확실하다. 제2차대전 후 급격히 증가하는 식량수요에 발맞춰 식량증산이 가능하였던 이유 중의 하나가 관개능력이 역사적으로 전례가 없이 크게 발전하였기 때문이다. 세계의 관개면적은 1800년에 800만 ha이던 것이 1900년에는 4,000만 ha, 1950년에는 1억 500만ha에 달하였고 20년 후인 1970년에는 1억 9천만 ha 에 달하여 금세기에 들어와서는 그의 증가율이 인구증가율을 앞지르고 있다. 물의 이용효율 증대 가능성을 제외하고라도 세계의 총 관개면적을 더 확대 시킬 수 있는 가능성은 상당히 크다는 것은 확실하다. 아직 손댄 일이 없는 다량의 지하수가 인도대륙을 비롯하여 여러 곳에 남아 있고 수단은 이집트와의 협정으로 얻은 나일강 물을 아직 이용할 수 있는 단계에 이르고 있지 못하다. 이것은 두 가지 좋은 예이다. 그러나 세계전체로 보면 관개사업발달이 앞으로 수 십 년 동안 현저하게 더뎌질 것은 확실하다.(주 27) 세계에서 경제성이 큰 관개시설 가능지역은 대부분이 벌써 개발된 상태이다. 그리고 미국 텍사스주 서부의 고원지대와 같은 몇몇 지역에서는 지하수 공급이 점점 감소하고 있는 상태이다.

금세기 제3 · 4반세기 동안에 있었던 것과 같은 무성한 세계의 관개시설 개발은 마지막 4반세기에는 기대할 수 없다. 따라서 1950년부터 1975년 사이의 세계관개면적의 연간 증가율은 3%에 가까운 것이었으나 금세기 남은 25년간의 그것은 1%를 약간 넘는 것이 될 것으로 생각된다. 물의 수요증가율은 공급증가율을 앞지르고 있어 염분과 토사에 의한 관개능력의 손실은 앞으로 더욱 더욱 명백하여 질 것이 확실하다.

## 08 열대 습림에서의 신화와 실상

남북회귀선 사이는 대부분이 해양으로 되어 있으나 이들 해양은 아프리카, 중남미 그리고 아시아 대륙의 남단으로 여기저기 끊겨 있다. 이 열대지방의 반은 초원으로 되어 있으나 열대라는 말이 사람들에 주는 인상은 울창한 식생에 덮힌 습지대로 아마존 지대나 중앙아프리카와 서부 아프리카의 밀림을 연상케 한다. 이런 상록수림대는 열대지방 전체의 약 1/4을 차지하고 있으며 만약 인간이 불을 이용하여 자연식생에 간섭을 하지 않았더라면 현재의 초원의 상당한 부분이 삼림으로 남아 있을 런지도 알 수 없다.

동남아의 일부분을 예로 들면 자바 같은 곳에는 두꺼운 화산회토층과 수세기 동안 세심한 주의를 기울여 키워 온 농경체제가 지속적으로 벼를 재배할 수 있고 밀집된 인구를 지탱할 수 있게 하고 있다. 모든 대륙의 열대 습림 지대에는 충적평야(강물이 운반한 표토로 됨)가 있으며 이런 곳은 생산력이 크고 많은 인구를 지탱할 수 있다. 그러나 중남미나 아프리카의 다우지대는 대부분이 극히 적은 인구를 갖고 있는 것이 특징이다.

열대 습윤 지대의 대부분이 낮은 인구밀도를 갖고 있다는 것은 얼핏 보아 이상하게 보인다. 왜냐하면 전반적으로 보아 열대지방만큼 생물생산이 많은 곳은 없기 때문이다. 열대림은 지구상에서 가장 내용이 다양한 생태계로 수천종의 식물이 좁은 면적에 밀집되어 있으며 그들 중에는 아직도 과학적 보고가 되어 있지 않은 것도 많다. 열대습윤 지역에서 농민들은 삼림에 불을 질러 태우고 그곳에 수년간 작물은 재배하고 나서는 그곳을 버리고 다른 곳으로 이동하는 식의 농업을 하는데 이 지역의 이와 같은 전반적으로 낮은 토지이용률로 보아 이 지역은 굶주린 사람들에게 식량을 공급할 수 있는 가능성이 클 것이라고 많은 기대를 갖게 한다. 연중 일조량이 많고 강우량이 많아 이 지역이 막대한 식물 생산력을 갖고 있다는 점은 확실하다. 그럼에도 불구하고 이곳에 인류의 손길이 아직 미치지 못하고 있는 것은 이런 잠재력을 자기의 목적에 맞도록 이용하는 방법을 찾지 못하고 있기 때문이다.

과거 100여년 동안 열대에 건 부풀은 꿈 때문에 많은 투자가 있었으나 헛된 일이었으며 열대에서의 무한한 생산력의 신화는 점점 사라져 가고 있다. 1965년 UN의 토양학자들이 중남미에서 얻은 결과를 토대로 다음과 같이 지적하고 있는데 그것은 대부분의 열대 아프리카나 아시아 지방에도 그대로 적용된다.

"중남미 지역에서 아직도 개간되지 않은 토지의 대부분이 열대 습윤 지대에 남아있다는 사실은 우연한 일은 아니다. 그 이유는 여기서는 토양의 역동적 성질을 이해하지 못하면 큰 재해에 빠지게 되는 그런 특성을 가지고 있기 때문이다. 이 지역으로의 인류 진출 역사는 큰 희망과 실패가 뒤엉킨 것이었으며 여기에서 살아남은 사람들은 토착주민들의 이동농법과 심한 경합을 하여야 하였다. 이 열대 습윤 지대에서 효율적이며 영구적인 농작물 재배에 성공한 예는 실제로 소수에 불과하며 이들 대부분은 지역에 적합한 몇몇 작물을 재배한 경우이다."

보통 온대지방의 농경지에서는 무기양분이 식물이 이용할 수 있도록 토중에 축적된다. 그런데 열대림에서는 대부분의 영양분이 여러 층으로 된 풍부한 식생층에 묶여 있다. 그리하여 여기서는 토양은 영양원으로서의 역할은 적고 주로 지상부 식물체를 지탱하는 역할을 하며 식물의 생장, 물질의 분해는 거의 완전한 순환을 한다. 지상의 두꺼운 식피가 제거되면 적도의 강한 태양열로 토중온도가 높아져 토중 생물의 활동이 촉진되어 토중에 남아있는 유기물의 분해가 촉진된다. 때에 따라서는 하루에 6~7인치나 되는 비가 오는 일도 있어 이때 생기는 급류는 엷은 표토층을 씻어 내리고 토중의 적은 양분을 용탈시켜 작물이 근권 밖으로 밀어낸다.

열대삼림지대의 주민들은 그들의 땅에서 생활의 양식을 거두어들이기 위하여 "이동 농법 (Shifting cultivation)"이라는 특이한 기술을 발달시켜왔다.(주 2) 임목을 벌채하여 그곳에 작고 보통 부정형의 개간지를 만든다. 개간은 불완전한데 이것은 이용할 수 있는 도구가 한정되어 있기 때문이기도 하지만 생태학적인 배려도 있는 것이다. 그루터기나 뿌리를 남겨두어 토양파괴를 최소화시켜 표토의 침식을 막고 후에 재배를 포기하였을 때 삼림의 갱신을 돕기 위하는 등 오랜 경험으로 얻은 지혜다. 그리고 베어 낸 식물들은 그 자리에서 태워 무기양분이 많은 재를 토양에 주기도 한다.

이동농법의 특성은 그의 다양성과 복잡성에 있다. 때로는 20종 이상의 작물이나 품종을 동시에 재배할 정도로 재배작물의 종류가 많다. 이런 혼작은 한해의 수확기를 분산시켜 한 작물이 실패하여도 다른 작물은 수확할 수 있으며 동시에 여러 가지 환경조건을 달리하여 병해충에 의한 완전흉작을 피할 수도 있는 것이다. 그리고 이것은 표토가 거의 연중 식물로 덮여 있어서 강력한 태양과 큰 비의 피해를 막는데도 도움이 됨을 뜻한다.

원래부터 토양중의 영양분에는 한계가 있고 태운 식물체의 회분은 감소되는 고로 첫해에는 작물생산이 좋으나 그 다음해부터는 생산이 급격히 감소한다. 지력이 급격히 떨어지고 양분과 광선에 대하여 작물과 경쟁하는 많은 잡초가 침입하고 포식성 곤충도 많아진다. 1년 후에는 생산량이 20~25%나 떨어지게 되며 개발 2~5년 후에는 경작을 포기하게 된다.

지역에 따라 차이는 있으나 토지는 보통 6~20년간 쉬게 하고 개간과 경작포기가 되풀이된다. 역사적으로 삼림지대의 많은 부족들이 새로운 개간지를 만들고 그리로 이주하는 유랑생활을 하여왔다. 현재에는 정착생활을 하면서 가까운 곳의 토지를 돌려가면서 경작하는 방법을 쓰고 있는 농민이 많아지고 있다. 아프리카의 반 건조지대와 습윤지대의 대부분에도 이동농법은 아직도 주요한 식량생산방법인데 여기서는 교목림이 생길 때까지 오랫동안 경작은 하지 않고 내버려두는 일은 없다. 여기서는 관목림단계까지 되돌아가는 것이 고작이다. 따라서 이 아프리카의 농법은 "관목휴경지(Bush fallow) 방법"이라고 불리는 것이 보통이다.

이동농법은 흔히 후진적 농업이라는 오명을 쓰게 되나 인구에 비하여 토지 면적이 넓은 곳에서는 생태학적으로 합리적인 것이며 열대지방의 삼림조건에서는 잘 적응된 농법의 하나이다. 이동농법을 하고 있는 남녀들 중 국민학교 교육이라도 받은 사람은 극히 소수이며 대학교육을 받은 사람은 전무이나 그들의 머리에는 식물의 종류나 토양의 성질에 대한 올바른 과학적 지식이 많이 들어 있다. 그러나 이동농법은 생태학적 합리성에도 불구하고 큰 결점을 갖고 있다. 이동 농법은 생산의 안전성은 상당히 높으나 여기에는 보다 높은 생산성과 경제적 부를 낳는데 꼭 필요한 자본의 축적에 대한 기대를 가질 수 없다. 현대 사회란 인간의 목적에 맞추어서 환경을 변조하려 한다. 그런데 이동농법에서는 반대로 환경은 그대로 둔 채 인간 활동을 여기에 맞추려고 한다고 할 수 있다. 그래서 전통적인 이동농법에서는 물질적인 빈곤은 피할 수 없는 일이다.

특히 중요한 점은 이런 농경법을 하고 있는 지역은 인구 밀도가 극히 낮은 지역이 대부분이라는 점이다. 조건에 따라 차이가 심하기는 하나 이동농법이 오랫동안 지속되려면 한 사람 당 최소한 15 ha의 토지는 있어야 한다. 지력이 충분히 회복되기 전에 그곳으로 농민이 돌아와야 하는 한계점에 도달하게 되면 그곳에서는 위험한 파괴적인 순환이 시작된다. 이 위험을 면하려면 고도의 기술과 끊임없는 노력으로 토양중의 양분과 유기물의 회복을 도와야 한다.

대부분의 농업지대에서 식량생산의 급속한 증대를 방해하고 있는 중요한 요인은 과학자에게는 잘 알려진 새로운 기술을 농민이 곧바로 받아들이려 하지 않는 것이다. 완고하고 숨 막힐 듯한 정치, 사회, 경제적인 제도가 연구결과의 조속한 적용을 방해하는 수가 흔히 있는데 이것은 대부분의 농민들이 지금까지의 방법을 버리고 위험을 무릅쓰고 미지의 기술을 도입하는 것을 주저하는 것과 같은 맥락에서 이해는 가는 일이다. 그러나 농법연구의 대상으로 열대 습윤 지대는 다른 지대에 비하여 크게 뒤떨어지고 있다. 아프리카, 중남미, 동남아의 열대지방 대부분에서 아직도 이동농법만큼 생물학적으로나 경제적으로 유리한 식량생산체계는 유감스럽게도 발견되지 못한 것이 사실이다.

이와 같이 어려운 처지에 빠진 것은 어떤 의미에서는 식민지 시대의 소산으로 이때에 열대농법에 관한 연구는 코코아, 바나나, 고무 그밖에 면화나 땅콩 같은 수출을 목표로 하는 작물의 재배기술향상에 크게 편중되어 있었다. 그 원인의 또 하나는 열대습윤지가 갖고 있는 특이한 환경적 제약 때문인데 이 지대의 환경조건은 최신 농업이 발달해 온 온대의 그것과는 차이가 커서 온대에서 발달된 농업기술을 그대로 열대에 옮길 수는 없다는 것이다. 입목을 깨끗이 벌채하고 땅을 갈아 한 가지 작물을 촘촘히 심는 온대농업기술은 모두가 열대에서는 토양침식을 조장하고 토성을 악화시키고 양분의 용탈을 돕고 병충해의 발생을 크게 조장한다.

구 콩고(현재 자이레)에서 벨기에의 식민자들이 이동농법 대신에 지속적인 농업생산체계를 조성하려고 열심히 노력하였으나 실패하였다. 1930년대 초기의 연구단계에서는 벨기에의 재배학자들은 유럽의 집약적인 농업을 그대로 도입하려 하였다. 그들은 삼림을 완전히 벌채하고 소거한 다음 잔주를 뽑아버렸다. 그리고 다시 갈아엎은 다음 벼, 매니오크 또는 땅콩을 2년 윤작으로 재배하였다. 그리고 끝으로 또 다른 두과작물을 피복작물로 재배하였는데 그 결과는 비참한 것이었다. 땅을 깊게 간 것은 토양의 물리적 구조를 파괴하였고 제초를 하고 작물을 줄로 심는 일은 표토침식을 조장하고 양분의 용탈을 도왔으며 토양을 24개월 중 13개월 동안 태양광선에 노출시키는 것은 토중의 중요한 유기물을 잃어버리게 하였던 것이다. 유럽의 농민들에게 친숙한 피복작물도 지력유지 효과가 크지 못하였다. 루네 듀몽은 그의 누적적 영향을 다음과 같이 쓰고 있다. "모든 작물의 수량은 급격히 떨어지고 벼 이식은 등숙하지 못하였다. 실험이 수행된 150에이커의 시험농장은 2, 3년 후에는 포기하지 않으면 안 되었다. 실험지는 삼림에서 너무 멀리 떨어져 있어서 원림의 나무 종자가 떨어지지 못하여 지표면의 미기상 조건이 거의 건조지대의 그것과 같이 되어 10년이 지난 다음에도 겨우 나무가 여기저기 자라게 되는 정도이다." (주 3)

이러한 곤란을 해결하기 위하여 원주민의 농업을 토대로 한 회랑식 농업이 개발되었다. 이 방법은 많은 점에서 전통적인 이동농법에서 찾아볼 수 있는 여러 가지 생태학적 장점을 지니고 있었으며 동시에 가용노동력을 조직적으로 이용하고 보다 많은 토지를 농업생산에 투입하고 벨기에인 농업기술 보급원이 아프리카인에게 기술을 원조함으로써 생산량을 증대시키도록 관리되었던 것이다. 윌리암 아란씨에 따르면 회랑식 농법의 발달은 주로 목화의 재배면적을 확대하고 그의 수량을 증대시키는 것을 노리는 목화회사의 요청에 따른 것이라고 한다.(주 4)

기후조건이나 지형적 조건 또는 식생조건 등의 차이에 따라 몇 가지 서로 다른 형태의 회랑식 농업이 적용되었다. 삼림지대에서의 전통적 양식은 보통 광선을 최대한으로 받을 수 있도록 넓은 구역 내에 동서 방향으로

100m 폭의 대상지대(두둑)를 만드는 일에서부터 시작한다. 한 구역 내의 대상지대의 수는 경작과 지력회복에 필요한 주기를 몇 년으로 하느냐에 따라 결정되나 대체로 20년 윤작이 기준이었다. 대상지대는 다시 여러 개의 정방형의 소구역으로 나누어져서 각각의 농가에 분배되었다. 그리고 매년 새로운 대상지대가 개간되어 경작되었다. 한 대상지에서의 경작년수는 보통 2~4년 이며 그 후에는 장기간 휴한지로 남겨진다. 이렇게 하여 일정한 수의 경지가 경작되고 그간 농민은 대상지역내를 서서히 이동한다. 개간된 대상지는 비개간의 토지와 교대로 있고 경지는 삼림지와 근접되어 있어서 비개간토지는 작물에 그늘을 주고 휴한기에는 자연식생의 회복을 위한 종자공급원이 되었다.

1960년대 초반에 자이르가 독립하면서 회랑식 농법은 대부분 그 모습을 볼 수 없게 되었다. 서구식 기계화 농법을 그대로 적용하는 등 개선을 위한 많은 노력이 있었으나 그것은 역사책에나 남는 사실로 그쳤다. 그러나 그것 자체는 슬퍼할 일은 아니다. 회랑식 농법체계는 식민자의 요구에 따른 전통적 방법의 새로운 적용이었으나 열대지방의 생태학적 측면에서는 그리 큰 개선책은 못되었다. 직선화된 경지나 작물의 윤작을 위한 고정된 작부 체계는 구미인의 질서의식을 만족시키고 벨기에인의 목적 달성에 아프리카인의 노동력을 이용하는데는 도움이 되었으나 열대지방의 환경조건에 맞는 융통성에는 문제가 있었던 것이다. 결국 이 회랑식 농법도 그것이 대체하려고 한 수학적 정확성을 갖지 못한 이동농법과 마찬가지로 비교적 작은 연간 생산량을 유지하는 데에도 "지나칠" 정도로 넓은 휴한지 면적을 가져야 하였던 것이다.

토지생산성을 증대시키기 위한 기술의 적용은 인구가 증가하면 토지에 대한 압력이 커진다는 점에서 열대지방뿐 아니라 다른 곳에서도 항상 문제가 된 역사적 과제였다. 유럽에서도 이동농업이 없어진 것은 겨우 2~3백

년 전의 일로 그 후에는 작물의 윤작과 가축의 분뇨 그리고 최근에는 화학비료를 식량생산에 이용하게 되었다. 동남아에서는 관개경지에서 집약적이고 생태학적으로 안정된 쌀 생산방법이 수 백 년 간에 걸쳐 발달하였다. 아프리카에서도 문화와 기술이 인구의 압력에 대응하여 여러 가지로 발달하였다. 예를 들면 체체파리의 피해가 가축수를 제한하는 일이 없는 서부 아프리카의 일부와 동부 아프리카의 고지대에서는 가축의 배설물을 잘 이용하여 장기간에 걸쳐 토지생산력을 감퇴시키지 않고 거의 계속적인 작물재배가 가능하게 되고 있다.

다른 지역들은 그런 복을 타고나지 못하였다. 이용 가능한 토지면적은 일정한데 인구는 늘어 부득이 작물을 재배하지 않고 휴한시키는 지력회복기간은 계속하여 단축시키지 않으면 안 되었다. 어떤 지역에서는 지력이 점점 떨어져 전통적인 방법으로는 거의 제거할 수 없을 강한 잡초가 생기기도 하였다. 이런 상황이 벌어지지 않아도 농민은 수량이 떨어지면 새로이 넓은 토지를 개간하고 자주 이동하지 않으면 안 되었다. 지력이 떨어진다는 것은 작물의 총 식물체 생산량이 감소하는 것을 뜻하며 이것은 결국 표토침식을 막고 토양조성을 재생시키는 유기물을 적게 토양에 되돌려주게 되는 것이다. 이와 같이 토양의 악화가 계기가 되어 표토가 유실되면 토양의 생명 유지력은 장기간 또는 영구적으로 감소한다.

이런 현상은 아프리카에서는 벌써 눈에 뜨이게 현저한 것이 되어버렸다. 위리암 아란은 대표적인 저서 "아프리카의 농부" 에서 아프리카의 토지악화의 순환이라는 한 장을 두고 있다. 아란의 설명에 의하면 휴한기간이 짧아진 결과 그 피해를 가장 심하게 받은 지역은 인구밀도가 높은 북부 가나나 나이지리아와 같은 건조한 서부 아프리카로 이 지역은 파괴적인 황사바람과도 관계가 있다. 그리고 이런 현상은 동부 아프리카와 이디오피아의 일부에서도 일어나고 있다. 그러나 토질 악화의 고리는 열대의 습윤 지대에서도 얼마든지 찾아볼 수 있다. 얼핏 위험이 없는 것으로 보이는 것은 아직 미개발지역의 면적이 방대하고 인구밀도가 낮아 이것이 잘못된 인식을 주고 있는 것이다. 전통적인 농업기술이 아직도 살아있는 곳 - 대체기술이 없거나 새로운 기술이 아직 농민의 손에 까지 미치지 못하여 - 에서도 지역의 인구가 이동농법으로 지탱할 수 있는 한도를 넘으면 곧 토지의 파괴는 시작될 것이다. 아프리카에서는 제2차 세계대전 후 인구가 폭발적으로 증가하고 있고 아직도 전통적인 농업기술에서 벗어나지 못하고 있어 이것은 앞으로 토양의 침식이나 토지생산성의 감퇴를 더욱 가속화시켜 많은 지역이 그 피해를 입게 될 것으로 보인다.

열대 습윤 지대의 여러 나라들 중에서 토지 생산성 문제와 관련 선도자의 구실을 한 것은 사하라 사막의 남측에서 가장 인구밀도가 높은 나이지리아 지역이 아닌가 한다. 나이지리아 동부지역은 1960년대 말에 독립에 실패한 비아프라로 한때 세계의 주목을 끌었던 지역이다. 독립전쟁이 있기 전 지리학자인 배리 프로이드는 다음과 같이 쓰고 있다.

"나이제리아의 동부지방은 문제가 엄청나게 커서 대부분의 지역에 걸쳐 말할 수 없는 비참한 상태이다. 이 지역에는 서부 아프리카에서 볼 수 있는 가장 심한 토양침식과 황폐한 지형을 지닌 지방이다. 토양침식으로 패인 골짜기는 이 대륙의 다른 곳에서는 거의 볼 수 없을 정도로 심한 파국적인 것이다. 토중 양분유실이나 토양구조의 파괴를 초래하는 토양의 악화와 지력저하는 거의 전 지역에서 진행되고 있는데 이것은 주로 과도한 경작과 원시적이고 파괴적인 경작법이 그 원인이다." (주 6)

이 지역의 일부에서는 이동농법은 사실상 계속적인 경작으로 변하여 그렇지 않아도 지질학적으로 토양침식에 약한 이 지역 토양의 생산력을 감퇴시키고 침식에 대한 저항력을 약화시키고 있다.

도날두 베르메어는 위에서 말한 지역에 살고 있는 티브족의 거주지에서

하고 있는 작물재배방식의 변화에 관해 요령 있는 기술을 하고 있다.(주 7) '티브족이 살고 있는 지역의 평균 인구밀도는 1960년대 초에는 1km2 당 35명이나 토지가 좋은 곳에서는 230명을 넘어 남쪽의 과밀 인구밀도 수준에 가깝다. 베르메어는 인구밀도가 1km2 당 150명이 넘는 곳에서는 전통적인 재배방법으로는 견딜 수 없어 악화된 생활조건을 타개하려고 재배방법을 바꾸기 시작하는 것을 알게 되었다. 현재 티브족의 인구는 23년 동안에 거의 2배가 되고 있으며 그들의 생활양식은 급격히 그리고 크게 변화하고 있다.

티브족에 가장 귀중한 식량작물은 얌으로 옛날부터 새로 개발한 곳에 작물을 재배하기 시작할 때는 성대한 의식을 올린 다음에 얌을 심는데 얌은 비옥한 토양을 필요로 하기 때문에 새로 개발한 곳에 얌을 재배하는 재배양식은 최대의 얌 수량을 가능케 한다. 둘째 해에는 조나 옥수수를 재배하는 것이 보통이며 다음에는 환금작물로 참깨를 심는다. 때에 따라서는 땅콩, 고구마, 밭벼 또는 카사바 등이 제4년, 제5년 또는 제6년에 재배된다. 그리고 나서는 10년 또는 그 이상을 휴경하여 초목류 또는 가능하면 나무류가 자라도록 한다.

티브족이 거주하고 있는 남부 지역에서는 인구가 과밀상태여서 이런 농경방식을 변동시켜야만 하였다. 그리하여 5년에서 6년간 작물을 재배하고는 휴경년수를 1내지 2년 밖에 갖지 못하는 토지가 점점 늘어났다. 그 결과를 베르메어는 다음과 같이 기술하고 있다. "인구밀도가 높은 지역의 토양은 점점 메마르고 악화되어 가서 띠가 번성하고 토양이 침식되고 라테라이트층(우기에는 탈규산 작용이 심하고 건기에는 용탈된 철,알루미늄의 산화물이 토층을 상승하여 지표 가까이에 집적하는 토양, 역자 주)이 노출되어 작물수량이 크게 감소하는 상태로 변하였다." 토양비옥도 문제를 더욱 악화시킨 것은 남부 티브 지방에서 연료용 땔감이 점점 부족해진 것도 그 원인이다. 남부 티브 지방에서는 한때 삼림이던 곳은 거의 전부가 농지나 초원으로 변해 버렸다. 그리하여 지력 문제와 더불어 땔나무가 부족하여 옛날에는 토양에 양분과 유기물을 공급하기 위하여 남겨 두었던 작물의 뿌리까지도 파내서 이용하게 되었다.

휴한기간의 감소에 따라 작부체계가 변하면서 티브족의 문화에서 차지하는 얌의 중요한 역할이 무너져 갔다. 토양의 생산력이 크게 떨어지면서 개간 직후에 얌을 재배하여도 전과 같이 높은 수량을 얻기가 어려워져 대신 생장이 빠른 고구마나 땅콩을 먼저 재배하고 같은 해에 조나 옥수수를 뒤이어 재배하였다. 그리고나서 얌을 2년째에 재배하였다. 얌의 수확량이 떨어졌음으로 과거 주로 맥주 원료로 사용하거나 일년중 1-2개월 동안만 주요 식량으로 하였던 곡류가 반년 이상 주식이 되었다. 처음에 성장이 빠른 작물을 재배하는 작부체계를 도입하게 된 것에 대하여 베르메아는 남부의 티브족 거주지역에서는 매년 건조기 후반에 찾아드는 "보릿고개" (Hungry season)때문이었을 것이라고 하고 그는 "이곳에서의 문화적 가치관과 습관을 바꾸지 않고는 계속되는 환경 파괴로 작물의 수량은 더욱 감소할 것이고 그에 따라 보릿고개의 고난이 심해져 영양실조와 같은 여러가지 의문을 야기하게 될 것" 이라고 결론을 내리고 있다.

중앙아프리카와 서부아프리카에 있는 대부분 열대림 지대는 동부 나이지리아에 비하면 인구 밀도가 훨씬 낮은데 그렇다고 안심할 수 있는 것은 아니다. 어떤 한 지역에서 성립된 토양조건과 농업기술의 결합이 다른 지역에서 성립된 그것에 비하여 훨씬 적은 인구 밖에 지탱하지 못하는 수가 있으며 또 보다 생산적인 농업기술이 있다 하여도 그 기술이 위험지역 농민의 손에 까지 전달되거나 전달 된다하여도 농민이 곧바로 그것을 받아들인다는 보장도 없는 것이다. 더욱이 한 지역의 사람들은 가령 가까운 곳에 이주할 수 있는 거의 사람이 살지 않는 곳이 있을 때도 이주하지 않아 그곳은 생태학적으로 안전한 수준이상으로 인구가 늘어나는 수가 있다. 그 좋은 예가 나이지리아이다. 과밀상태의 고향에서 밀려난 아프리카의 농민들은 환경조건이나 사회적 조건이 익숙하지 않거나 때로는 적의를 품은 새로운 지역으로 이주하여 농사를 짓기보다는 도시로 이동하려는 경향이 큰 데 이것은 이해가 가는 일이다.

아프리카에서 이와 같은 휴한주기의 단축은 상당한 면적에 걸친 토양피해를 주고 있는 듯하다. 불행히도 이런 문제가 얼마나 넓은 면적에 걸친 것인지 아무도 모르고 있으며 아프리카 여러 나라 정부 당국자도 그 나라에서 근대화가 덜된 지역의 작물수량이나 지역 생산력이 장기간 동안에 변화하고 있다는 인상은 받고 있으면서도 정확한 실상은 모르고 있는 것이 보통이다. 1972년 9월 가봉에서 있었던 제 7차 FAO 아프리카 지역회의에서 여러 나라 대표자들은 휴한기간의 단축으로 토지의 생산력과 토질이 악화되어 가고 있는 것에 우려를 표명하였는데 이것이 "아프리카에서의 이동농법과 토양보호"에 관한 특별세미나를 FAO가 1973년에 개최하게 된 계기를 마련하였던 것이다. 이 세미나에서도 문제의 중대성에 대한 내용은 두드러진 것은 없었다. 미국국제개발협력국의 농업전문가인 마틴 비린스씨는 볼타, 키니아, 잠비아, 마라위이, 마다가스카르 등 넓은 지역에서 작물수량이 감소하고 있는 것으로 보인다고 하였다.(주 8)

아프리카의 토질악화에 관한 믿을만한 정보는 얻기 어렵다. 다만 우리가 알고 있는 것은 아프리카에서 1인당 식량생산이 과거 20년간 감소하고 있다는 것이며 이것은 다른 대륙에서는 볼 수 없는 아프리카만의 현상이다.

남미의 아마존강 유역에는 그의 5/6를 덮고 있는 세계최대의 삼림지대가 있는데 이곳의 삼림도 생태학적 압박에 직면하고 있다. 그러나 그 원인은 동부 나이지리아에서와는 전혀 다르다. 면적으로는 소련을 제외한 유럽보다 크고 육지에서 해양으로 흘러 들어가는 세계 물 전량의 1/7에 해당하는 유수량을 갖고 있는 강을 끼고 있는 이 아마존 유역은 극지방의 동토 지대와 가장 건조한 사막을 제외하면 지상에서 가장 인구 밀도가 낮은 지역이다. 이 지역에는 작은 두 도시가 있으나 이들을 제외한 아마존 지역의 평균 인구밀도는 1평방km 당 1인 이하이다.

사람의 발자취를 찾아보기 힘든 곳도 있을 정도로 소수의 원주 인디언이 살고 있는데 이들은 넓은 지역에서 이동식 농업을 하는 반유목민 생활을 하고 있다. 그러나 현재 이 강 유역을 지배하고 있는 정부들은 - 태반을 차지하고 있는 브라질을 비롯하여 베네수엘라, 콜롬비아, 에콰도르, 페루, 볼리비아 등 - 상당히 큰 면적에 걸쳐 근대적 모습을 조성하려고 최선을 다하고 있다. 야심적인 새 도로가 삼림지대를 뚫고 건설되면서 토지가 부족한 안데스 지방이나 대규모 사탕수수 농장주들의 진출에 영향을 받아 토지를 갖지 못한 건조한 브라질 동북부 주민들에게 정착의 길을 터주었다. 임업이나 목장용으로 아마존 유역의 넓은 면적이 기업가나 해외의 합자 회사의 투자가 가능하도록 개방되어 왔다. 그리고 아직 지질학적 조사가 되어 있지는 않았으나 석유나 광물의 매장 가능성이 높으며 일부 새로운 광산 채굴이 이루어지기도 하고 있다.

여러 나라 정부는 서로 다른 이유로 아마존 강 유역에 압력을 가하고 있다. 새로운 농지의 개간은 토지 개혁에 대한 요구를 완화시켜 다른 지역의 가난을 덜어 주리라는 생각에서 수행되고 있다. 지정학적 입장에서 볼 때 다른 나라보다 먼저 이 미개간 지역을 자국의 정치 경제적 지배하에 두려고 서두르는 것은 당연한 일이라고 생각된다. 예기치도 못했던 막대한 경제적 이익이 먼저 밀림을 정복하는 자를 기다리고 있다는 생각을 무시할 수는 없는 일이다. 이런 충동에는 세계에서 마지막으로 남은 변경을 정복한다는 생각이 깔려 있으며 이것은 경제적 이익이나 생태학적인 근거보다도 더 뿌리 깊은 것이었다.

어느 편으로 보나 아마존 강 유역 대부분 지역의 토양은 토질이 좋지 못하여 임업에나 이용하는 것이 최선의 이용방법이다. 어떤 지역은 그 지역의 수리학이나 기후학, 생물학 그리고 농업체제에 관한 보다 깊은 지식을 갖게 될 때까지는 손을 대지 않고 그대로 내버려 두는 것이 최선일 지도 알 수 없다. 이 지역에서 현재에 기술이나 유통면에서 볼 때 식량작물을 경제적으로 생산할 수 있는 지역은 극히 적은 일부에 불과하다. 그리고 이 지역에 대한 조사는 아직도 제대로 되어있지 못하며 토질의 조사평가도 농민의 기술적 능력을 어떻게 보느냐에 따라 달라진다. 브라질의 국립항공사진국이 최근에 추정한 바로는 이 나라의 아마존 유역 토양 중 중정도 이상의 비옥도를 가진 것은 불과 4%라고 하고 있다.(주 10) 물론 이 면적은 실제로 거의 영국 전 국토에 맞먹는 것으로 대단히 큰 면적이다. 그러나 이 잠재적 생산력을 충분히 이용할 수 있느냐 없느냐는 삼림지대로 필요한 자재를 반입하고 그곳의 생산물을 반출하는 비용이 얼마나 되며 브라질의 다른 지역에서 농산물을 증산하는데 소요되는 비용과 비교하였을 때 어떻냐든지 또 농민이 이 지역 토지를 지속적으로 이용하는데 필요한 지식이나 의욕을 갖고 있느냐 등을 포함한 여러 가지 요인에 달려있다. 이 생산에 적합한 토지는 대부분이 주요 하천지류를 끼고 있는 띠 모양의 평지로 매년 홍수때 마다 비옥한 토양이 퇴적되는 바르제아(Varzea)라고 부르는 지대에 있다. 그러나 바르제아에서의 대규모적 농업개발에는 관개수로나 제방, 그 밖의 물관리에 필요한 시설 등 막대한 비용이 필요할 것이다.

아마존 강 유역의 모든 나라 정부들은 다른 지역 주민들의 삼림지대 정착을 돕기 위한 계획을 갖고 있다. 그러나 대부분의 경우 토지에 굶주린 사람들이 토지를 찾아 자발적으로 이주하는 수가 많아 그 계획에 차질을 초래하고 있다. 1971년 브라질의 아마존 종단도로(완성되면 대서양 연안에서 페루국경까지로 이어진다)의 한 주요 구간이 개통된 이후 약 5만 가구가 새로 난 도로 연변에 있는 100ha 이상으로 된 토지를 싼값으로 차지하려고 이주하였다. 이 수는 정부가 처음 계획하였던 수에 미치지는 못한 것이었다. 그러나 아마존 지역에서의 한정된 재원이나 행정적 기구의 불비, 그리고 이주자의 열대 습윤 지대의 특수사정이나 이곳에서의 농업에 관한 지식의 부족 등으로 정부는 기대치를 크게 축소시키지 않을 수 없었다. 아마존 지역 이주자에 대한 정부보조는 1971년 중단되었다. 그 이유는 이때 벌써 이주사업단이 알선한 수 이상의 이주자가 자력으로 이 지역에 이주하여 버렸기 때문이다. 1975년에는 아마존 지역 밖에 거주하는 사람들의 이주민 선발 사업은 중단되었으나 자진하여 이주하는 주민은 뒤를 이었다.(주 11)

이주민 중 소수의 농업에 숙달한 농민은 가족의 식량이외에 과실이나 코코아 또는 후추 같은 것을 생산하여 시장에 내놓기도 하였으나 대부분은 가족을 먹여 살리는데 필요한 옥수수, 매니옥, 고구마, 파인애플을 충분히 생산하는 것을 목표로 한 생계중심의 농업에 종사하였다. 대체로 토지가 나쁜데다가 비료나 농업기술에 대한 훈련이 없는 상태에서 자립적인 생활이 가능하게 되었다는 것은 그들이 이주하기 전에 꿈꾸었던 풍요로운 것에는 훨씬 못 미치는 것이기는 하였으나 그 자체만으로도 하나의 성과였다. 그러나 이들 이주민 중에서 얼마나 많은 사람들이 열대의 숲 속에서 살 수 없음을 깨닫고 보다 숙달한 사람이나 기업인에게 그들의 땅을 팔아버렸으며 새로 개간된 땅이 과도의 경작과 부적절한 경작법으로 얼마나 많은 개간된 땅이 심하게 황폐할 것이며 수년 동안의 경작으로 토양의 생산성을 소모하고 난 다음 얼마나 많은 이주자가 앞으로 떠나지 않으면 안 되게 될지 등에 대하여는 현재 아무도 모른다. 아마존의 개발에 관한 찬반양론은 많으나 이 지역에서의 현장체험을 분석한 자료는 놀랍게도 아주 적다. 여하튼 아마존유역에서의 이민계획은 하나의 실험으로 그의 최종적 결과는 당분간 나오지 않을 것이다. 아마존 유역으로의 초기이민은 대부분이 성공적인 선례는 못된다. 19세기말 정부는 베렘 항의 동쪽에 있는 부라간티나 지역으로의 이민을 촉진하고 베렘과 동부의 부라간사를 잇는 300Km 철도를 건설하였다. 초기 이주자의 대부분은 남부 유럽인으로 이들은 산림의 파괴에는 도움이 되었으나 그 지역의 나쁜 토질과 심한 병충해의 피해를 견뎌내지 못하고 곧 그곳을 떠났다. 뒤를 이은 동북부 브라질이나 그 밖의 지역으로부터의 이주자들은 생활에 필요한 물자를 토지에서 얻어내려고 더 많은 농토를 개간하고 이동농법을 이용한 생산기술을 투입하였다. 그리하여 20세기 중엽에는 이 부락의 인구밀도가 1평방km당 8인 정도가 되었는데 이것은 이 지역에서의 이동농법으로 유지할 수 있는 인구한계를 훨씬 넘는 것이다. 독일의 저명한 과학자 하랄드 지오리씨는 그 결과를 다음과 같이 기술하고 있다.

"울창한 삼림은 가늘고 길게 뻗친 띠 모양의 관목대로 변하였고 점점 줄어들어가는 여기저기에 남아 있는 정글만이 지난날의 무성한 나무들의 모습을 보여주고 있다. 이렇게 넓어지는 나지 때문에 지난날의 삼림군집이 갖고 있던 토양의 보수력이나 양분은 말라버리고 더 길어진 한발형으로 변한 지역적 기후는 넓은 면적에 걸친 나지를 낳았다. 이 개발이라는 이름의 노력의 최종결과는 비교적 단시일내에 나타났다. 섬유작물 특히 말바(*Pavonia malacophylla*)나 우아시마(*Urena lobata*) (역주: 아욱과 섬유로 커피의 푸대를 만듦)의 도입은 일시적으로 지력감퇴를 회복시켰다. 그러나 이런 새로운 작물도 - 목탄제조에 카포아이라스(휴한지에 생육하는 관목)를 이용하는 것도 겹쳐서 - 결국은 50년도 채 못 되어 오이게니아 이클러가 "고스트 랜드 스케이프"(황폐하여 유령이 나올듯한 경관)라고 부른 상태로 되는 과정을 밟게 하는데 한 몫을 했을 따름이다." (주 12)

아마존 강 하류지역에서의 다른 이민 계획은 부라칸티나에서와 같은 대대적인 파괴 작용이 일어나지는 않았으나 대부분 가난에 허덕이는 사람들과 황폐한 경관을 낳았다.

그 중 희망적인 것은 아마조니아주로 이민한 일본인의 경우로 이것은 최소한 어떤 종류의 진취적 농업은 수익을 올릴 수 있을 것임을 실증하였다. 그들은 열대의 환경에 잘 적응한 경제성이 높은 작물재배에 집중하였다. 그들이 도입한 후추와 황마는 아마존의 가장 값진 수출농산물이 되고 있다. 일본인들은 아마존강유역의 전작지대와 바르지아 지방에 집약적인 토양관리의 전통을 심는데 성공하였던 것이다.

앞으로 수 십 년 사이에 아마조니아주의 경관은 대기업(대부분 외국기업들이지만)에 의하여 지금까지의 이주민들의 시대와는 비교하기 힘들 정도로 크게 바뀔 것으로 보인다. 1973년 말까지 총면적 700만ha에 달하는 대면적에 대한 사용권이 브라질 인이나 외국의 목축업자에게 인가되었다. 뉴욕의 D. K. 루드위그 소유의 한 상사는 스리남의 남쪽 쟈리강 유역에 120만ha나 되는 토지를 매입하였다. 이 회사는 임업, 목축업은 물론 제지, 섬유공업, 알루미늄공업 등 다양한 사업을 하고 있다. 이 회사는 전용 항만시설과 수 천마일의 도로를 건설하였으며 앞으로 수력발전소와 인구 3만명의 도시건설을 계획하고 있다. 또 미국의 조지 패시픽 회사도 1960년 중반기에 26만ha의 토지를 매입하고 단시일 내에 아마존 지역에서 최대의 목재생산자가 되었다. 텍사스의 유명한 킹 목장은 파라주에 약 7만 3천 ha의 토지를 소유하고 그의 약 반을 개간하여 쇠고기 생산을 하고 있다.(주 14) 이런 계획들이 장기적으로 어떠한 생태적, 경제적 결과를 초래할 것인가는 두고 보아야 할 일이다. 동시에 이런 방식의 아마존 지역 자원의 이용이 브라질 국민에게 어떤 경제적 부담을 주고 얼마나 이익이 될 것인가도 앞으로 두고 보아야 할 문제이다.

일부 전문가는 농업이민이 점점 늘어나면서 적절치 못한 기술이 적용되고 목재생산이나 목축업에 의한 단기적 이익을 목적으로 삼림의 대대적 개간이 아마존 강 유역에 생태학적 악몽을 초래할 것이라고 우려하고 있다. 표토의 과도한 노출은 토양생산성을 돌이킬 수 없을 정도로 손상시킬 수 있으며 대규모의 산림개간은 이 지역의 기후조건이나 하류에 알 수 없는 영향을 미칠 수 있을 것이다. 브라질 지리연구소의 지리학자들은 "초대형의 재해"가 다가오고 있다고 예고하고 있다. 미국의 지리학자 윌리암 데네반은 "아마존강유역이 사막으로 변할 것이라고 주장하는 것을 가끔 들으나 그 가능성은 없다. 그러나 그 곳이 동식물이나 인간이 살기 힘든 불모지로 변할 가능성은 충분히 있다."라고 말하고 있다.(주 15) 반면 현재 브라질이 추진하고 있는 이민과 토지대여계획은 20세기말까지 가도 아마존 강 유역 전체 면적의 1/5를 약간 넘을 정도일 것으로 그리 크게 염려할 것은 못된다고 하는 사람도 있다. 어느 주장이 옳든지 간에 오늘날의 논쟁의 초점은 아마존 강 유역이 세계의 식량위기를 해소하는 더 주요한 역할을 할 것이냐의 여부가 아니고 이 지역이 앞으로의 개발선풍 속에서 생태학적 파멸을 면하거나 적어도 생산력의 영원한 감퇴를 면할 수 있느냐 없느냐의 문제가 강조되어야 할 것이다. 현재 열대농업 연구자들에게 주어진 문제는 토지생산력의 항구적 유지가 가능한 농업체계의 개발이다. 여러 지역에서 각 지역의 이동농법을 이용한 수량증대기술에 관한 정보는 상당히 많으나 이런 점이 아직도 충분히 활용되고 있지 못하다. 그러나 앞으로 20여년 이내에 대부분의 열대지방 인구가 2배로 증가할 것이라는 것을 염두에 두고 2, 30년 후를 전망해 볼 때 최소한 몇몇 열대지방에서는 보다 집약적으로 토지를 이용할 수 있는 농업체계의 개발은 불가피한 것으로 보인다.

현재 생산력을 떨어뜨리지 않고 지속적으로 작물을 재배하는 농업체계에 필요한 내용들은 많이 알려져 있다. 그 중에는 재식에서부터 수확기까지 토지를 갈아엎는 일을 최대한으로 억제하고 수확 후 작물잔체를 경지에 그대로 버려두는 비경운 재배법이나 유기물의 체계적 축적을 돕는 멀칭(근부피복)법 등이 대표적인 것이다. 혼작은 전통적 농업에서 유래한 것으로 이것은 토양의 지력감퇴와 병해충 발생을 적게 한다. 가장 어려운 문제는 열대지방의 일반 농민들이 놓여있는 경제적, 기술적 범위 내에서 어떻게 하면 장기간 토양의 생산력을 유지할 수 있을까하는 문제라 하겠다. 보다 많은 화학비료의 이용이나 산성토양문제를 극복하기 위한 석회 사용 등은 잘만 이용한다면 영속적 재배를 가능케 할 수 있을 것이다. 그러나 국제열대농업연구소의 연구부장인 D. J. 그린랜드는 "진정한 문제점은 할 수 있느냐 없느냐의 문제가 아니고 그것이 경제적이냐 아니냐에 있다"라고 지적하고 있다.(주 16) 식량작물의 값이 싸면 일반농가가 화학비료 구입에 돈을 쓴다는 것은 무리이다. 따라서 다음의 연구과제는 값비싼 화학비료 사용량을 줄이기 위하여 두과식물을 비롯한 그 밖의 녹비식물이나 멀칭 또는 가축 분뇨의 이용 등을 포함한 작부체계에 관한 연구이다. 이들 나라에서는 화학비료는 외국에서 수입하고 있는 것이 보통이다. 물론 지역에 따라서는 산성토양에서도 재배할 수 있는 내산성 작물의 개발도 필요할 것이다.

현재 우리는 집약적인 열대농업에 필요한 내용들은 상당히 많이 알고는 있으나 그것을 믿을 수 있는 확고한 구조로 체계화하지는 못하고 있는 것이 사실이다. 이런 방향의 연구 성과가 빠른 시일 내에 가시화되지는 못할 것이다. 새로운 농업체계가 가능성이 보일 때도 이것은 수년간 시험해보고 난 후에 지역의 사회적, 생태적 조건에 착실하게 적용시켜 보아야 할 것이다. 그리고 농민에 새로운 정보나 자금 그리고 시장정보를 제공하는데 필요한 체제도 필요할 것이고 끝으로 실제로 농업에 종사하는 사람에게는 새로운 방법을 도입하는 것이 자신을 위하여 최선이라는 것을 보여주어야 할 것이다.

아프리카나 아시아 그리고 중남미의 일부 지역의 열대림에서는 농업의 집약화가 불가피한 상태이다. 우리는 그곳의 토지나 농업이 지나치게 황폐되기 전에 적절한 과학적 지식이 구체화되고 보급되기를 바랄뿐이다. 그러나 대부분의 열대습지대에서는 보다 확실한 토지 이용법과 토지 수요를 줄이는 것이 훨씬 더 좋은 길이다. 일반적으로 식량증산의 강화는 열대이외의 지역에서 하고 열대림의 활용은 임업이나 바나나나 코코아 또는 기름야자와 같은 목본성 작물의 재배와 같은 생태학적으로 보다 이곳의 환경에 적합한 방법을 통하는 것이 좋을 것으로 생각된다. 특히 브라질의 아마존 강 유역 개간 같은 것에서 여러 가지 가능성을 생각할 수 있는데 여기에는 식량생산은 포함되어 있지 않다. 아마존 밀림지대를 제외한 다른 곳에서 새로 토지를 개간하고 토지를 재분배하고 또는 새로 개발된 농업기술을 도입하여 얻을 수 있는 농업적 이익이 훨씬 크고 기술적으로도 가능성이 크다 하겠다.

사실 열대의 토지는 임업을 통하여 장기적으로 큰 도움을 줄 수 있을 때에도 농업생산을 위하여 무분별하게 개간되는 수가 많다. 산림은 그의 생태학적 환경안전기능이외에도 임산물이나 땔감, 야생동물을 통한 단백질 공급원 등 다방면으로 이용된다. 농업생산이 강조되는 곳은 오히려 비옥한 토지에서다. 예를 들면 아프리카나 중남미의 충적평야에서도 아시아에서와 같이 대단히 생산성이 높은 벼 재배가 가능하다. 벼 재배가 안 되고 있는 이유는 본질적인 환경적 문제보다도 많은 자본투자가 필요하고 익숙하지 못한 기술이 벼 재배의 확대를 가로막고 있는 주요한 요인으로 보인다.(주 17)

열대지방에서 임업과 농업의 혼합형태로 타운기아(Taungya)방식이라는 유망한 것이었다. 이것은 버마가 그 기원으로 되어있으며 최근 열대 임학이나 작물재배학에서 많은 주목을 받고 있다.(주 18) 이것은 육림농업

(Agri-silviculture)라고도 알려진 것으로 열대림에서의 생산성과 수익성을 증가시키면서 생태학적으로 타당성이 있는 방법이다. 여러 가지 방식이 있을 수 있으나 기본적으로는 먼저 토지를 개간하여 일련의 농작물을 재배체계에 따라 재배하는데 최종작물을 거둬드리기 전에 속성임목을 작물들 사이에 심는다. 그리고는 조림지로 이용되어 목재를 생산하고 노동력을 흡수하게 한다. 토질이 충분히 회복될 수 있는 나무를 선택한다면 임목을 수확하고 난 다음에 또 다른 농작물 재배체계를 되풀이 할 수 있겠다. 타운기아 체제는 관리가 잘된 이동농업의 생태학적 장점을 갖고 있으면서도 10년 내지 20년 동안에 실제 생산에 이용하는 것이 2, 3년에 불과한 것을 생산에 계속하여 이용할 수 있게 한다.

일부 생태학자들은 열대 습윤 지대에서 농업의 집약화 노력은 어떤 것이든 무익한 일이며 위험한 것이라고 생각한다. 그러나 불행히도 여러 지역에서 개발가능성이 보이는 곳은 이동농업이 끼어든 비교적 원시상태로 남아있는 산림지대가 아니고 토지와 식량에 주린 사람들에 의하여 파괴되고 경작기간에 비하여 휴한기가 짧아 토지비옥도가 극도로 떨어진 산림이라는데 문제가 있는 것이다. 열대지방에서의 개발과 관련된 이런 생태학적, 농업적, 경제적 사실로 보아 이 지대의 토지가 세계 식량문제해결을 위한 곡창이 될 수 있을 가능성은 적다. 그렇게 보면 열대 습윤 지대의 사람들이 앞으로 자기 자신의 삶에 필요한 식량만이라도 생산할 수 있다면 그것만으로도 행운일 것이다.

## 09 세계어업에 대한 2중의 위협

바다에서 식량을 거두어드리는 일은 토지에서 먹은 것을 얻는 것과는 아주 다른 방법이 이용된다. 그러나 육지에서와 마찬가지로 바다에서도 자연계에서 지나치게 많은 것을 수확하려고 하면 결국 얻는 것은 도리어 줄어들게 된다. 과다한 어류포획은 토지에서의 과방목의 경우와 마찬가지로 자연계의 균형을 파괴한다. 그리고 우리가 매일 바다에 버리는 다량의 오염물질은 해양생물의 생존자체를 위협하는 생물학적 시한폭탄이며 그의 크기나 언제 터질지도 알 수 없는 것이다.(도화선의 길이를 알 수 없기 때문에)

극히 최근까지만 하여도 해양은 거의 무한하며 영구히 풍요로운 것으로 생각하였다. 물고기는 언제나 그 곳에 살고 있는 것이며 어획량은 다만 어부의 노력과 기술에 의하여 결정된다고 생각하여 왔다. 초기의 어부들은 내륙의 호소나 하천 그리고 연안에서 물고기를 잡았다. 처음에는 통나무를 타고 나가 잡다가 차차 뗏목 그리고 배를 타고 나가 물고기를 잡게 되면서 해변에서부터 더 먼 곳까지 출어하게 되었다. 그러나 잡은 물고기가 상하기 때문에 거주지에서 수시간정도 걸리는 곳 이상으로는 가지는 못하는 것이 대부분이었다. 그런데 19세기에 이르러 어선에 얼음을 이용한 냉장시설이 도입되면서 한번에 2-3주간의 항해기간을 가능하게 하여 출어범위는 크게 넓어졌다. 그리고 20세기 중엽에는 대형의 어선단에 가공선이 포함되면서 선상에서 가공, 냉동이 가능해지고 출어기간은 수개월로 증가하였고 여기에 헬리콥터나 음향탐지기의 등장으로 어군을 탐지하여 포획이 가능하게 되었다. 어획방법이 발달하고 단백질의 수요가 급증하였으나 바다는 늘 푸짐하였다. 1950년부터 1970년까지 사이에 세계의 어획량은 2100만 M/T에서 7000만 M/T로 매년 신기록을 내면서 3배 이상이나 증가하였다. 세계의 어획량은 매년 5% 이상씩 증가하였는데 이것은 세계 인구 증가률의 2배 이상인 것으로 해산단백질의 1인당 공급량도 크게 증가하였다. 1970년의 세계어획량은 일인당 평균생어중으로 약 400파운드에 달하고 있다.

물고기는 인구밀도가 높은 나라에서는 국민의 중요한 단백질원이다. 예를 들면 연간 1인당 어류소비량은 일본에서는 71파운드이고 필리핀에서는 44파운드며 소련에서는 23파운드이다. 이 숫자에는 일본, 유럽, 미국에서 가축과 양돈용 사료로 쓰이는 전 어획량의 1/3에 해당하는 것은 포함되어 있지 않다. 부유한 나라들이 대부분을 잡고 거래하고 있지만 중국의 일부나 동남아 그 밖에 아프리카, 아시아, 중남미 등의 가난한 나라에 살고 있는 수억의 국민들에 있어서는 물고기는 실제로 유일한 동물성 단백질원이다. 세계어업의 급성장기가 끝나려는 1970년대 중반기에 들어서면서 어려운 문제가 등장하였다. 즉 인류사회가 이 값지고 재생 가능한 자원을 높은 생산력 수준으로 유지해 나갈 수 있는 조직체를 가질 수 있는 기능을 갖고 있을까 하는 문제였다. 부자와 빈자, 영양 과잉자와 영양 실조자, 강자와 약자 모두가 보다 많은 동물성단백질을 강력하게 요구하고 있는데 이 한정된 해산물을 배분하는 기준은 어떤 것이 될까? 국제연합의 해양법회의가 잇따라 열리고 있음은 해양에서의 신질서의 과도기임을 말해주고 있다. 이것이 국제간의 협조관계가 될 것인지 분쟁관계가 될 것인지 또는 계몽적인 어업자원의 이용이 될 것인지 혹은 근시안적인 자원고갈이 될 것인지는 아직 확실하지 않다.

얼마나 오랫동안 세계어획량이 증가할 수 있을까? FAO의 과학자들은 세계의 어류학자와 연구소의 협조를 얻어 최대 세계어획고가 대체로 연간 1억 M/T 정도가 될 것이라고 최근 추정하고 이다. 이것은 고래에서 안초비(멸치의 일종)까지 현재 세계어물시장에서 거래되는 여러 가지 크기의 물고기와 아직 상업적 개발이 되어있지 않으나 크기나 겉모양이 이용되고 있는 어류와 비슷한 어류까지를 포함하고 있다. 이것은 인도양이나 남지나해 기타에서와 같이 현재 어획에 여유가 있는 지역과 앞으로 개발될 지역 등이 포함 되어 있고 난획으로 심하게 고갈될 어종이 별로 없고 오염이 그리 넓은 면적에 걸쳐 어족에 타격을 주지 않을 것이라는 등의 전제를 두고 한 추정치이다. 그리고 남극해에 많은 플랑크톤성인 그릴은 500만 M/T의 어획가능성을 갖고 있는 식물 연쇄 계열상 낮은 위치에 속하는 종류이나 이런 새로운 종의 이용에는 막대한 비용이 들고 맛에도 문제가 있어서 계산에 넣지 않은 것이다. 또 양식이나 양어장의 생산량도 잠재력은 크나 여기에는 포함되어 있지 않다.(주 1)

연간 세계어획고를 현재의 7000만 M/T에서 1억 M/T로 올릴 수 있는 가능성은 얼핏 보았을 때 생장수치를 살펴볼 때까지는 희망적인 결론이다. 1950-1970년 사이의 연간세계어획고 증가률이 유지된다면 연간어획고가 1억 M/T에 달하여 그것을 유지하는 것은 바로 8년 후이다. 일부 사람들이 생각하는 것과 같이 FAO의 추정치가 지나치게 비관적이어서 어획량이 현재의 2배인 1억 4000만 M/T이 된다고 하여도 지금까지의 성장률로 가면 14년이면 이 한계에 달한다. 중요어업국들은 각기 자국의 어획량을 증가시키려 하고 있으며 어선수도 매년 증가하고 있다. 그러나 잠재적 어획량이 고갈되어 버리기 전에 국가간 어획량에 대한 제한이 가능할 것인지에 대한 의문은 여전히 남게 된다.

어선수의 지나친 증가로 어획량의 허용한계를 빠른 시일 내에 넘어버리게 되어 많은 어종들이 크게 피해를 받아 해양생산을 부분적으로 파괴하고 있다. 그리고 잡기 쉬운 어류의 어획량이 최고에 달하여 더 늘릴 수 없어지고 경우에 따라서는 감소하기까지 하고 있는 것으로 보아 조업에 더 많은 노력을 기울려도 어획량은 현저하게 떨어질 가능성이 커지고 있다. 여하튼 세계는 해양단백질공급의 현상태 유지나 큰 증가를 기대 할 수는 없을 것으로 보인다. 세계 식량 생산의 연간증가율은 매년 차이가 증가하고 있어 이것은 지상의 단백질원이 채워주지 않으면 안 될 형편이다.

1970년대 초반에 벌써 해양에 대한 심한 영향이 나타나기 시작하여 일부에서는 어획량이 1억 M/T에 달할 수 있을지에 대하여 의문이 제기되었었다. 20년간의 지속적인 어획량생장이 1971년에 갑자기 정지 되었는데 이 해의 어획량은 그 전년의 7000만 M/T에도 조금 못 미쳤던 것이다. 이어서 1972년과 1973년에는 페루해안에서의 안초비(멸치의 일종)어획이 일시적으로 크게 감퇴하면서 세계의 총 어획량은 6600만 M/T이하로 떨어졌다. 1974년의 잠정 추정량은 1970년 수준으로 6900~7000만 M/T 정도로 보여진다.(주 2)

해양단백질 공급의 갑작스러운 감소는 지금까지 무관심하였던 전문가들의 주의를 환기 시켰다. 눈부신 성장의 빛에 가려 그것을 성취하는 과정에 일어난 문제에 대한 배려를 게을리 하였었다. 전체성장량 뒤에 숨어 있는 사실은 종래 잡아오던 어종이 밀도 회복이 가능한 최저한계 또는 그 이하까지 난획되면서 잡는 어종을 바꾸거나 또는 어장을 옮기는 일이 계속되어 왔는데 이것은 총 어획량에는 반영되어 있지 않다. 수세기에 걸쳐 제한 없이 성장하여 온 세계어획량은 많은 희생을 가져왔다. 해양에서의 생물 순환을 이렇게 마구 남용하면 언젠가는 우리가 되돌릴 수 있는 한계를 넘어버리게 마련이다. 현재, 2, 3종의 물고기는 거의 완전히 모습을 찾아볼 수 없게 되었고 몇몇 종은 그들의 잠재적 생산량의 극히 일부분을 남기고 있는 현실이며 많은 종들은 과다한 남획으로 그들의 최대 생산량보다는 낮은 수준의 생산을 하고 있다.(주 3)

한 종 어업이 성장하고 난획되고 그리고 나서 쇠퇴하는 과정은 로드아일랜드 북부에서 그린랜드 남부에 걸친 북서대서양 해역에서의 어업의 역사에서 읽을 수 있다. 350년간이나 기업 어법이 이어져 왔고 그의 어획량은 세계의 총 어획량의 5%를 차지하는데 이 지역은 어떤 면에서는 세계 어장의 축소판이며 앞으로 어디서나 일어날 수 있는 예이기도 하다.

북서 대서양은 생물학적으로 풍요로우며 소련과 유럽의 어선이 캐나다와 미국의 어선에 합세하면서 이 해역의 어획고는 매년 증가하여 1954년에는 180만 M/T 이던 것이 1968년에는 390만 M/T로 최고에 달하였다. 그러나 그 후에는 어획능력은 매년 증가하였으나 이용할 수 있는 5년간의 자료로 판단할 때 총 어획량이 350 M/T를 넘은 것은 없었던 것 같다.(주 4)

이 지역에서 가장 중요한 몇몇 어종의 어획량이 감소한 것은 그 종의 난획에 의한 것으로 이것이 총 어획량의 감소를 초래하였음을 알 수 있다. 단일종으로 가장 중요한 어종은 대구인데 그의 어획량은 1968년 190만 M/T 이었으나 1973년에는 50% 이상이 감소하고 있다. 청어의 어획량도 최고에 달한 1968년에는 90만 M/T이던 것이 1973년에는 50만 M/T로 감소하였다. 북대성양대구(역자주, 대구보다 크기가 작다)는 24만 9000 M/T이 잡힌 1965년을 고비로 1973년에는 그의 1/10을 조금 넘는 정도로 떨어졌다.

이 해역에서 조업하는 나라들은 공동으로 어장을 관리하기 위하여 오래전에 북서대서양어업위원회를 조직하였다. 이 위원회가 조업량을 자원의 안전성이나 경제적인 면에서 합리적인 수준으로 조절하지는 못하였으나 여러 해역에서 보다 심하게 위협을 받고 있는 어종에 대한 압박을 감소시키기 위한 최근의 의욕적인 노력은 전면적인 고갈을 방지하는데 도움을 주고 있는 예이다.

남동태평양 베루 앞바다는 세계에서 가장 풍부한 어장인데 여기에서 최근 사하라 지방에서의 재난이나 1930년대 미국에서 있었던 대황진 같은 지상에서 일어난 생태학적 환경파괴와 꼭 같은 큰 재난을 겪고 있다. 이 세 가지 예에서 공통된 점은 인간이 생태계에 대한 욕구를 점점 증대시키면서 그 영향이 자연이 감당할 수 있는 한계에 달하게 되었다는 것이다. 그리고 자연조건의 변화는 추측할 수는 있으나 그것이 갑자기 일어나 자연의 생명 유지 능력을 일시적으로 감소하였을 때는 이런 영향들이 합쳐서 인류와 자연을 위태롭게 한 것이다.

이야기는 1950년대 중반기에 시작된다. 이 시기가 페루의 어업이 해양어업 사상 가장 눈부신 발전을 시작한 시기이다. 페루와 북부 칠레 앞바다의 해양조건은 생물의 대발생에 최적이었다. 남태평양에서 페루를 향하여 흐르는 훔볼트 해류가 서쪽으로 구부러지면서 깊은 바다 밑에서 차고 풍부한 부양물질을 밀어 올리게 되는데(용승류) 이것이 태양광선을 받을 수 있는 곳에 달하면 그곳에 동, 식물의 대발생을 초래하는 것이다.

19세기에서 20세기초반기까지 인간은 해안에 모이는 수많은 안초비를 먹으려고 모여드는 바다새의 똥(역자주 꾸아노 인산비료의 원료)을 비료로 팔기 위하여 이 생태계를 이용하였다. 구아노의 고갈을 염려한 정부의 통제와 화학비료의 수급으로 이 산업은 쇠퇴해 갔다. 그러나 식물연쇄상으로 한 단계 낮은 영양단계(새의 먹이가 되는 물고기)를 이용하는 새로운 산업이 이 해양어업의 면모를 바꿔 놓게 되었다. 보다 효율적인 안초비 조업기술이 개발되고 유럽, 일본, 미국 등에서의 양계업의 수입증가와 혁신이 일어나면서 안초비 어분을 이용한 사료의 새 시장이 형성되게 된 것이었다. 이 풍부한 양질의 단백질원인 안초비가 불행히도 안데스지방이나 그 밖의 중남미사람들의 영양부족을 해결하는데 쓰이는 것이 아니고 선진공업국 사람들의 늘어가는 육식욕구를 만족시키는데 쓰인 것이었다. 안초비가 풍부한 것도 한 원인이 되었으나 어분은 현재 대규모의 과학화된 양계장에서 주로 생산하는 부로이러 생산에 사료첨가물로 많이 이용되었다.

안초비는 곧 페루의 중요한 천연자원임이 밝혀지고 어분은 60년대 중반기까지 수출 제1위였던 구리를 대신하게 되었다. 안초비의 어획량이 증가하면서 페루는 세계 제일의 어업국이 되었으며 오랫동안 전 세계 어획량의 1/5에 해당되는 안초비 어획량을 차지하였다. 그리하여 세계 어분수출량의 거의 2/3가 페루의 몫이 되기도 하였다. 이 산업은 수익성이 높아 어선이나 가공공장에 대규모의 투자를 유도하였다. 제랄드 포릭크는 1971년 페루 어선단의 놀라운 조업능력을 다음과 같이 쓰고 있다. "1970년 4월 28일 그간의 총 어획량은 950만 M/T이나 되었다. 조업은 매일 10만 M/T식 10일간이나 더 계속되었다. 이 놀라운 어획량은 미국 전국에서 하루 동안에 잡은 노란참치의 량 또는 2.5일 동안에 전 태평양에서 잡은 전미국의 연어량에 맞먹는 것이다. 물론 이와 같은 파괴적인 어획은 세심한 주의를 갖고 조절되어야 하며 엄밀한 관리와 통제가 꼭 필요하다." (주 5)

생물학적인 감시와 어획규제를 위한 훌륭한 제도가 개발되었으나 지나칠 정도로 많은 어선을 소유한 투자자와 외화부족으로 허덕이는 정부의 정책 등이 어울려 안초비 어획량은 계속 늘었다. 1970년 국제조사단의 생물학자들은 페루 안초비 어업의 유지를 위한 최대 어획량을 약 950만 M/T로 잠정 추산하였다. 그러나 정치적 현실은 생물학적인 필요성보다 강한 영향력을 갖고 있어 1967, 1968, 1970, 1971년 등 매년 이 추산치를 넘어 1970년에는 1200만 M/T를 넘었고 1971년에도 1000만 M/T를 넘고 있다.

안초비의 자원량이 불안정하다는 것은 옛날부터 알려진 사실이다. 이 지방에서 엘니뇨(El Nino, 크리스마스를 전후해서 일어나는 수가 많아 이렇게 부르며 "어린이"라는 뜻)라는 언제 내습할지 알 수 없는 난류 때문에 안초비는 이것을 피하여 찬물을 찾아 깊이 숨는데 이때 아마도 그의 수도 감소하는 듯하다. 이런 이유 이외에 캘리포니아 연안의 정어리나 노르웨이나 일본 근해에서의 청어와 같이 안초비의 근연종을 대상으로 한 어업이 일찍부터 쇠퇴한 것을 보면 이런 종류의 어종은 다른 어종에 비하여 영향을 받기 쉬우며 그 결과는 눈에 띄도록 현저하고 단시간 내에 나타나는 것으로 보인다.

1972년 봄의 풍어가 있은 다음 중반기에 이르러 엘니뇨가 찾아들면서 지금까지와 같은 연안어장에서 안초비의 모습을 찾아볼 수 없게 된 것이 명백해졌다. 이에 놀란 페루정부는 그해 그 후의 조업을 중단시켰다. 1973년 초에도 해류는 비정상상태로 남아있었으며 시험적으로 안초비를 잡아보았을 때 치어가 없음을 알게 되었다. 이대로 영원히 안초비 어업은 못하는 것이 아닐까하는 두려움으로 페루정부는 그해와 1974년 봄 얼마도안까지 어장을 폐쇄하였다. 거의 2년간 세계최대의 이 어업은 사실상 휴업상태였다. 직장을 잃은 어부, 손해를 입은 기업가, 주요 수출산물을 잃은 페루정부 그리고 갑작스러운 어분부족이 세계 단백질 시장을 혼란에 빠뜨린 것을 알게 된 소비자, 이들 모두에 있어서 이 시기는 길고긴 2년간이었다.

이런 쇠퇴의 원인에 대하여는 여러 방면에서 그것이 전적으로 자연조건과 엘니뇨 때문이라고 생각하는 경향이 있으나 그 내용을 자세히 검토해보면 그것만으로는 납득이 가지 않는 점이 있다. 결과적인 일이나 FAO의 대표적 어류학 전문가인 존 귤랜드는 1970년과 1971년 2년간의 과다한 어획이 이와 같은 위험한 조건으로 까지 어족자원을 감퇴시켰을 가능성이 있다고 하고 다음과 같이 말하고 있다. "평균 또는 보다 좋은 환경하에서는 재생적 회복현상(번식에 의한 성공적인 밀도회복)으로 어군밀도를 유지할 수 있으나 엘니뇨의 내습과 같은 불리한 조건하에서는 이런 재생적 회복현상의 기능을 실패로 끝나게 할 수도 있을 것이다. 그러나 이런 조건을 당한 성어군이 보다 대형이었더라면 그런 일은 없었을 수도 있겠다." (주 6) 1970년의 특히 많은 어획량으로 1971년에는 전에 없이 번식량이 적었을 터이며 이 해는 엘니뇨의 내습에 훨씬 앞선 시기였다. 그런데 1972년 초기의 조업으로 1970년생과 1971년의 감소된 번식량에서 자란 것을 거의 잡아 재생회복에 관여할 성어수는 극히 적었다고 보아야 할 것이다. 재미있는 것은 추천량 수준의 연간어획이 있어 왔던 후인 1965년에 있었던 엘니뇨의 영향은 안초비 어획량 감소에 미치는 영향이 심한 것이 아니었고 그 기간도 짧아 다음해의 번식량에 그 영향이 나타나지 않았었다.

1973년 페루정부는 과잉설비의 감소책의 하나로 어분산업을 국유화하였다. 그리하여 안초비 어선수를 반으로 줄이고 해양 생물학자의 조언에 따라 정부는 어획량의 통제도 강화하였다. 조업이 재계된 1974년에는 어획량은 360만 M/T로 제한하였으며 1975년에는 불안정한 조건이 지속되면서 어획량은 그보다도 적었다. 생물학자들은 새로운 통제로 1977년까지는 원상으로 회복되고 그 이후에는 안정된 수준을 유지해가기를 바랬다.

해양은 인류의 식량급원인 동시에 지구상에서 생기는 폐기물의 최종 수용장소이기도 하다. 인간은 의도적이거나 무의식적으로 그중에는 독성이 극히 큰 것도 있으나 많은 폐기물을 해양으로 버린다. 유류, 화학폐기물, 치명적인 화학무기가스, 방사성폐기물, 고철류, 미량원소, 사람이나 동물의 배설물, 자동차 배출물, 농약, 세제 등 거의 대부분이 해양생물이 살고 있는 대륙연안의 좁은 면적에 집중적으로 버려지고 있다.

산업, 군사, 도시, 농업의 폐기물에 의한 해양오염의 장기적인 생물학적 영향이 어떤 것인가에 대하여는 아직 충분히 알려져 있지 않다. 해양오염물질의 량이나 종류의 증가는 우리가 그들에 대한 정보나 해양생물에 미치는 그들의 개별적 영향이나 공력작용의 영향에 관한 정보획득능력보다 빠르다. 그리고 자연계의 어류군은 원래 그 밀도가 불안정하기 때문에 어떤 어류의 감퇴가 지나친 어획 때문인지 또는 오염 때문인지 또는 자연조건의 변화에 의한 것인지를 식별하기가 어려운 경우가 많다. 그러나 해양오염은 이제 지구 전체에 걸친 것이며 그것이 해양식량자원에 심각한 위협이 되고 있다는 것은 확실하다.

육수나 연안의 오염이 어떤 종류의 물고기를 완전히 멸망시키고 산란장소의 생태학적 조건을 변화시켜 어류의 생존을 위협하거나 때로는 먹을 수 없는 물고기에 자리를 내놓게 하기도 한다.(주 7) 미국에서는 지난 수 년 사이에 물고기가 유해한 수준의 수은에 오염되게 되어 있음이 알려져 육수에서의 물고기 조업이 금지된 주가 33개나 된다. 일본에서는 수은이 사람의 병이나 사망의 원인이라고 주장되고 있고 스웨덴에서는 많은 내수면과 발틱해 연안에서 잡은 물고기가 수은으로 오염되어 있음이 알려져 판매가 금지되었다. 캘리포니아에서의 고등어 어업은 DDT 잔류량이 허용량인 5*ppm*을 넘고 있어서 금지되고 있다.

공업국에서는 오염이 심한 강이나 연안에 살고 있는 물고기류가 사실상 완전히 없어진 곳도 있다. 미국에서는 인구의 반, 전 공장의 40%가 해변이나 내항에 접하여 존재한다. 제일 큰 오염원은 도시하수로 대부분이 처리가 되어 있지 않으며 다음이 공장폐수와 농약류이다. 한때 굴양식으로 유명하였던 뉴-저지주의 라리탄만은 도시하수와 공장폐수로 현재에는 굴조개가 사라졌다. 멕시코만 연안의 새우양식도 자주 피해를 입어 텍사스 주의 갈베스톤만에서의 생산량은 1962년에서 1966년 사이에 반 이상이 줄어들었다.

오염으로 인한 어류피해에 관한 사실은 몇 페이지에 걸쳐서 쓸 수 있을 정도로 얼마든지 있다. 최근 2, 30년간에 지중해연안의 여러 곳에서 하수, 산업폐기물, 심한 농약과 비료의 유입, 유류유출 등이 합쳐서 그곳의 생물에 미친 영향은 눈에 띄게 커지고 있다. 그 때문에 연안어업이 자주 피해를 받아 왔다. 오염으로 가스피이해의 귀중한 철갑상어 산업이 큰 타격을 받고 있다. 일본에서도 한때 풍부한 어류가 살고 있던 도쿄만, 오오사까만, 히로시마만 등은 이제는 "죽음의 바다"로 변하였고 내해들도 곧 같은 운명에 처하게 될 것이라고 한다.

오염에 의한 어류피해는 고도로 공업화된 지역에 한한 것은 아니다. DDT나 그 밖의 농약을 말라리아 모기방제나 작물해충방제에 대량으로 사용하는 가난한 나라에서도 어류에 대한 피해가 자주 일어나며 인구가 밀집되어 있는 도시나 공장에서 유출되는 폐기물은 호수, 하천 그리고 연안의 생물에 대한 위협이 되고 있다. 부유한 나라들에서는 안전기준을 적용하는 일이 점점 늘어나고 있으나 공업단지를 건설하려는 강력한 욕구로 가난한 나라에서는 엄격하게 배출기준을 적용하는 일이 드물다. 이집트의 마리우트호에서의 어획량은 1961년 1만 M/T이던 것이 1967년에는 2000 M/T 이하로 떨어졌는데 그 주요원인은 이 호수로 유입하는 다량의 하수와 산업폐기물 때문이다. 멕시코의 동부해안지대 일부의 패류와 배스(역주; 농어의 일종)의 생산량은 제당공장과 펄프공장 또는 제지공장에서 유출되는 폐기물로 감소하고 있으며 멕시코나 쿠바에서는 농약으로 물고기가 죽어가는 것이 보고되고 있다. 일부 생태학자들은 농업이나 산업폐기물이 아프리카 동부의 그레이트 리프트호에서의 생산을 위협하고 있다고 우려하고 있다.(주 8) 여기서의 문제는 이 호수가 인접한 8개국에 식량을 공급하고 있어서 명백히 국제적인 것이다. 세계어업상 한 가지 밝은 전망은 양식어업이 급속히 발달할 수 있는 가능성이 크다는 것으로 특히 이것은 단백질이 부족한 가난한 나라들에서 그렇다. 호소나 갯벌에서의 어패류 양식은 아시아에서는 벌써부터 널리 있었던 일이나 앞으로 2, 30년 내에 세계 전체에 걸쳐 수배로 확대될 것은 거의 확실하다. 그런데 어패류 양식어업은 오염에 대한 취약성이 대단히 크다는 것이 문제이다. 농약과 비료의 유입으로 인도네시아, 필리핀, 말레이시아 등의 양식장에서의 생산량이 감소되고 있는데 이 문제는 동남아 뿐만 아니라 정부가 농업증산에 주력하고 있는 곳이면 어디서나 앞으로 더욱 심각하여 질 것은 확실하다.(주 9) 산업폐기물이나 선박항로에 유출되는 석유는 연안양식장을 못쓰게 만드는 주요한 원인이 되고 있다. 미국이나 일본의 연안 패류양식장은 벌써 유해한 물질의 오염으로 타격을 받고 있어 양식이 가능한 수역을 확보하는 문제는 양식어업발달에 있어서 가장 큰 문제일 것이다.

지상에 살포된 농약은 내포, 해안, 원해로 이동하는데 때로는 강물이나 비 또는 바람을 타고 살포한 곳에서 수 1000마일 떨어진 곳까지 운반 된다. DDT의 전 생산량의 1/4정도가 결국에 가서는 바다로 들어가게 되어 이제는 세계의 어류는 거의 전부가 DDT에 오염되어 있다.(주 10) 여러 공업국에서는 DDT사용이 금지되고 있으나 전 세계에서 년간 약 15만 M/T이 아직 사용되고 있으며 현재에는 10년 전보다 더 많이 쓰고 있을 지 알 수 없다.(주 10) 해수중의 DDT잔효기간이 얼마나 되는지는 알려져 있지 않으며 그의 대용으로 쓰이는 여러 가지 살충제가 해양생물에 어떤 영향을 미치는지도 모르고 있다. 이들 살충제는 지구 구석구석으로 쉽게 확산되는 고로 이런 잔효성 살충제는 지구의 어디서 쓰거나 간에 지구 전체의 문제가 된다. 수중에 2,3*ppb*이하의 DDT나 기타의 농약이 있어도 이것이 종류에 따라서는 생장이 저해를 받거나 생식을 못하게 된다. 텍사스 주 해안 내포에서 바다 송어의 난괴중의 8*ppm*의 DDT는 부화를 못하였다. 수중에 100억분의 1정도로 소량의 DDT가 존재하여도 굴조개의 성장이 크게 저해되며 100억분의 2가 있으면 상업용의 새우나 게는 죽게 된다.

미국 과학 아카데미가 최근 조사한 것을 보면 600만 M/T이상의 석유가 바다로 유입한다고 한다.(주 12) 이것은 매시간 700M/T, 하루에는 1만

7000M/T에 해당하는 석유가 바다로 유입한다는 것이다(이것은 하나의 추정치로 어떤 사람들은 500-1000만 M/T이라고 하기도 한다). 그 중 약 60만 M/T는 해안이나 해저의 유층에서 자연적으로 흘러 나온다고 한다. 사실 과거 수 천 년 동안에 현재 알려져 있는 석유 매장량의 50-100배나 되는 석유가 자연적으로 유출되었을 것이다. 해양 석유의 약 반 정도는 임해 정유소, 도시나 산업폐기물에 포함된 것 그리고 내륙에서 강물이 운반해 온 것이다. 그리고 대기중의 석유 탄화수소(자동차의 배기가스에 의한 것이 상당한 비중을 차지한다)는 또 다른 자연 침출물로 전체의 약 1/10에 달한다.

유조선이나 바다유전에서 일어나는 사고는 대형이어서 사람의 주목을 받으나 이것은 현재 전체 유출량의 1/20도 못되는 것이다. 선적, 하역, 밸라스트(밑바닥짐), 탱크의 청소 등과 같은 운송선의 통상작업이 현재에 있어서는 무엇보다도 큰 유류에 의한 해양오염원인이다. 통상적인 유조선업무나 그때에 유출되는 것을 합하면 해양으로 흘러 보내는 전 유류량의 1/3이상이 되는데 지난 10년간 개선된 탱크 세척기술의 광범위한 보급으로 더 증가하지는 않고 현상을 유지하고 있는 실정이다. 오랜 세월에 걸친 자연적 침출과 최근 수 10년간 증가 일로에 있는 인위적인 석유오염에도 불구하고 해양생물은 세계의 대부분의 해안지대에서 종전의 상태를 유지하고 있다. 이로 미루어보아 해양은 현재 수준의 유입량은 견디낼 수 있는 것이 확실하다. 그러나 국제연합의 과학자들은 다음과 같이 지적하고 있다. "일단 환경의 회복능력한계를 넘으면 그 영향은 단시일 내에 참담한 결과를 낳을 것이라는 점은 그대로 남아 있고 동시에 우리는 해양이 견디낼 수 있는 오염량이 얼마나 되고 회복이 가능한 능력도 모르고 있다.(주 13) 피해가 커서 회복이 불가능한 한계점은 현재의 오염수준보다는 상당히 높다고 할 수 있을지는 모르겠다. 또한 갑작스러운 죽음의 경우와 같이 생태계의 붕괴가 갑자기 나타나 우리를 놀라게 할지도 모를 일이다.

석유가 해양에 배출되면 그의 일부는 공중으로 증발하고 일부는 해양미생물에 의하여 생물학적 분해가 일어나며 일부는 해저에 가라앉아 축적되거나 사라지는 등 그의 운명에 관하여서는 알 수 없다. 석유에서 비중이 큰 성분은 분해하기 어려운 타르이며 현재 도처해양에서 문제가 되고 있는 부유덩어리는 이것이다. 노르웨이의 탐험가 토올 헤이엘다알이 1969년 뗏목배 라호를 타고 대서양 탐험을 하고나서의 보고에 "공해상에는 기름덩어리가 끝없이 퍼져 있는 듯이 보였다"라고 한 것은 진부할 정도로 많이 인용되어오고 있다. 그러나 현상은 너무나 흔해빠진 것이어서 현상자체가 진부한 것이 되어버렸다. 유출유류나 타르의 부유덩어리는 지중해에서는 어디서나 찾아 볼 수 있다. 타르는 대서양에서 동물 채집을 하는 그물에도 걸린다. 이전에는 오염되어 있는 일을 볼 수 없었던 아프리카 동해안이나 프랑스 남부 그리고 인도양과 대서양에 있는 여러 섬에서도 파도에 밀려온 타르덩어리로 더럽혀져 있는 곳이 점점 많아지고 있다.(주 14)

떠돌아다니는 폐유 잔해의 내용을 보면 자연적 침출이나 해안의 오염유에서 온 것보다는 대부분이 탱커 작업에 유래하고 있음을 알 수 있다. 석유의 해상수송이 계속하여 증가하고 있는 고로 유출유나 타르덩어리도 이에 따라 증가할 것이다. 이렇게 떠도는 폐유덩어리나 유출유가 해양생물에 미치는 궁극적인 영향은 아직 과학적으로는 구명되지 못하고 있으나 사람에 주는 감각적 영향은 절박한 것이다. 유출유가 일단 해안의 모래에 밀려오면 그것이 분해되려면 수 10년이 걸린다. 미국의 과학 아카데미의 전문가는 "만약 석유유출량을 자연이 갖고 있는 분해 능력의 한계이하로 억제하지 못한다면 우리는 모두가 석유로 더럽혀진 해안에 만족하지 않으면 안 될 것이다"라고 말하고 있다.

유출유나 타르덩어리, 기타 미지의 석유 잔해물은 벌써 놀라운 속도로 축적 되고 있으나 금후 10년 내에는 더욱 위협적인 양상으로 나타날 것이다. 세계 석유총생산량의 2/3 즉 약 20억 M/T의 석유가 금년에 수송될 것이며 1985년까지에는 해상수송량이 35억-40억 M/T에 달할 것으로 추정되고 있다.(주 15) 만약 총 수송량에 대한 오염량 비중이 지금 수준을 유지한다고 하여도 탱케에서 고의거나 사고로 해양에 유출되는 총량은 거의 2배가 되어 연간 400만 M/T를 넘을 것이다.

현재 세계도처에서 일어나고 있는 크고 작은 석유 유출 사건은 거의 매주 주요 신문에 보도되고 있다. 1975년 초의 어떤 날 스미소니언 연구소의 로버트 시트론은 미국 상원의 한 청문회에 출석하여 다음과 같은 신문 주요기사를 들어 진술하였다.

"우리가 이렇게 앉아있는 동안에도 아일랜드의 반트리만, 일본의 구라시기시, 인도 근처의 킬톤섬에서는 대량의 석유 유출 사고가 일어나고 있으며 싱가포르 앞바다에서는 슈퍼탱커 쇼와 마루(237,000 M/T)가 좌초하여 3,300 M/T의 원유를 유출시켜 이것이 인도네시아, 말레이시아, 싱가포르 근처를 오염시키고 있다. 며칠 전 버진 아일랜드의 센트크로이에서는 450 M/T의 석유가 밀려와서 항구를 덮어버렸다. 항구 내에서의 유출량은 극히 적은 것이었으나 밖에서 밀려온 석유였던 것이다. 어제 저녁 6시 10분에는 루지아나주 샬 메트 부근의 미시시피강에서 화물선 아메리칸 위트호와 예인선 마마 레어호가 충돌하였다. 3척의 바지선이 이때 불에 쌓여 하류로 떠내려가게 되어 약 1만 M/T의 석유가 미시시피강에 유출되었다. 이런 일들이 바로 15시간 전에 일어난 일이다."(주 16)

해양오염을 감소시키기 위한 국제 협정이 1972년과 1973년에 논의 되었다. 만약 여러 나라들이 비준한다면 이것이 증가하고 있는 석유유출을 완화시키는데 도움이 될 것이다. 석유나 기타의 유해물질을 바다에 버리는데 대한 국제간 엄격한 규제와 아울러 탱커는 석유탱커와 바라스터 탱커로 분리하고 수송선의 각각의 탱크에 대한 크기 규제와 같은 오염방지를 위한 선체규제 등 이 새로 건조되는 유조선에는 요구되어야 할 것이다. 그리고 오염을 최소화시킬 수 있는 바라스트 세척기술이 현재조업중인 탱커에는 도입될 필요가 있겠다.

이런 것들이 도입되어 전면적으로 실시된다면(이것은 쉬운 일은 아니다.)이런 국제조약은 현재 설계중인 거대한 새 탱커들에서의 석유유출을 완전히 막지는 못한다 하여도 그 양을 감소시킬 수는 있겠고 일상적인 탱커작업 시 생기는 오염을 억제할 수 있을 것이다. 70년대 중반기의 유조선 과잉상태가 일시적으로 초대형 유조선의 새로운 건조를 감소시켰는데 이것은 동시에 보다 안전하게 설계된 새로운 선박이 수송에 관여할 기회가 늦어지는 것을 뜻하기도 한다. 이렇게 보면 해양에서의 석유오염관계는 그것이 탱커에서 유래한 것이거나 보다 더 큰 지상기원의 것이거나 간에 앞으로 20-30년간은 지구에서 중요한 생태학적 문제로 남게 될 것은 확실하다.

석유유출이나 산업 오염물질에 의한 국지적인 어류나 새류의 치사현상은 잘 알려져 있으며 또 그 빈도가 늘고 있다. 그런데 우리가 잘 모르고 있는 사실은 해양으로 흘러들어가거나 때로는 바다에 퇴적되는 석유의 함유성분이나 부유하는 타르덩어리, 농약, 그리고 유독성인 공업 폐기물의 복합적인 상승효과이다. 이들이 전체 해양 생물, 식물 연쇄계열의 기초가 되고 있는 단세포 생물인 식물성 플랑크톤에는 어떤 영향을 미칠까? 인간이 바다로 흘려보내는 끊임없는 이물질이 어떤 날 넓은 면적에 걸쳐 식물성 플랑크톤의 활동을 크게 방해하거나 또는 완전히 정지시킬지도 알 수 없는 일이다. 식물성 플랑크톤의 죽음으로 해양산소 공급이 위협을 받게 될 것이라는 주장은 우드홀 해양 연구소의 죤 라이터가 지적한 바와 같이 확실한 것이 아닐 가능성은 있다.(주 17) 그러나 이 문제와 관련하여 "슈퍼쉽(Supership)" 의 저자 노엘 모스터트의 다음과 같은 말은 귀를 기울일 만 하다. "만약 바다가 숨을 쉬지 않거나 또는 허덕거리거나 충분히 호흡하지 못한다면 호흡을 위한 싸움에서 대상이 되는 것은 우리의 환경 중에서 무엇이 될까? 현재 자전하고 있는 지구는 해수가 2/3를 덮고 있는 고로 그 위에 살고 있는 인간이 이 문제에 대하여 자문하지 않을 수 없는 것은 자명한 일이다." (주 18) 물속에서 살고 있는 어류들에서 일어날 일은 여기서 다시 들추어 낼 필요도 없을 것이다.

# 10 토양 보존의 정치학

인간은 동료 간의 관계에서 그러한 것과 마찬가지로 자연과의 관계에 있어서도 역사에서 배우는 데는 서투른 듯하다. 황폐한 경관이나 버려진 지난날의  문명, 유산 등이 모든 사람들에게 가시적인 실경의 구실을 하고 있음에도 불구하고 과거의 잘못들이 유용한 교훈이 되지 못하고 견본의 구실밖에 못해 온 듯하다. 거의 매일 같이 눈앞에 다가오고 있는 새로운 생태학적인 위협에 대한 경고가 되풀이됨에도 불구하고 들으려하지 않고 정부나 우리들 개개인은 우리들의 관습을 바꾸려 들지 않는다.

인간에 유래한 환경파괴의 연구들을 보면 때로는 거의 인간에 실증을 갖게 하는 뒷맛을 남긴다. 인간이 어떻게 자신의 생존의 기반을 그렇게 파괴할 수 있을까? 지난 날 계속되어 온 환경 파괴의 역사적 기록을 보면 인간의 무지와 우둔함을 책하고 싶어진다. 거의 대부분의 경우 과학자는 환경악화에 대한 기술적 해결책을 알고 있다고 공언하고 있는데 그것이 사실이라면 인간의 지식이나 그의 능력을 기술적으로 재검토하는 것만으로도 현재의 환경 파괴는 충분히 해결이 가능할 것으로 보인다. 적어도 이것은 전부는 아니더라도 몇 가지 문제에 대해서는 희망적인 결론이 될 수 있겠는데 그것은 전문 기술자가 전권을 발휘하면 단시일 내에 쉽게 해결될 가능성이 있기 때문이다.

그러나 좋든 나쁘든 생태학적 문제에 기술적 해결책을 이용하는 것은 그렇게 간단한 것은 아니다. 과학자나 농촌개발계획자들이 농촌의 부흥을 위하여 훌륭한 계획을 수립하여도 농민이나 염소는 그들에 관한 자료가 컴퓨터에 입력되어 있는 것에 아무런 흥미를 느끼지 못한다. 이 책에서 나는 지금까지 역사적 문화적 측면에서의 인간의 환경 파괴적 관습을 찾아내려고 최소한 인간의 토지 이용과 밀접한 관계가 있는 토지소유제도에서부터 생존을 위한 가장 근본적인 행동에 이르는 많은 형태나 활동을 개략적으로 논하였다. 이제 여러 가지 이론 중 몇 가지를 좀 더 깊이있고 체계적으로 생각해보려 한다. 그것은 결국 정치적이라고 불러야 할 유형의 것으로 과학자들의 경고에도 불구하고 자살적인 토지이용의 증가를 부채질해 온 원인이 여기에 있기 때문이다.

토지이용형태는 정치, 경제, 문화체제와 깊이 관련을 갖고 있는 하나의 표현형(결과물)으로 생태학자나 임학자가 한 나라의 자원이 기반을 잃어 가고 있다고 경고한다하여도 일조일석에 변화하는 성질의 것은 아니다. 많은 국가에서 토양조건의 악화는 토지소유제도나 국가경제상의 우선순위가 바뀌지 않는 한 정지되는 일은 없다. 이점은 제 6장에서 거론한 이디오피아에서의 조림계획 전말이 좋은 예이다.(주 1) 발전에 대한 개인적 기대를 봉건적인 토지소유제도나 사회구조 때문에 잃어버리게 된 농민들은 식수로 지력을 회복시켜보려는 전부의 계획에 대하여 묘목을 거꾸로 심어 방해하였던 것이다. 이 비폭력적 반란의 직접적인 원인이 된 것은 확실히 노동자가 받은 임금이 낮은(이 지역의 표준으로)것에도 있었으나 만약 노동자가 지력의 증진이 그들 자신이나 그들 자손의 복지 향상에 크게 도움이 된다는 것을 믿었더라면 그들의 행동은 확실히 달라졌을 것이다.

하우워드, 도어티는 엘살바도르에서의 연구에서 토지소유제도와 토지이용형태가 생태학적 변화상에 미치는 영향을 밝힌 바 있다.(주 2) 엘살바도르는 신대륙에 있는 나라들 중 환경파괴가 가장 심한 나라중의 하나이다. 한때 전 국토의 90%를 덮고 있던 열대 활엽수림은 수세기에 걸친 방목, 경작, 광업, 목탄제조 그리고 특히 지난 1세기동안의 생계위주농업의 확산 때문에 완전히 파괴되었다. 토양침식은 대부분의 농촌에서 일어났으며 특히 고지대에서는 심하였다. 미주기구가 최근에 조사한 것을 보면 엘살바도르 전 국토의 77%가 심한 토양침식을 받고 있다고 한다.(주 3) 다른 어떤 지역보다도 심한 피해를 보이고 있는 지역이 북부지방인데 이곳도 지난날에는 울창한 삼림지대였다. 장기간에 걸친 과도한 경작과 방목이 이 지역의 표토를 크게 파괴하여 많은 구릉을 바위투성이의 메마른 황폐지로 변화시켰던 것이다. 이 지역에서의 농경과 방목이 계속되는 한 이렇게 메마른 땅을 버리고 인접한 온두라스로의 많은 이민은 불가피한 일일 것이었으며 이것이 실제로 1969년의 양국간 전쟁을 유발하였던 것이다.

금세기에 이르러서 엘살바도르의 환경을 악화시킨 촉매제는 현기증 날 정도의 인구 증가였다. 엘살바도르의 인구는 1900년에 77만 5천명이던 것이 1940년에 2배가 되었고 1960년 중반기에 다시 그의 2배가 되었으며 이대로 가면 22년 후에는 또다시 2배가 될 것이라고 추산되고 있다. 엘살바도르는 미대륙에서 가장 높은 인구밀도를 갖고 있는데 이들 대부분이 생계를 토지에 의존하고 있어 높은 인구밀도가 생태학적으로 큰 부담이 되고 있는 것이다.

인구의 증가와 토지피해에 관한 통계숫자 뒤에는 환경변화를 보다 상세하게 말해주는 내용이 숨겨져 있다. 토지소유형태는 생태학적 압박요인의 중요한 부분이 되고 있음은 의심의 여지가 없다. 대목장이나 환금작물을 재배하는 넓은 토지소유제도, 즉 라티펀드(역주 고대 로마의 대소유지)는 근 5세기 전 스페인이 이곳을 지배한 이래 엘살바도르에서는 깊게 뿌리를 내리고 있는 제도이다. 1961년 당시 100ha 이상의 농지를 가진 농장의 수는 전체의 1%도 안 되었으나 그들이 차지하는 농지면적은 전 농지의 48% 이상이었다. 그리고 농가의 47%가 1ha 이하의 소농으로 그들이 차지하고 있는 농지면적은 전 경지면적의 4%도 안 되는 보잘것 없는 것이었다. 최근 수 10년간의 경향을 보면 대형농장은 여전히 그대로 있으나 소규모 농지는 더욱더욱 세분화되어 가고 있는 실정이었다.

라티펀드는 엘살바도르에서 가장 비옥하고 생산성이 높은 대부분 지역의 토지를 차지하고 있어서 중부화산사면, 내륙분지와 하천유역 그리고 대부분의 해안평야부에 있다. 라티펀드는 수출위주의 경영방식을 취하고 있는 고로 엘살바도르 농지의 1/3은 매년 커피, 면화, 사탕수수 등이 재배된다. 이에 반하여 식량생산에 허덕이는 수 10만의 생계위주농민은 나머지 좁은 땅에 밀집되어 있다. 경작이 가능한 땅은 모두가 논밭으로 변하여 경작되고 있기 때문에 농민들은 점점 경사면으로 밀려 올라가게 되는데 그곳은 심한 토양침식으로 1, 2년 후면 경작을 그만두어야하고 토양의 생산력을 유지하고 토양침식을 막기 위하여 필요한 휴한기간도 단축시켜야만 할 처지이다. 도어티는 그 상황을 다음과 같이 말하고 있다. "점점 심해지는 농지면적의 영세화와 이동농업으로부터 반영구적 또는 영구적인 경작법(더 늘릴 농지가 없어서)으로의 전환이 늘어나게 되면서 이것은 이 나라 국토의 대부분을 차지하고 있는 고지대 경작지에 대한 광범위한 생태학적 파괴를 유도하였던 것이다. 이렇게 엘살바도르에서의 생태학적 문제의 뿌리는 과다한 인구뿐만 아니라 경사면까지도 철저하게 이용하지 않으면 안 되게 만든 토지소유제도에도 문제가 있는 것이다."

옛날식의 불공평한 토지분배가 토지의 자멸적 이용을 촉진시켰다면 경제적 기회의 불평등 또한 그 자체가 자살적 의미를 갖는 급속한 인구 증가를 돕고 있다. 엘살바도르에서의 인구증가의 내용을 보면 가장 큰 비중을 차지하고 있는 것이 가난하며 흔히 영양부족상태에 있는 생계 중심 농민들의 인구증가인데 다른 지역에서의 경험으로 보아 이들은 보다 나은 경제적 보장이나 사회 조건을 가질 때까지는 대가족제도에 대한 선호를 버리지 않을 가능성이 크다. 고로 불평등한 사회구조가 직접적으로는 바람직스럽지 못한 토지이용을 부추키고 간접적으로는 인구증가에 박차를 가하여 생태학적 문제를 악화시키는 것을 돕고 있는 셈이다.

엘살바도르에서 볼 수 있는 심한 자연 파괴 상태는 다른 여러 나라 특히 아시아나 아프리카에서보다도 극소수의 대지주의 손에 토지 소유가 집중되어 있는 중남미 여러 나라에 경고가 되겠다. 이런 나라들에서는 인구증가가 빠르고 토지 소유가 편중되어 있어서 가난한 농민들은 생활향상에 대한 희망을 잃게 하고 있다. 대부분의 이들 국가에 있어서 아직 인구가 엘살바도르와 같이 많지는 않다. 그러나 앞으로 2-30년 후에 인구가 배로 증가하게 하면 심한 압력이 국부적으로 있을 것은 확실하며 이것은 어떤 경우에는 상당히 넓은 면적에 걸친 일일수도 있겠다.

아이티는 국토 전반에 걸쳐 환경이 파괴되었다는 점에서 엘살바도르에 맞먹는 상태거나 그보다 더 심한 상태에 있는 몇 안 되는 나라중의 하나이다. 그리고 토지소유의 불공평함이나 경제적 기회의 불균등 그리고 사회보장의 결여 등에 있어서도 두 나라는 비슷하다. 동시에 아이티는 미대륙에서는 출생율이 가장 높은 나라 중의 하나이기도 하다. 아이티란 원주민의 말로는 '푸른 섬' 이라는 뜻인데 이 섬의 삼림 면적은 전체의 9% 이하이며 산은 완전히 나지로 변해 버렸다. 오랫동안 심한 가난에 시달린 결과 토양침식은 한계에 달하여 현재에는 그 자체가 빈곤의 주 원인이 되고 있다. 국제연합의 개발계획은 급속히 진행되고 있는 토양침식을 이 나라의 제일 중대한 문제라고 보고 있다.(주 4) 부유한 농민과 미국의 설탕회사가 생산성이 가장 좋은 곡간지대를 차지하고 있고 밀집한 소농들은 생산성이 극히 낮은 산의 경사면으로 밀려올라가서 일시적이고 힘든 경작을 하고 있다.

아시아, 아프리카 그리고 중남미의 광대한 면적에 걸쳐 급경사지가 토지에 굶주린 사람들에 의하여 개간되고 오랫동안 이어온 전통적인 휴경기간은 무시되어 왔다. 한 나라 평균 인구밀도란 토지 이용과 관련된 자세한 내용을 포함되어 있지 않아 잘못된 인상을 줄 수 있다. 예를 들면 아마존강 유역은 다른데서는 볼 수 없을 정도로 인구밀도가 낮으나 그것은 브라질 동북부 지방에서 생존이 전부이다시피 되어 있는 땅 없는 소농에게는 아무런 의미를 갖지 못한다. 과밀한 인구와 불평등한 토지소유제도 때문에 좋은 땅에서 밀려난 농민은 자신의 생계를 위한 식량생산을 위하여 좁은 땅이라도 차지하려고 있는 힘을 다하고 있는데 이들에게 좋은 땅을 재배분한다면 그들이 주변지역으로 밀려나는 것을 막을 수도 있겠다. 콜롬비아의 아야펠시 부근의 경사면은 이전에는 나무로 덮혀 있었으나 현재 심한 토양침식을 받고 있는데 이 경사지에 대한 UN의 식수계획은 계획지역으로 침투하는 무단입주자들 때문에 중지하지 않으면 안 되었다.(주 5) 자연의 생태학적 회복이라는 목표가 무단이주자의 생계유지라는 절실한 목전의 필요성 앞에 희생된 셈인데 긴 안목에서 보면 어느 것이나 사활이 걸린 문제이다.

생활이 좀더 편하고 생산력이 높은 곳에서 토지를 차지하지 못하게 되어 땅을 갖지 못한 농민들은 토양침식으로 토지가 황폐하여 생산을 할 수 없을 때까지 피척한 땅에서 잠시 지내거나 아니면 경찰이 내쫓을 때까지 경작할 수 있는 곳이면 어디서나 경작을 하는 떠도는 방랑자가 되어 버릴 수도 있겠다. 이렇게 되니까 많은 사람들이 경작을 포기하고 도시로 이주하거나 아니면 아마존 강 유역이나 서부아프리카에서와 같이 사람이 아직 이용하지 않은 토지가 많은 열대삼림지대로 이주하게 된다. 열대 정글지대의 토양은 그들이 지금까지 접해온 것과 달리 다루기가 힘들다는 것을 알게 되면서 좀더 풍요로운 생활을 찾아 정착하려고 생각하였던 농민들은 그들과 그들 가족들이 익숙지 않은 우림지대에서 어떻게 하던지 생계를 타개하려면 원시림을 개간을 하지않으면 안되었고 그에 따라 그곳의 땅을 못 쓰게 하지 않으면 안 될 지경에 빠져들게 하였던 것이다.

토지소유제도가 경작양식에 미치는 영향은 엘살바도르에서의 연구 예에서 보는 바와 같이 생태학적으로 합리적인 토지이용과 관련하여 많은 교훈을 남기고 있다. 목화, 사탕수수와 같은 환금작물과 소고기는 여러 빈곤국에서 중요한 외화 획득원으로 이렇게 해서 벌어들인 외화를 적절히만 이용한다면 그 나라의 경제발전에 크게 도움이 될 수도 있겠다. 그러나 인류의 복지와 생태학적인 측면에서 보았을 때 생산성이 높은 토지가 부족하고 많은 국민이 영양부족 상태에 놓여 있는 국가들이 어떤 재배작물조합이 가장 유리한 토지이용방법인지에 대하여 깊이 있는 배려를 하는 나라는 드물다. 예를 들면 코스타리카에서는 북미시장으로의 소고기 공급을 위하여 목장면적은 늘었으나 자국내의 국민 1인당 소고기 소비량은 감소하였고 소농들은 토질이 좋지 못하고 토양이 침식되기 쉬운 곳으로 밀려나고 있는 실정이다.(주 6)

1인당 국민 총생산의 통계에만 초점을 맞춰 후진지역에 "근대 경제"를 적용할 때에는 기업농업에는 큰 도움이 될 수도 있겠다. 그러나 일반적인 경제지표에는 대규모농장이나 목장이 생계중심 농민을 경작한계지대로 밀어내는 아프리카의 건조하기 쉬운 차드나 에콰도르의 산악 경사지와 같은 곳에서는 잠재적인 사회, 경제적 부담은 명백히 들어나지 않은 수도 있다. 이들 토지가 갖고 있는 잠재력(삼림, 원예, 방목, 관광 또는 휴양 등)이 집약적이고 부적절한 경작으로 파괴될 뿐 아니라 홍수나 저수지의 토사퇴적 그리고 모래바람과 같은 것으로 나타나는 헤아릴 수 없이 큰 재난을 가져올 수도 있겠다.

만약 어떤 땅이 귀중한 수출작물의 재배에 최적지라면 그 작물을 심어서 거기서 얻은 수입을 가난한 농민들에게 일자리를 주고 그들의 수입 증대와 같은 경제적 활동 증대에 되돌려주는 것은 이상적인 일이라고 하겠다. 그러나 현실은 반대로 농민들이 사회에서 가장 버림받은 존재로 되어 있는 것이 보통이다. 비교적 생산성이 큰 토지는 소수의 지주나 외국투자가들에 의하여 미리 점유되어 수출용 작물이 재배되고 있다. 이와 같은 기업적 농업에서 얻은 이익금은 그 지역상류계급지주의 호화생활에 쓰이거나 외국으로 송금되며 국가에서 그것을 세금으로 효과적으로 거두어 드려도 그것은 도시에 살고 있는 거대한 관료조직이나 여러 가지 도시의 서비스업 그리고 공업 발전 등에 쓰이는 것이 보통이다. 그리하여 빈곤한 생계중심농민은 결국 남은 토지에서 될 수 있는 대로 많은 수확을 얻으려고 더 한층 노력하여야 하게 된다. 그리하여 토지의 황폐가 촉진되고 농민은 도시나 조건이 좀 나은 주변국으로 이주하게 된다.

토지소유가 극히 불평등한 국가에서 토지의 재분배가 생태학적 조건회복의 전제조건이 될 수 있다는 것을 이디오피아와 엘살바도르의 예는 서로 방향은 다르나 말해주고 있다. 토지개량에 투입한 자본이 개인적 이익을 초래한다는 확신이 서면 이런 투자를 크게 증가시킬 가능성이 크다. 소작관계가 불안정하고 계약으로 다른 사람의 농장에서 노동하는 경우에는 토질의 장기적 보존이란 기대하기가 쉽지 않을 것이다. 때로는 일부 소수의 지주가 광대한 토지를 소유하면서 토지문제가 더욱 어려워지는 수도 있다. 이런 예 중 가장 제도적으로 엄하게 되어 있는 곳은 로데시아와 남아프리카의 경우일 것이다. 여기서는 소수의 유럽인이 가장 좋은 토지를 대부분 차지하고 많은 아프리카인은 농업에 부적합한 토지에서 살고 있다.(주 7)

그와 동시에 토지 분배나 기타의 사회적 혜택에 관련된 정치적 활동이 생태학적으로 건전한 개발을 보장한다고 생각하는 것은 소박한 생각이다. 1950년대 초의 개혁이후 볼리비아의 고지대 토지가 악화일로에 있는 사실이 말해주듯이 라티펀디아의 해체가 도리어 삼림파괴와 토양침식을 심화시키고 있다. 이런 일은 1789년 프랑스 혁명 이후에도 환경파괴가 심화되었는데 그것은 농민과 목재상이 그때까지 귀족의 영토였던 삼림으로 재빨리 침투하여 추정한 바로는 불과 4년 동안에 350만 ha의 삼림을 파괴하여 버렸다는 것이다.(주 8) 이 현상은 적절한 토지이용에 관한 정보의 중요성과 토지와 인간과의 관계와 그의 장래에 대한 생각이 얼마나 중요한가를 말해주고 있다. 아무리 효율적이고 지속적인 토지이용이 가능한 법제도나 인구학적 조건 또는 지리적 조건이 구비되어 있다하여도 그것을 뒷받침하는 윤리 없이는 그것의 성취는 어렵다는 것을 뜻한다.

사회개혁과 윤리적이며 생태학적 의식을 결합시킨 중국혁명은 금세기나 그 이전에 일어났던 많은 혁명들과는 차이가 있다. 중국에서는 치산 치수라는 개념이 일상의 담론에까지 숨어들 정도로 토지보존이 강조되고 있는데 이것은 중국 지도층의 서구 막스주의적 사상에서 얻는 것은 결코 아니다. 만약 중국에 있어서 정부당국자나 많은 방문자들의 말과 같이 과거의 광범위한 지역에 걸친 파괴현상이 현재 회복되어 가고 있다면 이것은 국내외를 막론하고 앞으로의 세대에 중국지도자가 남긴 최대의 유산일 것이다. 육림이나 토양과 물의 보존을 위한 집중적인 노력 그리고 시작한 인구 억제 계획의 강력한 추진 없이는 세계에서 가장 많은 인구를 가진 이 나라의 장래는 빈곤과 기아로 허덕이게 될 것은 확실하다.

토지소유형태가 생태학적 조건변동에 미치는 영향이 얼만큼 큰가는 나라에 따라 큰 차가 있어서 라티펀디아제도가 엘살바도르에서 일으킨 위협은 니제르나 인도 또는 네팔에서 일어난 문제와는 공통점이 별로 없다. 그러나 나라마다 갖고 있는 효과적인 자연자원보호에는 서로 다른 몇 가지 정치적 장애물이 존재한다. 환경문제이외에도 널리 관련되어 있는 것이지만 항상 문제가 되는 것 중의 하나가 현재와 미래의 문제가 경합상태에 놓여있을 때 우선 관계를 어떻게 결정할 것이냐의 어려움이다. 기아, 군사적인 위협, 실직, 정치적 대립, 그밖에 평균적 빈곤국에서 일상적으로 일어나는 사건들 속에서 아무리 강력한 관리라도 생태학과 같은 보기에 심원하고 막연한 문제에 마음을 쓰고 비용을 할당하는 "사치"를 하려는 사람은 거의 없는 듯 하다. 환경파괴가 돌연 국가적 중대사로 구체화되기 전까지는 그의 파괴현상은 거의 무시된 채로 진행되는데 그것은 피해는 실제로는 크나 전체적 피해액의 산출은 어렵기 때문이다. 마찬가지로 식수나 치수보호와 같은 사업이 주는 이익이나 영세농민간의 토양보전에 관한 기술교환 같은 것 등은 경제정책 수립자들이 쉽게 인식하기 어려운 문제이다. 정부당국자나 일반국민이 기대하고 있는 것은 당장에 생산이 극적으로 증가하는 것으로 앞으로 필요한 가정상의 가치를 위하여 그러지 않아도 부족한 자본을 투자하려고 하지는 않는다. 그렇기 때문에 배수를 무시한 채 대형 댐과 수로를 건설하고 황폐한 산지에 식수하는 것보다는 새로운 토지를 위한 개간사업 그리고 유기물에 의한 토양의 생산성이나 토성의 영구적 보존같은것 보다는 당장 효과를 볼 수 있는 비료공장을 설립하는 데에 정책의 중점을 두게 마련이다.

정치적인 배려와 마찬가지로 토지소유제도도 단기적인 목표를 강조할 위험성을 갖고 있어 그것이 환경조건에 미치는 영향은 라티펀디아 제도를 갖고 있는 국가에 한한 것이 아니다. 1951년 미국의 일류전문가들은 다음과 같이 말하고 있다.

"토지소유제도의 문제는 미국의 옥수수 재배지대에서도 토양보호기술을 적용하는데 있어서 중요한 "장해요소"의 하나이다... 옥수수 재배지대의 농토는 대부분이 소작인과 직접적인 접촉이 별로 없는 부재지주의 소유이다. 이들 부재지주는 토양보존기술의 적용이 몇 년 후에는 농장으로부터의 수입이 증가할 것이라는 것을 인식하지 못하고 있다. 그 보다 그들은 당장 투자에 대한 수입의 증대를 원하고 있는 것이다. 그리고 많은 농장에서 보면 소작인들까지도 단기수익에 관심을 쏟고 있다. 그것은 계약갱신에 대한 확실한 보장도 없이 단 일년으로 해약되는 수도 있고 때로는 계약조건에 그가 얻는 이익보다도 더 많은 토양보호비용을 부담하도록 되는 수도 있기 때문이다.(주 9)"

이런 사실은 1975년에도 마찬가지였다.

토지차용계약이 근시안적인 토지이용을 초래한 극단적인 예는 이란에서 볼 수 있는데 이것은 1962년 토지개혁이 시작된 이전에는 더욱 심하였다. 당시 국가전체 농민의 62%가 소작을 하고 있었는데 지주는 거의 매년 이 경작지에서 저 경작지로 소작인을 바꾸는 것이 보통이었다.(주 10) 이런 조건하에서 장기적인 안목에서 보아야 그 이익이 비로소 나타날 수 있는 토양조건 개선에 소작인들이 노력을 기울인다는 것을 기대하기 어려운 일이다.

현재와 미래의 문제가 상반되는 경우에는 국제적인 문제로 화할 수도 있다. 예를 들면 1974년 초 곡물비축량이 감소하고 가격이 상승하여 수출시장이 호황을 맞았을 때 정부의 농업정책이나 경제정책수립자들은 작부제한의 철폐를 제안하였다. 그러나 미국의 많은 토양보존관계관리는 망설였던 것이다. 오랫동안 대평원지역에서 농민들에게 경지면적확대를 못하도록 설득하면서 지나온 고참관리들은 기록적인 소맥가격과 정부지도자의 요구로 농민들이 초원을 갈아 엎는 것을 눈앞에 보게 된 사람이 한 두 사람이 아니었다. 물론 인플레와 싸우는 경제학자나 세계의 식량위기를 완화시키려는 박애주의자들은 한 붓셸의 밀이라도 더 생산하는 것을 바랬다. 그러나 만약 밀 부족상태가 오래 지속되고 대평원에서의 과잉경작이 다시 만성화한다면 곡물부족에 대한 이런 "해결책"이 자멸적인 것이 될 것이라는 것은 다음에 장기적 한발이 다가오면 명백해 질 것이다.

합리적인 토지이용정책과 관련된 이러한 우선순위시비는 부분적으로는 내용분석이나 의사소통을 위한 정보교환(커뮤니케이션)의 문제이기도 하다. 앞으로 있을 생태학적 변화에 대한 사회적 부담을 파악할 수 있는 가장 적절한 위치에 있는 사람들이 그것을 하려들지를 않는 것이 문제이다. 모든 정부가 생산증가에 도움이 되는 새로운 개간지가 얼마나 된다는 계산에는 바쁘나 토양침식이나 염분축적 또는 도시화 등으로 농경지가 얼마나 감소하였는가를 계산하는 사람은 별로 없으며 나아가서는 침식이나 염분축적이 진행된 토지를 회복시키는데 필요한 투자나 생산손실에 의한 최종적인 사회적 부담이 얼마나 되는가를 생각하는 사람은 더욱 적다. 생태학적 파괴로 인한 손실이나 회복노력으로 얻어지는 이익을 수량화하기는 힘든 것이 사실이나 정부의 정책결정자에게 우선순위를 변동시켜야 한다는 필요성을 절감케 하려면 이런 분야에서의 독창적인 사고방식이 없어서는 안되겠다.

이런 내용분석상의 문제점보다도 더 큰 문제는 정보교환을 통한 의사소통의 실패이다. 생태학적인 문제점을 알고 있는 사람들은 다른 학자가 접할 수 있는 전문지(의견교환이나 배포 범위라는 면에서 한계가 있다)에 보고서 양식으로 발표하면 그것으로 그만이라는 생각을 갖는 수가 많다. 한편 생태학적인 재해가 임박하고 있음을 알고 그런 지식을 토대로 행동해야 할 사람들 - 특히 정치가, 관리, 신문인 그리고 농민 등 - 은 현재 어떤 일이 벌어지고 있는지에 대하여 거의 무지인 상태에 놓여있는 수가 많다. 따라서 지금까지 그렇게 심각한 것으로 인식되지 않았던 문제가 이제 와서는 긴박한 문제가 되었음을 주지시키려면 모든 수단을 동원하여 가능한 한 많은 사람들에게 그 사실을 알리고 그 중요성을 끊임없이 홍보할 필요가 있겠다.

생태학적 문제에 관한 보다 효율적인 내용분석과 의사소통은 정부의 우선순위변경에서 가장 큰 장애물의 하나 - 정치지도자들이 흔히 빠지기 쉬운 단기적 대책수립 - 에 대처하는데 전제조건이 될 수 있겠다. 생태학적으로 합리적인 사업이란 10년 후 다음 세대 또는 그보다도 더 먼 장래를 위한 것이어야 한다. 한 달 후 또는 1년 후 정도를 생각하는 근시안적인 지도자들의 생각을 바꾸게 하는 힘은 사태를 잘 알고 있는 일반시민의 강력한지지 - 주장 - 의 목소리뿐이다. 환경보호정책으로 타격을 받는 상업자본 - 인도네시아나 파키스탄의 특권적 목재이권자거나 중미의 대규모농장주 등 - 에 대항하여 싸우는데 최종적인 강력한 무기는 일반시민의 생태학적 위기에 대한 이해의 확산이다. 만약 강력한 경제적, 정치적 관심이 필요한 개혁을 가로막는다면 그보다 더 큰 정치적 개입이 필요하다. 이때 인류의 복지를 위협하는 것의 본질이 무엇인가에 대한 정보는 이와 같은 국민과 정부간의 협력성립에 없어서는 안 될 것이다. 이것은 비단 민주주의국가뿐만 아니라 실질적으로 모든 정치체제에 널리 적용되는 것이다.

토지의 생산성을 보존하는 일이 현재와 미래의 대립을 가져온다면 이것은 여러 면에서 개인과 사회간의 대립도 불러일으키게 된다. 한 농토에서 씻겨 내려가는 토양은 개인의 손실이나 수로가 막히고 저수지를 메꾸면 하류에서는 더욱 큰 손실을 줄 수도 있다. 그럼에도 불구하고 이 손해의 책임을 져야 할 사람은 손해를 변상할 필요가 없다. 사막주변에서 더 많은 가축을 손에 넣는 것은 개인농가나 부족에게는 부를 증가시키거나 한발을 당하여도 살아남을 수 있는 기회를 증가시키게 될 수 있겠다. 그러나 이런 일은 궁극적으로는 모든 사람에게 재난이 된다. 더욱이 토양을 필요이상으로 손상시키는 일은 개인이나 대규모 농장주가 토지를 장기적인 안목에서 이용하느냐 그렇지 않느냐 와는 관계없이 국가적 재산을 점점 좀 먹어 들어가는 결과가 된다. 1974년 미국의 저명한 과학자 들은 미국에서 나타나고 있는 개인과 사회의 이해대립을 다음과 같이 말하고 있다. "재정부담의 압박이 결과적으로 토양침식을 일으키는 재배법의 도입을 돕고 있다. 농민들은 심한 토양침식에 의한 생산량 감소가 벌충되는 더 많은 생산기술을 도입하는 고로 실제로 뚜렷한 수량 감소를 못 느끼고 있는 것이 보통이다. 그리하여 지주거나 소작인이거나 그들의 토지가 받는 손실을 무시해버리기 쉬운데 이런 손실은 그들에게 직접 영향을 미치지 않을 수도 있으나 결국은 국민의 부담이 된다."(주 11)

일단 일반국민의 복지를 위하여 개인의 필요한 행동이 명백해지면 - 가축규모의 축소, 어획에 대한 규제 준수, 계단식 농토개간의 제한 등 - 다음 문제는 확실한 실천이다. 모든 경우 각각 그에 고유한 복잡한 문제가 내포되어 있겠으나 환경문제에 대한 모든 도전 중 아마도 가장 어려운 문제 몇 가지에 관하여 일반적인 소견을 다시 한번 강조해 두는 것은 의미있는 일이라고 생각된다.

경험에 따르면 합리적인 토지이용을 정부관리가 결정할 수는 없으며 특히 외국인이나 고압적인 관리는 자신들이 왜 지금까지의 경작 관습을 바꿔야 하는지 그 이유를 알지 못하는데도 농민들에게 그것을 강요한다. 아프리카 식민지에서 심각한 토양침식에 직면하게 되면서 영국인은 1940년대에서 1950년대에 걸쳐 강제적 수단을 써보았으나 어느 면으로 보나 그 결과는 비참한 것이었다. 동부 아프리카의 일부, 동부 나이지리아, 그 밖의 여러 곳에서 식민지관리들은 경작법의 변경을 법으로 정하고 일부 하천집수역내의 경작을 전면 금지하였다. 취해진 수단은 현명하였을런지 알 수 없으나 아프리카인 측의 반응은 냉담하거나 적대적인 것이었다. 1943년 케냐의 지방관리의 보고서 중에는 외국인 지배자가 처해있는 어쩔 수 없는 처지를 다음과 같이 쓰고 있다. "대부분의 사람들은 자기들 자신이나 그들의 자식들의 안위를 도모하려는 의지가 보이지 않으며 실제로 아무도 보지 않으면 곧 새로이 급한 경사면의 토지를 개간하는 일을 계속하고 있다."

(주 12) 영국인 감독이 마음대로 할 수 있는 지역에서의 토양침식은 일시적으로 중지되었으나 토양보전은 강압적인 것이었으므로 영국인이 떠나고 1960년대에 아프리카의 여러 나라가 독립을 찾게 되자 토양침식 대책은 대부분이 폐기되었다.

미국에서는 토지보전에 대하여 특별한 주의가 필요한 것이 넓게 인식되면서 치밀한 계획이 자발적으로 수립되었다. 전국방방곡곡에 걸쳐 13,000명의 토양보전관리가 토양보전의 필요성과 필요한 기술을 농민들에게 제공하였고 곳에 따라서는 토지개량에 필요한 재정적 지원도 하였다. 아직도 토양침식문제가 국가적 긴급사항으로 남아있기는 하나 토양보전국이 금세기초에 강제적 수단에 의하는 일없이 토지의 악화속도를 늦추는데 공헌하였던 것에 대하여 이견을 제기하는 사람은 거의 없다. 그런데 이런 사업에 재정적인 투자가 가능하고 농민의 교육수준이 높고 관리와 농민간의 위화감이 별로 없는 미국과 같은 세계에서 가장 부유한 나라에서는 자발적 계획이 그런대로 성공하고 있으나 조건이 다른 가장 가난한 나라에서는 어떻게 될까? 여기서 문제는 자발적 사업이 가장 알맞지 않아 보이는 나라일수록 법적인 강제가 개개인의 태도를 변경시킬 수 있는 가능성이 가장 적다는 것이다. 가난한 나라들에서는 오래전부터 토양보전법과 그의 실시사이에는 깊은 골이 패여있었다. 이런 모순은 정부와 농촌의 가난한 사람들간의 의견교환 부족 때문만은 아니고 토양보전의 긴급성과 개개인이 갖는 긴급하고도 어쩔 수 없는 필요성간의 충돌이 반영되고 있는 것이다.

땅에 굶주린 사람들은 생태학적 이론이 어떻든 간에 산림이나 초원들 경작하지 않고 내버려두려 들지 않는다. 빵에 굶주린 농민들은 다음세대를 위하여 토양을 개선하려고 금년도의 생산을 미룰 가능성은 적다. 그들의 저녁을 짓는데 나무밖에 쓸 것이 없는데 그 사람들에게 이 나무는 "보호수"라고 정부에서 게시판을 붙여놓았다고 비지 않고 남겨두기를 기대하기는 어려운 노릇이다. 그리고 착취적인 경제나 사회제도에 시달려온 사람들은 그들이 대접받은 이상으로 토지에 대한 애착을 갖고 그걸 소중하게 다루기를 바라는 것은 무리한 일 일것이다.

불행하게도 빈곤, 생태학적 황폐 그리고 인구의 급등 등 악순환에 대한 조속한 해결책은 없다. 확실한 것은 토양보전의 윤리나 문제는 각종 미디어에서 매일매일 "뉴스"로 다루고 교육문제와 관련하여서는 기본 교과과정의 일부로 취급할 필요가 있겠다. 그리고 중요한 산림이나 산간사면을 보호하기 위한 법률이 엄격하게 시행되어야 하겠다. 그러나 이와 같은 대책은 일반국민이 기술적으로나 재정적으로 협력할 수 있는 방도를 갖고 있지 않는 한 성공할 수 없을 것인데 이것은 농민에게 생태학적으로 적절한 정보나 재정적 보조가 제공되고 농장이나 소규모의 기업에서의 고용기회가 극대화 되고 가난한 사람들의 생활향상 기회를 방해하는 사회적, 법적 그리고 경제적 체제가 개선되는 것 등을 뜻하는 것이다. 또 지방기관, 협동조합 또는 지방자치단체를 통하여 그들이 참여할 수 있는 제도적 장치를 마련하여 그들의 장래에 대한 책임과 자제를 인식시킬 필요도 있다. 이와 같이 생태학적 회복의 전제조건이 빈곤과 기아에 대한 일반적인 해결책과 같다는 점은 놀랄 일이 아니다.

세계의 가난한 사람들 사이에는 "토양보전"이니 "환경보호"니 하는 말들은 가령 알려져 있다고 해도 부정적인 측면으로 받아들여진다. 이 말들은 이 말들을 사용하는 사람들이 생각하고 있는 것과 같이 생활의 질적 향상 보다는 그들에게 부정적이고 억압을 연상케 하기 때문이다. 보호나 보존에 대한 역사적 강조가 인간이 기본적으로 필요로 하는 것의 생산이나 조건을 만족시키는 과정과 균형을 이루지 못하는 한 살기 좋은 환경을 지킨다는 운동은 결코 성공하지 못함은 명백한 일이다. 산림당국은 산림이나 농원, 또는 농촌지역에서 그 지역사람들이 이용을 위하여 더 많은 나무를 심어 목재생산을 증가시키지 못한다면 보호림을 제대로 보호하기는 어려울 것이다. 그리고 농업정책이 보다 나은 농지에서 생산과 고용이 확대되고 현재의 토지소유제도나 농업소득의 개선이 없는 한 토양관리당국이 경사가 더 심한 곳으로의 경지면적확대를 막기는 어려울 것이다. 생물학적인 다양성의 보존, 과학적 연구대상 그리고 정서적 측면 등에서 필요한 야생생물보호구역이나 사람의 손이 미치지 않는 자연 생태계도 그 주변지역에서의 사회적 조건이나 생산조건이 절망적인 상태에서는 그의 보호는 무리한 일일 것이다.

보존이란 그것이 필요하거나 바람직스러워 그곳에 있는 나무들을 베지 못하게 하는 것이나 그 이상의 뜻을 갖고 있다. 세계에서 가장 가난한 사람들의 간절한 소망은 비참한 사회적 현실의 구렁에서 벗어나는 것이며 환경 그 자체를 구하려는 것은 아니다. 세계적인 생태적 파괴 작용과 그의 결과에 관심을 갖는 사람은 사회변혁이라는 크나큰 정치문제에 빠져들 수밖에 도리가 없다.

## 11 환경적 압력, 식량 그리고 인류의 장래

이 책에서 취급된 여러 가지 생태학적 문제들이 서로 동떨어진 국지적인 위협으로 생각한다면 그것은 큰 잘못 일 것이다. 그들 하나하나는 국지적인 위협이나 불행이도 그것들은 우리 세대가 안고 있는 지구전체가 관련되어 있는 여러 가지 중요한 문제의 패턴을 결정하는 모자익적 집합체로 직접 간접으로 모든 사람의 삶과 관련되어 있는 문제이다.

세계의 여러 나라들이 북미에서 생산되는 식량에 얼마나 의존하고 있으며 식량생산체제가 어떻게 생태적 문제와 관련되어 있는가와 같은 문제를 제대로 이해하고 있는 사람은 아주 적다. 1930년대 중반까지만 해도 식량이 부족한 곳은 서구뿐이었다. 아프리카, 아시아, 중남미, 북미, 소련, 동구, 호주 등 지역에서는 식량이 조금은 남아돌았다. 아프리카, 아시아, 중남미의 빈곤층에서는 확실히 영양부족이 만연되어 있기는 하였으나 그곳의 인구나 구매력이 소비할 수 있는 량보다는 많은 식량이 생산되었었다.

그 후 40년 동안은 대체적으로 영양부족이 감소하는 발전과 세계 식량시장에서의 판매인 감소라는 두 가지 현상이 뚜렷하였다. 그리고 그간에 식량 자급국이 하나씩 식량 수입국으로 되었다. 그리하여 1970년대 중반에는 북미와 호주만이 식량 잉여국이 되었고 북미는 중동국가들이 석유 수출을 좌우하는 이상으로 세계 식량시장을 좌우하게 되었다.

현재는 유럽, 일본, 소련 등과 같은 나라들에서는 곡물을 사료로 하고 있는데 축산물 소비량이 증가하면서 이들 비교적 풍족한 나라들이 농산물의 주요 수입국인데 많은 가난한 나라들에서도 급증하는 인구를 감당 못하는 자국 식량생산량 때문에 필요한 최소량의 식량을 얻기 위해 외국에 대한 식량 의존도가 점점 높아져 가고 있다. 그리고 세계 곡물시장에서의 최근 동향을 보면 몇몇 산유국에서의 식량 수입이 급증하고 있다. 이들 국가에서는 최소한 일부 국민들은 수입의 급증으로 소비가 증가하고 있는데 구태의연하고 때로는 악화일로에 있는 농업생산체제를 근대화하는 속도보다는 그들의 식량 수요량 증가가 더 빨라 생산이 수요를 축조하지 못하고 있다.

현재의 추세가 앞으로 10년 또는 그 이상 지속된다면 나라의 빈부와는 관계없이 막론하고 모든 나라가 바람직스럽지 못한 방향으로 가게 될 것으로 보인다. FAO 전문가들이 1974년의 세계식량회의를 위하여 준비한 결론은 만약 과거 10년간의 식량 생산경향이 지속된다 하여도 개발도상국들에서 예상되는 인구 증가와 수입증가로 볼때 식량에 대한 수요와 생산량 간에는 심한 불균형이 생길 것이라는 것이었다. 비공산권 개발도상국에서는 사실상 필요한 수입곡물량은 1970년에서 1985년 사이에 5배 정도로 증가할 것으로 생각되는데 그 량은 연간 8,500만 M/T정도가 될 것으로 보인다.(주 1)

가난한 나라가 이와 같은 심한 식량 부족을 해결하기 위하여 외국으로부터 구입하는 식량이 많아지면서 그만큼 식량에 여유가 있는 소수의 나라 특히 최대의 수출국인 미국에 대한 식량의존도는 커지고 있다. 그러나 1972년 이후에 세계가 알게 된 것과 같이 항구적인 여잉생산이나 대량의 비축식량 그리고 과거 20년간의 경험으로 보아 지금까지와 같은 안정된 낮은 곡가 등을 기대할 수는 없는 노릇이 되었다. 이렇게 국제적 수요의 증대로 곡가가 상승하고 선진국에서는 농업부문에서의 생산비 상승으로 생산이 감소하게 되면서 수출용 비축양곡량이 점점 줄게 되어 이것이 모든 국가에서 인플레를 부추기게 될지도 알 수 없는 일이다. 각국이 필요로 하는 식량 수입총량이 앞으로 북미에서 공급하려는 수준 또는 공급이 가능한 수준을 만성적으로 초과하는 시점에 달하게 되면 수입에 크게 의존하고 있는 나라들은 위험한 처지에 놓이게 될 것은 뻔한 일이다. 더욱이 가난한 나라들에서는 그러지 않아도 부족한 외화를 국내 산업 자본에 돌리지 못하고 식량수입에 돌려야하게 되어 경제개발노력에도 큰 지장을 받게 되겠다.

후자와 같은 전망은 입맛 없는 일이기는 하나 사정은 더욱 심각하다. 많은 최빈국의 과거의 경제적 지표나 경제적 예측을 보면 부족한 식량의 상당한 비율이 시장구매로 마음대로 채워지지 못할 듯하다. 이렇게 된다면 식량부족은 영양실조, 유아사망율의 증가로 이어지게 되며 모든 사람이 보다 나은 삶을 위하여 착실하게 전진한다는 공통된 목표도 사라져 버린다. 이런 사태가 되면 부유국 특히 식량이 남아도는 나라는 합리적으로 대처할 수 없는 극히 예민한 정치적 선택과 책임에 직면하게 될 것이다.

수출 가능한 식량 중 얼마만큼을 무상원조에 돌릴 것이며 얼마만큼을 현금거래에 돌려야 할까? 국내 소비자는 국외의 가난한 소비자에 식량을 공급하기 위하여 식생활을 변화 시켜야 할까? 앞으로 더 심각한 비극에 접하게 될 식량부족국가들에 식량을 원조하는 것이 도덕적이며 한걸음 더 나아가서는 책임져야 할 일일까? 이런 문제들에 대한 심각한 논의가 중요 식량수출국인 미국 내에서는 벌써 일어나고 있다. 세계적인 식량부족은 앞으로도 계속될 것인가? 앞으로 식량원조의 필요량은 현재의 몇 배가 될까? 이런 곤란한 문제들은 앞으로 점점 심각해질 것이고 또 갈등은 심화될 것으로 보인다. 그리고 그 해답에 따라 더 많은 인간의 삶이 좌우될 것으로 생각된다.

식량부족이나 장래의 생산한계에 관한 의견을 보면 과학자들 중에는 현재의 기술을 갖고 지구의 경작 가능한 토지전부를 개간한다면 150억, 200억 또는 400억까지도 먹여 살릴 수 있다고 한다. 그러나 현실적으로 식량부족으로 허덕이고 있는 사람들을 보면서 이런 이론치를 그대로 믿는 사람은 별로 없을 것이다.

선진국에서 곡물증산비가 증가하여 견디기 어려울 정도로 커지고 현재 생산성이 가장 높은 농업체제를 뒷받침하고 있는 화석연료의 가격이 오르고 있는 것을 생각할 때 앞으로 40년 후면 세계 인구가 2배로 될 터인데 그 후의 인구 증가는 차치하고라도 그때 이들을 적절히 먹일 수 있을까에 대한 전망은 점점 어두워지기만 한다. 자본과 에너지문제를 생각할 때 그것이 농업이 이론적으로 가능한 생산을 곤란하게하나 그것이 가능하다 하여도 많은 량의 비옥한 표토가 불필요하게 유실되고 경지는 사막으로 변하고 저수지는 토사로 점점 매몰되어 가는 현실은 세계의 식량생산이 더욱 줄어들 것이고 그의 생산비는 더욱 많아질 것이 확실한 듯하다. 그리고 토지에서 보다 많은 수확을 얻기 위한 사회구조나 기술적 발전도 생태계의 자연적 생산성이 감소함에 따라 보다고급화된 것이어야 할 것으로 보인다.

어떤 곳에서 일어나는 경지의 손실이나 그의 질적 저하는 경제적 또는 정치적 이유 때문에 모든 사람에게 문제가 되는 것이다. 농업체계의 생태학적 파괴가 가장 심한 곳은 가난한 나라들에서이다. 그런데 식량문제는 세계 경제적 입장에서 보아야 한다. 그 이유는 첫째로 지난 수십 년 동안을 보면 식량의 충분한 여유가 점점 사라져 가고 있고 둘째로 불안정한 식량가격에도 원인의 일부가 있으나 인플레가 지난 10년동안의 중대한 문제로 되고 있는데 특정 수출지역에 대한 과다한 식량의존이 "모든 계란을 한 바구니에 넣는다"라는 옛말의 우를 범하게 하고 있는 셈이다. 현재와 같은 시장조건에서는 한 나라에서의 농업생산의 변화는 곧 세계식량사정에 영향을 미친다. 예를 들면 알제리아의 생산능력저하는 곧바로 세계 소맥가에 반영되었다. 즉 수십 년 간에 걸친 환경악화에 최근 한발이 더하면서 알제리아는 1975년 약 200만 M/T의 소맥을 수입해야 하였는데 이것은 이 나라 소맥 수요량의 반을 넘는 양이다.

환경파괴에 의한 생산력 저하는 현재 빈곤국이나 부유국이나를 막론하고 일어나고 있는 근시안적 활동으로 도시의 확대나 그 밖의 이유로 기존의 농지나 가경지가 무분별하고 부적절하게 잠식당하고 있는 때문으로 생각해야 할 것이다. 예를 들면 미국에서는 매년 최적의 농경지를 포함하여 24만 ha의 농지가 도시 확장이나 도로건설, 댐 그리고 홍수조절용으로 들어가고 있다. 인구과밀의 이집트에서는 2만 6000ha 이상의 농토가 매년 도시, 도로, 공장, 군사시설에 빼앗기고 있는데 이것은 매년 농지로 새로이 개간되는 면적과 맞먹는 것이다.(주 2) 이와 같은 농지의 전용은 환경파괴와 어울려 지구의 식량생산량을 감소는 또하나이 요인이다.

어쩔 수 없는 인구의 급증을 생각할 때 명백한 환경악화는 넓은 지역에 걸쳐 비극적인 농업 생산 감소를 초래하여 기아를 초래하고 국제적인 대규모 구제사업을 요구 하는 빈도가 점점 많아지게 될 가능성을 키워가고 있다. 이와 같은 가능성은 그렇지 않아도 흉작을 일으킬 수 있는 가능성이 큰 지구전반에 걸친 기후이변과는 무관하게 생길수도 있는 것이다.

사람에 의한 생태계에의 압박이 증가함에 따라 그것 자바와 파키스탄의 구릉지대거나 보츠와나와 아프카니스탄의 목초지거나를 막론하고 그것은 그곳의 식생과 토지가 원래 갖고 있던 극단적 기후조건에 대한 저항능력을 잃게 하였다. 지난날의 건기는 작물재배에 어려움이 되었으나 이제는 굶주림의 시기요 한때 비옥하던 농토를 사막으로 화하게하는 시기로 되고 지난날의 대홍수는 일년 동안의 수확물과 수 100년간에 걸쳐 이뤄놓은 비옥한 표토층을 씻어 내려 보낸다. 1975년 중반기에 소말리아의 일부, 이디오피아 그리고 아이티에 대한 대규모의 기아구제사업이 실시되었는데 이들 지역 어디서나 직접적인 원인은 한발이었으나 피해지역들은 그 이전에 생태학적인 파괴가 진행되고 있었던 곳이다.

생태학적 파국이 앞으로 어디서 어떤 내용으로 일어날 것인가에 대한 예측은 불가능하나 할 수 있는 일이란 인간은 대가를 지불해야 한다는 것이다. 마찬가지로 앞으로 일어날 생태학적 파국은 정부의 운명에 영향을 미칠 수도 있다고 생각된다. 70년대 초에 있었던 아프리카 여러 나라에 있어서의 정변은 적어도 부분적으로는 생태학적 파괴가 있었던 지역에서 기아나 식량공급정책의 실패와 무관한 것은 아니었다. 우리가 확신을 갖고 말할 수 있는 것은 다음에 재해가 일어나면 정부와 보도기관은 실제로는 인간이 그런 무대를 마련하였는데도 신을 등장시킬 것이라는 것이다.

재해를 입은 나라들에서는 인구증가가 둔화되면 그만큼 생태학적 압박이 둔화되어 앞으로 다가올 재난도 연기될 것이다. 아프리카, 아시아, 중남미에서 인구증가가 크게 둔화되고 종국에는 인구증가가 정지되고 있는데 이것이 토지이용의 개선과 결합된다면 "자연의 심판의 날"을 연기시킬 수 있을 것이다. 지금까지 쌓인 심각한 생태학적 파괴 현상으로 보아 모든 수단을 동원한 인구문제의 조속한 해결이 중요한데 이것이 경시되고 있는 듯하다. 즉 가족계획의 세계적 활용, 부녀자의 인습적 역할로부터의 해방, 기초적 건강관리나 적정부양, 출산 수 감소와 관련된 교육강화와 같은 기본적인 사회보장의 구현, 소가족 중심으로 가게 하는 사회적, 경제적 정책으로의 전환 등이 절실히 요구된다.

현재인류의 반수정도가 장작, 작물의 잔체 또는 가축 분을 연료로 쓰고 있는데 이들에게 재생이 가능하고 지역적으로 자급이 가능한 값싼 에너지원을 개발하여 보급한다면 세계 환경에 대한 압박을 감소시키는데 크게 도움이 될 것이다. 현재의 에너지연구나 투자양식은 나라의 빈부를 막론하고 산업과 부자들의 기계용 신 에너지에 집중되어 있어 에너지 위기에 직면하고 있는 빈곤국의 국민은 무시되고 있다. 태양열 솥이나 가축 분을 연료와 비료로 전환시키는 바이오 가스(메탄가스)발생장치 같은 소규모의 연료원의 보급이나 무엇보다도 중요한 식림의 실시를 위한 충분한 자금과 광범위한 기술적, 사회적 연구가 필요한 실정이다.

가족계획과 마찬가지로 식수사업도 어디에서나 필요한 것이다. 식수사업은 항구적인 연료공급을 하는 동시에 가난한 나라의 농촌주변에 흩어져 있는 수목들과 아직 남아있는 삼림의 손상을 막은데 극히 중요한 역할을 한다. 그리고 비료로써 귀중한 가축의 똥이 연료로 전용되는 것을 막기도 한다. 토양이 침식된 구릉지대나 기경지도로변, 경지 간에 나무를 심는 것은 비바람에 의한 표토유실, 토사에 의한 수로나 저수지매몰 그리고 점점 늘어가는 심한 홍수에 대한 방지책이 되기도 한다.

그런데 이 중요한 식수나 토양보존사업은 농업에 가장 알맞은 토지에서의 경작방법의 변동 없이는 성공할 수 없다. 이 책에서 취급한 여러 가지 부정적 문제에는 어떤 형태의 경작방법도 적용할 수 없는 주변부 토지까지 경작이 확대되어 가는 경우가 많이 포함되어 있다. 따라서 인구의 급증을 억제하고 식량생산과 고용을 확대하는 것만이 수준이하의 토지를 이용하는 비효율성을 막고 비극적인 삼림파괴를 막을 수 있는 길이다.

농경적지도 그것이 영구적으로 인간과 가축을 부양할 수 있는 능력 즉 수용력에는 한계가 있는 고로 그 한계를 넘으면 피해를 보게 된다. 그러나 여기서 농업적 수용력이라는 개념은 특정기술에 대해서만 뜻이 있는 것으로 현재 사막화와 토양침식이 심하여 위협을 받고 있는 토지도 적절히만 관리한다면 현재보다는 훨씬 더 많은 곡물이나 육류를 생산할 수 있을 것이다. 적절한 농업혁명에 필요한 제도적 전제조건이나 정치적 전제조건 몇 가지를 제 10장에서 들었다. 여기에는 여러 나라들이 대다수 농민의 농업기술향상을 돕기 위한 확고부동한 정부의 개입과 동시에 토지소유제도나 신용공여 그리고 기술원조 등의 개선이 포함되어 있다. 물론 국지적인 생태조건에 알맞은 농업기술의 개발은 필수적인 것이지만 아직 알려지지 않은 적절한 경작체계에 관한 연구개발같은 것은 최우선적인 것이다.

참신하고 광범위한 개발계획이 국제원조기관이나 각국정부에 수립되어야 한다. 자연환경이나 인간 활동이라는 전체를 보지 않고 부분만을 본 경제 분석을 토대로 수립된 외국원조계획이나 국내개발계획은 항상 생태학적원인으로 생기는 빈곤을 인식 못하고 그의 해결에 실패한다.

제기된 사업에 대하여 "환경영향평가"를 하는 것은 1970년대 중반기부터는 여러 나라의 정부나 원조기관 사이에서는 당연한 것으로 되어 있다. 이런 평가는 최근까지만 해도 댐이나 공장을 건설할 때 계획한 대로의 효과를 거두지 못한 부정적 측면을 거의 고려하지 않고 사업을 수행한 시기에 비하면 확실히 진보한 것이다. 그러나 현재 절실히 필요한 것은 개발계획을 세울 때부터 생태학적인 측면을 도입하는 보다 높은 차원의 평가가 있어야 하겠다.

인간에게 얼마나 도움이 될 것인가를 기준으로 한 자연환경의 잠재력 이용계획 수립에는 여러 나라에서 현재의 체제가 안고 있는 것보다 더 많은 문제들을 우선순위나 실천계획같은 것과 관련하여 제기할 런지도 알 수 없다. 여기서 필요한 것은 지금까지와 같은 재정적 측면을 토대로 수립한 사업의 환경악화에 미치는 영향을 예측하는 기관으로서가 아니고 인류의 보다나은 삶을 보장할 수 있는 환경조건을 조성하는데 필요한 계획이나 전략을 개발하는 것이다. 이것은 결국 개발의 궁극적인 목표가 여기었기 때문이다.

생태학적 분석이나 재생 그리고 토지개혁은 정부가 시행하는 길밖에 없으나 가난한 나라들에 대하여는 국제적원조도 필요하다. 미국은 과거 대황진이 있었던 곳의 생산력을 회복할 수 있었으며 소련은 처녀지의 그것이 가능하였는데 그것은 이들 나라가 환경파괴원인을 찾아 내고 그것을 토대로 해결에 필요한 기술적, 재정적 능력을 가지고 있었기 때문에 가능하였던 것이다. 그뿐만 아니라 이 두 나라는 모두가 식량 경제적 측면에서 여유가 있거나 곡물을 외국에서 수입할 수 있는 능력을 갖고 있어 재해지에서 농업생산을 필요한 기간 중단한다 하여도 심각한 식량부족이나 곤란한 상태가 오래지속 될 염려가 없었기 때문이기도 하였다.

그런데 현재 환경파괴가 심각한 여러 나라들은 최소한도로 필요한 공학, 수문학, 임학, 농학, 목초지관리학. 생태학을 포함하여 많은 분야에서 기술이 부족한데 이런 기술부족은 무너져 가고 있는 식량생산체계와도 연관되어 있는 것이다. 그리고 정부가 대체할 수 있는 식량을 공급하지 못하고 수입을 보장하지 못할 형편이다. 이럴때 악화하고 있는 토지에서 불안한 생활을 하고 있는 사람들에게 나무를 심기 위하여 농작물 재배를 그만두라든지 토지를 휴한시켜야 한다든지 혹은 가축수를 감소시켜야 한다던지 하는 것을 기대하기는 어려운 일이다. 가난 때문에 파괴한 환경을 회복하려고 필요한 기간 가난한 사람들의 생계를 돕기 위하여 식량을 임금으로 지급하는 것과 같은 국제원조계획은 앞으로 식량원조의 보다 건설적인 이용방법이 될 것으로 보인다.

생태학적 파괴동향에 관한 체계적인 조사와 분석을 하는 동시에 그의 해결을 위한 기술적, 재정적 정책을 수립하는 것이 최근 설립한 UN환경계획(UNEP)이 당면하고 있는 어려운 문제이다. 토지, 물, 사막화 등에 관련된 문제들이 UNEP의 최우선 과제로 제기되고 있으며 새로 설립된 지구감시체계(GEMS)에 의하여 UNEP는 각 지역에서의 토질, 삼림파괴, 해양오염동향 등 자연자원보존과 관련된 정보를 수집하고 있다. 포괄적이라고 하기에는 아직 불충분하나 GEMS계획은 인류가 현재까지 축적시킨 환경에 관한 지식이 갖고 있는 몇몇 명백하고도 위험한 결점을 채워나가는 중요한 계기가 되고 있다. UNESCO가 지원하고 있는 "인류와 생물권계획" 에 관한 많은 연구들도 지구 전체의 생태학적동향에 관한 지식의 축적에 도움이 될 것이다.

한 두 나라에서라도 환경악화에 관한 확실한 수치가 있다면 정치적, 경제적 정책결정자는 환경악화에 시간이 걸린다는 이유는 더 이상 대책강구를 연장시킬 구실이 못될 것이다. 확실한 결론을 내기 위하여 막대한 과학적 자료의 축적을 기다리는 것은 나라에 따라서는 결국 생태학적인 자살행위가 될 수 있다. 도처에 구릉이 벌거벗고 목야지가 과방목 상태가 되고 있는 것이 비전문가의 눈에도 확실한데 긴급대책을 강구하는데 전자계산기의 복잡한 계산결과를 기다릴 필요는 없고 아무것도 하지 않아 지불해야 할 대가를 생각하는 것만으로 이때의 긴급대책은 정당화 될 것이다.

생태계에 가해진 지나친 stress로 생긴 여러 가지 징후의 원인을 구명하는 것에는 정부나 개발계획담당자의 최대의 분석능력발휘가 요구된다. 농작물 수량의 감소, 투자이윤과 사용비료의 효과에 대한 실망, 넓은 면적에 걸친 생산의 극적인 저하 등은 그동안 내버려두었던 환경파괴의 명확한 증거 들이다. 영양조건, 경제적 전망, 정치적 안정 그리고 전체사회구조에 나타날 결과가 어떻게 될 것인가를 추측하기는 사실상 힘든 것이다. 사회적 피폐의 원인구명은 눈앞의 문제가 그 징후가 너무나 절박하기 때문에 흐려지는 수가 많다 인플레 문제에서 무력충돌까지 여러 가지 국제정치, 경제에 미치는 간접적 영향도 그것을 유발하는 특정사건 때문에 희미해질 수 있다.

농촌의 붕괴와 도시빈민촌의 급속한 팽창간의 직접적인 관계를 염두에 두는 일은 극히 드물다. 그러나 이런 생활조건의 악화가 얼마 남지 않은 20세기의 사회폭발의 도화선이며 최대의 사회문제를 야기하고 있다. 더욱이 이런 문제의 해결을 위한 정면으로부터의 정책적 도전은 없다시피 되어 있다. 농촌지대에 쾌적하고 안정된 거주지를 공급하는 것은 도시에서 증가하고 있는 인구에 건강한 거주지를 마련해준다는 거의 불가능에 가까운 일을 하려는 것보다는 훨씬 현실적이고 또 사회적으로도 바람직한 일이다. 도시에서는 생산적인 여러 가지 직종의 고용기회는 없는 상태이기 때문이다. 방랑자의 홍수를 막을 수 있는 길은 농촌의 생태학적회복을 통해서만 이루어질 수 있다. 경사지의 표토가 유실되면 그것에 삶을 의존하고 있던 사람들은 그의 발판을 잃어버린다.

이 책에서 거론한 문제들은 돌발적인 세계적 기근을 대상으로 한 것은 아니다. 현재와 같은 추세대로 간다면 가장 가능성이 큰 결과는 경제적으로나 정치적으로 한계선에 가까운 생활을 하고 있는 일부 사람들 - 아마 전 인류의 1/4 정도 - 이 만성적인 어려운 여건에 놓이게 될 것이라는 것이다. 변경에 살면서 최저생활을 하고 있는 사람들은 점점 절망적인 빈곤의 수렁으로 빠져들어 가게 될 것이다. 일부는 토지에서 얻을 수 있는 것을 위하여 허덕일 것이고 일부는 아프리카, 아시아, 중남미에서와 같이 도시 빈민촌이라는 막다른 골목을 찾게 될 것이다. 그들의 앞날에 대한 희망이 무산되느냐 그렇지 않느냐는 별개의 문제이다.

# 역자의 맺는 말

이 책은 "Losing ground"라는 주제에 "환경파괴와 세계 식량의 전망"이라는 부제가 붙어 있다. 인구가 증가하고 생활수준이 향상하면서 먹거리의 질에 대한 욕구가 변화하면서 세계적으로 식량 증산에 대한 수요가 급격히 증가하고 있다. 그간 인간은 토지나 해양을 성급하게 그리고 탐욕스럽게 수탈하여 왔다. 그 결과 건조지대에서는 사막이 확대되고 산악지대에서는 산사태가 자주 일어나고 하천의 하류지대에서는 잦은 홍수를 겪게 되었고 해양에서는 난획으로 어획량이 감소하고 있는 등 현재 세계는 전반적인 식량부족의 위기에 직면하고 있음을 이 책은 지적하고 있다. 읽고 나면 당장 식량위기를 맞게 될 것이라는 목전의 문제와 더불어 세계 도처에서 일어나고 있는 자연의 파괴나 황폐가 인류 생존 자체의 위기에 이어지고 있어 "삶의 터전" 자체가 위기를 맞고 있음을 절감할 수 있을 듯하다. 이런 의미에서 "ground"는 대지가 아닌 "삶의 터전"으로 해석여도 될 뜻하다.(Ishi H.와 K. Mizuno의 일역(1978), 심상칠, 오성기 역(1980)에는 대지로 되어 있음)

환경문제는 세계 제2차 대전 후 유기합성농약의 출현과 그의 사용 보급에 따라 야기된 환경오염문제를 출발점으로 하여 그 후의 인구 증가와 인간의 환경에 미치는 영향력의 급격한 증대로 현재는 환경전반에 걸친 환경교란문제가 중심이 되고 있으며 특히 1972년 Stockholm에서 개최된 "세계 인간 환경 회의"는 "하나밖에 없는 지구"의 환경위기론을 심각하게 인식케 한 계기를 마련하였다.

우리나라는 1960년 이후 사회, 산업, 경제적 면에서 세계 다른 나라에서는 유례를 찾아 볼 수 없는 눈부신 발전을 거듭한 나라 중의 하나이며 역자는 식량부족으로 굶주리던 시대에서 식량 자급(적어도 쌀 문제에 있어서는)을 이룩하고 작금에는 남는 쌀의 이용이 또 다른 문제로 되고 있는 격변의 시대를 살아왔다.

역자의 전공분야는 해충학이며 그중에서도 "해충군의 합리적 관리"를 목적으로 하는 분야인데 이것은 해충을 농생태계 즉 농업 생산 환경의 한 구성요소로 보고 그들의 밀도를 경제적 피해수준이하로 억제하고(따라서 해충의 완전한 구제가 아니다) 그 상태를 유지하는(경제적 합리화) 수단을 찾으려는 것이다. 그리고 이런 방법은 동시에 환경에 미치는 영향은 최소(생태학적 또는 사회적 합리화)인 것이어야 한다. 이와 같은 해충 문제의 합리적 해결을 위해서는 해충의 발생에 미치는 작물을 비롯한 농업생산의 사회, 경제적 여건의 영향에 대한 충분한 이해가 필수인고로 저자는 농업생산현장의 변화에 남다른 관심을 갖고 지내왔다.

주지하는 바와 같이 농생태계는 자연생태계와 달리 구성요소가 자연생태계에 비하여 단순하여 환경조건의 변화에 대하여 극히 예민하게 반응하며 인위적 요인이 크게 작용하는 생태계이다.

우리나라의 해충발생상은 신품종의 도입이나 재배시기를 비롯한 경종법 그리고 비배관리법이 크게 변한 1970년대 이후 크게 변하였다. 예를 들면 과거 만성적으로 문제가 되었던 이화명나방의 전체 발생량(유아등 연간 총 유살량)은 20% 이하로 크게 줄어 현재에는 거의 문제가 되지 않으며 벼의 줄무늬잎마름병을 매개하는 애멸구의 발생량은 맥류 재배면적의 증감에 따라 1970년대 중반 크게 증가하였으나 1980년 이후의 맥류 재배면적의 감소에 따라 다시 크게 감소하고 있다. 또 현재 60대 이상의 국민들이면 과거 깡통을 들고 징그러운 송충이를 잡던 일을 기억할 것이다. 그러나 현재는 그 모습을 찾기 힘들어 실험재료로 쓰려고 하여도 구하기가 어렵다. 이와 같은 송충이의 발생량 변화는 여러 가지 원인을 생각할 수 있겠으나 우리나라 산에서의 임상변화 특히 수종의 변화와 삼림녹화가 큰 몫을 하였다고 생각된다. 우리나라의 삼림은 이 책에서도 지적하고 있는 바와 같이 1970년 이전에는 극도로 황폐되어 있었는데 그 주요 원인은 땔나무였다. 그래서 우리나라에서는 땔감 문제를 해결하기 위하여 조림의 확대와 속성수의 도입이용(예; 족제비싸리)이 시도되기도 하였다. 그러나 산림녹화 성공에서 무엇보다 중요하였던 것은 나무 대신 연탄을 땔감으로 이용할 수 있게 된 것이 아닌가 한다. 도로망의 확장과 새마을사업의 진행에 따라 산간벽지까지 도로망이 발달하면서 연탄공급이 원활하여지면서 나무 대신 편리한 연탄이 가정에서 취사나 난방용으로 이용하게 되면서 산의 나무가 제대로 자랄 수 있게 되었던 것이다. 이와 같이 우리나라 삼림녹화 성공은 임업적 기술 뿐 아니라 연탄의 수급과 관련된 사회적 여건의 변화가 큰 도움이 되었다고 하겠다. 이와 같은 벼 해충상의 변동양상이나 솔나방 발생량의 감소는 우리나라의 벼 재배방식의 변화나 땔나무 문제의 해결이라는 것을 이해하지 못하고는 이해할 수 없는 일로 환경문제의 생물에 미치는 영양의 복잡성을 말하고 있다.

이 책에서는 멀리 기원전 3000년경 Phoenicia인들이 Lebanon 산맥의 삼나무를 조선용으로 이용하게 되면서 울창하던 삼나무 숲이 사라지게 된 사실을 비롯하여 아프리카 사하라 지역에서의 가축수 증가가 사막면적의 확대에 미친 영향이나 Steinback의 "분노의 포도" 의 배경이 된 1930년대 전후의 미국의 대평원 개간에 따르는 대황진이나 후르시쵸프의 실각의 한 원인이 된 러시아 카자흐스탄 지방의 초원개간의 표토유실에 미친 영향, 중동지역과 미국에서의 관개체제와 토중염분 축적과의 관계 그리고 선진국에서의 양계 산업발달이 멀리 떨어진 페루 안초비 어업에 미친 영향, 세계 여러 나라에서의 댐 건설에 따라 일어난 여러 가지 문제, 기타 여러 가지 구체적 예들을 들어 인간의 욕구충족을 위한 여러 가지 기술의 발달과 이용이 인간 환경에 미친 영향의 예를 설명하고 이런 문제의 해결책으로 인구증가율을 감소시키고 대대적인 식목을 하고 농촌 농민들을 위하여 농업구조를 재조정하기 위한 강력하고도 치밀한 정책의 수립과 실행이 중요하다고 주장하고 있다. 이런 점들은 급속하고도 획기적인 농업발전을 이룩한 우리나라 농업현장에서 농경환경의 변화와 해충발생상의 변화를 피부로 느끼면서 지나온 역자에게는 특히 감명 깊은 것이었다.

인간은 현재 기온이라는 측면에서만 보아도 100℃ 이상의 차이가 있는 열대에서 북극까지 넓은 지역에 분포하며 날개를 갖고 있지 못하면서도 새들과 같이 하늘을 날고 여러 가지 교통수단을 이용하여 다른 어떤 생물들보다도 빠르게 그리고 먼 거리를 이동할 수 있다. 이것은 인간이 도구를 이용할 수 있기 때문이다. 이것은 다른 생물들이 자연에의 순응을 통하여 적응하는 것과는 달리 인간은 자연환경과는 무관하게 도구를 이용하여 생존에 유리한 환경을 조성하는 방법으로 적응해 온 때문이다.

적응의 궁극적인 목표는 생존가능성의 증대로 이것은 인간이나 다른 생물이나 마찬가지다. 생물은 자연선택에 의하여 적응 정도를 증대 시켜왔다. 그런데 이것은 한편으로는 적응의 특수화를 뜻하는 것으로 기존의 적응 폭을 좁히는 결과를 낳아 계통학적 제약을 받게 되어 종의 존재가 공간적으로나 시간적으로 제약을 받게 되었다. 만약 생물이 기존의 적응양식을 영구히 유지한다면 새로운 종은 생길 수 없겠다. 종이란 생물의 존재양식과 관련된 개념으로 모든 종은 각각 고유의 적응양식을 갖고 있어 새로운 종의 출현은 이 적응양식의 분열에 의한 것으로 볼 수 있으며 이런 분열을 통하여 새로운 종은 조상종과는 분리되게 되겠다. 이와 같은 자연계의 원리에 따라 지구상에 생명체가 출현한 이래 수많은 종이 새로 태어나기도 하고 멸망하기도 하였다.

그런데 약 200만 년 전에 이런 생물계의 원리와는 다른 적응방식을 가진 생물 즉 인간이 출현하였다. 인간은 기술을 생존수단으로 하는 특이한 적응양식을 갖고 있었다. 이것은 자연과의 일체화라는 기존의 적응 원리와는 달리 기술을 통하여 자연과의 관계를 갖게 되는 것으로 자연선택이라는 자연계의 원리의 거부였다.

생물들은 자연 선발에 의하여 적응한다. 그런데 온냉방장치는 기후적 조건과는 무관하게 활동에 유리한 기온을 조성하고 병원 미생물의 공격에 대하여는 자체 적응력의 이용 대신 약물이나 항생물질로 대응하고 식량공급량은 인구수를 조절하여 공급량에 소비량을 맞추는 대신 식량생산기술의 발달로 대응하며 자동차나 통신기구는 우리 몸을 대신하여 문제를 해결해 주고 있다.

기술은 양날을 가진 칼과 같은 것이라고 흔히 말한다. 즉 그의 사용방법이 문제이다. 비참한 전쟁과 공해, 풍부한 식량과 쾌적한 생활환경 이런 것들은 인간 생활의 명암의 양면인데 기술과 깊은 관계가 있다 .올바른 정치와 사회제도 하에서는 기술은 장밋빛 앞날을 약속을 할 것이며 기술도 올바른 방향으로 발달할 것이라는 나이부한 상식론과는 달리 현실은 기업의 독물 방류, 관광자본의 자연파괴, 개발이라는 명목하에서 행해지는 공해의 대량 생산, 이들 뒤에 숨어있는 정치 빈곤 등이 심각하다.

이와 같은 파멸에의 길은 완전히 저지하지는 못한다 하여도 그의 속도를 어느 정도 줄일 수는 있겠다. 현재 환경파괴의 심각성을 우려하는 목소리가 점점 높아지고 있다. 만약 기술 그 자체에 무한의 가능성이 있다고 하더라도 무에서 유를 낳을 수는 없으며 지구상의 자원은 한계가 있다. 여기서 우리는 생물계의 보편적 생존의 원점 즉 적응의 궁극적 목표는 생존 잠재력의 증대라는 문제에 되돌아가 생각해 보아야 할 듯 하다. 인간이 기술에 의하여 자연을 자기의 생존에 알맞게 개조하고 그것을 영속시킬 수 있다는 것은 자연을 모르는 환상이다. 지난날의 대륙의 이동이나 빙하기 기후 변동과 같은 것은 인간의 힘으로는 어떻게 할 수 없는 위대한 지사적 사건이지만 현재 인간이 일으키고 있는 지구상의 변화는 엄청나게 빠른 속도로 이루어지고 있다. 그리고 이와 같은 자연의 변화는 앞으로 더욱 빠르고 심각한 것이 될 것이다. 이런 현실에 눈을 돌린다면 우리는 우리가 취해야 할 바를 짐작할 수 있을 듯하다.

이 책의 내용은 이런 문제를 모두 망라한 것은 물론 아니다. 그러나 우리는 이 책에서 거론되고 있는 문제들을 통하여 기술을 통한 적응에 수반되는 문제점들이 어떤 것이 있으며 보다 낳은 해결책을 찾으려면 어떻게 해야 하느냐에 대하여 많은 도움을 받을 것으로 생각한다. 더욱이 권말의 풍부한 참고자료들은 정책수립시 정책의 계획이나 수행에 더 없이 좋은 재료가 될 것으로 생각한다.

끝으로 어려운 여건에서도 이 역서의 출간을 맡아 주신 아카데미서적에 대하여 깊은 감사를 드리며 아울러 원고를 정리해 준 국립농업과학원 농생물부 민희옥 양의 노고에 충심으로 감사를 드립니다.

2010년 8월

역자 현 재 선

# 원주

## 제1장


1. Prominent examples in the English language include: G. V. Jacks and R. O. Whyte, *The Rape of the Earth-A World Survey of Soil Erosion* (London: Faber, 19~9); Hugh Hammond Bennett, *Soil Conservation* (New York: McGraw Hill, 1939); W. C. Lowdermilk, "Man-Made Deserts," *Pacific Affairs*, Vol. 8, No. 4 (1935); Russell Lord, *Behold Our Land* (Boston: Houghton Mifllin, 1938); Fairfield Osborn, *Our Plundered Planet* (Boston: Little, Brown, 1948); Paul B. Sears, *Deserts on the March* (Norman: University of Oklahoma Press, 1935); William Vogt, *Road to Survival* (New York: William Sloane, 1948).
2. "The Nurturing Forest," *Ceres*, Vol. 8, NO. 2 (March-April, 1975), p. 4.


## 제2장


1. Anders Rapp, *A Review of Desertization in Africa-Water, Vegetation, and Man*, SIES Report No. 1 (Stockholm: Secretariat for International Ecology, 1974), p. 8.
2. Marvin W. Mikesell, "The Deforestation of Mount Lebanon," *Geographical Review*, Vol. 59, NO.1 (January, 1969). The following account of Mount Lebanon's history is largely drawn from this excellent article.
3. Herbert G. May and Bruce M. Metzger, eds., *The Oxford Annotated Bible* (New York: Oxford University Press, 1962), p. 421.
4. Omer C. Stewart, "Fire as the First Great Force Employed by Man," in William L. Thomas, Jr., ed., *Man's Role in Changing the Face of the Earth*, Vol. I (Chicago: University of Chicago Press, 1956), p. 118.
5. F. Fraser Darling, "Man's Ecological Dominance Through Domesticated Animals on Wild Lands," in William L. Thomas, ed., *op. cit.,* Vol. II, p. 779; Erhard Rostlund, "The Outlook for the World's Forests and Their Chie Products," in Stephen Haden-Guest, John K. Wright, and

Eileen M. Teclaff, eds., *A World Geography of Forest Resources* (New York: Ronald Press, for the American Geographical Society, 1956), p. 640; and Hilgard O'Reilly Sternberg, "Man and Environniental Change in South America," in E. J. Fittkau, *et al.*, eds., *Biogeography and Ecology in South America*, Vol. 18, *Monographiae Biologicae*, ed. P. Van Oye (The Hague: Dr. W. Junk, 1968), p. 418.

6. Cited in Klaus Stern and Laurence Roche, *Genetics of Forest Ecosystems* (New York: Springer-Verlag, 1974), p. 240.

7. S. D. Richardson, *Forestry in Communist China* (Baltimore: Johns Hopkins University Press, 1966), p. 58.

8. D. Y. Lin, "China," in Stephen Haden-Guest, John K. Wright, and Eileen M. Teclaff, eds., *op. cit.*, p. 530.

9 . H. C. Darby, "The Clearing ofthe Woodland in Europe," in William L. Thomas, ed., *op. cit.*, Vol. I.

10. Klaus Geissner, "Der Mediterrane Wald im Mahgreb," *Geographische Rund.* Vol. 23, No. 10 (October, 1971); and Klaus Müller-Hohenstein, "Die Anthropogene BeeinAussing der Walder im Westlichen Mittelmeerraum unter besonderer Berucksichtigung der Aufforstung," *Erdkunde: Archiv fiir WissenGeographie*, Vol. 27, No.1 (March, 1973).

11. H. C. Darby, *op. cit.*

12. Peter Sartorius and Hans Henle, *Forestry and Economic Development* (New York: Praeger, 1968), p. 5.

13. Lesley Bird Simpson, *Many Mexicos* (Berkeley: University of California Press, 1964), p. 18.

14. Paul B. Sears, "The Importance of Forests to Man," in Stephen Haden-Guest, John K. Wright, and Eileen M. Teclaff, eds., op. cit., p. 11; Paul B. Sears, quoted in William L. Thomas, ed., *op. cit.*, Yol. I, p. 406; and Tom Gill, *Land Hunger Mexico* (Washington, D.C.: Charles Lathrop Pack Foundation, 1951), pp. 34-35.

15. W. C. Lowdermilk, "Man-Made Deserts," *Pacific Affairs*, Yol. 8, NO.4 (1935), P.417.

16. Quoted in Peter Sartorius and Hans Herile, *op. cit.*, pp. 7-8.

17. Clarence J. Glacken, "Changing Ideas of the Habitable World," in William L. Thomas, ed., *op. cit.,* Yol. I, p. 77.

18. H. C. Darby, *op. cit.*, p. 204.
19. Erhard Rostluhd, *op. cit.*, p. 639; and Food and Agriculture Organizati ó n, *World Forest Inventory, 1963* (Rome: 1965).
20. S. Kolade Adeyoju, "Forest Resources of Nigeria," *Commonwealth Forestry Review,* Vol. 53, No. 2, p. 102.
21. Food and Agriculture Organizati ó n, *Wood: World Trends and Prospects*. Basic Study No. 16 (Rome: 1967), p. 54-
22. Otto Soemarwoto, "The Soil Erosion Problem in Java," presented to First International Congress of Ecology, The Hague, September, 1974 (Bandung: Institute of Ecology, Padjadjaran University), 1974.
23. Pieter Lieftinck, A. Robert Sadove, and Thomas C. Creyke, *Water and Power Resources of West Pakistan: A Study in Sector Planning*, Vol. II (Baltimore: Johns Hopkins University Press, for the World Bank, 1969), p. 93.
24. Government of India, Ministry of Irrigation and Power, *Fifth Plan Position Paper on Flood Control, Drainage and Anti- Waterlogging, Anti-Sea Erosion* (New Delhi: May,1972); Government of India, Ministry of Irrigation and Power, *Report of the Irrigation Commission*, 1972, Vols. I and II (New Delhi: 1972); Herbert Francis Mooney, "The Problem of Shifting Cultivation with Special Reference to Eastern India, the Middle East, and Ethiopia," *Fifth World Forestry Congress Proceedings*, Yol. III (Seattle: 1960), p. 2021; Gordon Conway and Jeff Romm, *Ecology and Resource Development in Southeast Asia*, Report to the Ford Foundation, Office for Southeast Asia (New York: Ford Foundation, August, 1973), pp. 7-8; World Food Programme, "Project Summary: Reforestation and Watershed Protection in the Upper Solo River Basin," Indonesia, project No. 648, WFP/IGC: 18/7 Add. 7 (Rome: September 21,1970); Adrian G. Marshall, "Conservation in West Malaysia: The Potential for International Cooperation," *Biological Conservation*, Yol. 5, No.2 (April 1973), p. 136; J. C. Delwaulle, "Désertification de l' Afrique au Sud du Sahara," *Bois et Forê ts des TroPiques*, No. 149 (May-June, 1973), p. 11; and Clarke Brooke, "Food Shortages in Tanzania," *Geographical Review*, Yol. 57, NO.3 (July, 1967), p. 347.
25. Food and Agriculture Organizati ó n, *Wood: World Trends and*

*Prospects, op. cit.*, p. 53.

26. J. P. Lanly, "Régression de Iii Forêt Dense en Côte d'ivoire," *Boits et Forêts des Tropiques*, No. 127 (September-October, 1969).
27. Paul W. Richards, "The Tropical Rain Forest," *Scientific American*, December, 1973, p. 67.
28. S. D. Richardson, *op. cit.*, p. 12.
29. S. D. Richardson, *op. cit.*, p. 63; and Peter Sartorius and Hans Henle, *op. cit.*, p.86.
30. Peter Sartorius and Hans Henle, *op. cit.*, p. 87. See also Jack G Westoby, "How the Chinese Learn About Forestry," *American Forests*, Vol. 81, No.6 (June, 1975).

## 제3장

1. Thomas Frederick Saarinen, *Perception of the Drought Hazard on the Great Plains*, Department of Geography Research Paper No. 106 (University of Chicago, 1966), esp. pp. 14-18.
2. See Paul Sears, "A Empire of Dust," in John Harte and Robert H. Socolow, eds., *Patient Earth* (New York: Holt, Rinehart & Winston, 1971); and *The Future of the Great Plains*, Report of the Great Plains Committee (Washington, D.G: Government Printing Office, December, 1936), pp. 3-5.
3. Vance Johnson, *Heaven's Tableland: The Dust Bowl Story* (New York: Farrar, Straus, 1947) vividly describes the dust storms of the 1930S. H. H. Finnell, *Depletion of High Plains Wheatlands*, U.S. Department of Agriculture Circular No. 871 (June, 1951), discusses the organic contents of the dust storms.
4. In Frank E. Smith, ed., *Conservation in the United States, A Documentary History: Land and Water, 1900-1970* (New York: Chelsea House, in association with Van Nostrand Reinhold, 1971), p. 438.
5. Paul Sears, *op. cit.*, p. 10.
6. W. G Lowdermilk, "Man-Made Deserts," *Pacific Affairs*, Vol. 8, NO.4 (1935), P.417.
7. *The Future of the Great Plains, op. cit.*, p. 1.

8. Kenneth E. Grant, "Erosion in 1973-74: The Record and the Challenge," *Journal of Soil and Water Conservation*, Vol. 30, NO.1 (January-February, 1975).
9. Council for Agricultural Science and Technology, *Conservation of the Land, and the Use of Waste Materials for Man's Benefits*. Prepared for Committee on Agriculture and Forestry, United States Senate, March 25, 1975. (Washington, D.C.: Government Printing Office, 1975), esp. pp. 16, 17.On windbreaks, also see General Accounting Office, *Action Needed to Discouraze Removal of Trees That Shelter Cropland in the Great Plains*, RED-75-375 (Washington, D.C.: General Accounting Office, June 20, 1975).
10. The dimensions of the program are outlined in William A. Dando, *Grain or Dust: A Study of the Soviet New Lands Program, 1954-1963*, Ph. D. dissertation, University of Minnesota, Department of Geography, 1969; and Frank A. Durgin, Jr., "The Virgin Lands Programme, 1954-1960," *Soviet Studies*, Vol. 13, NO. 3 (1961-62). I am grateful to John Tidd for his assistance with research and analysis of the Soviet Virgin Lands program.
11. W. A. Douglas Jackson, "The Virgin and Idle Lands Program Reappraised," *Annals of the Association of American Geographers*, Vol. 52, NO.1 (March, 1962), p. 76.
12. Basic issues of the debate over proper farming techniques in the Virgin Lands are presented in Werner G. Hahn, *The Politics of Soviet Agriculture*, 1960-1970 (Baltimore: Johns Hopkins University Press, 1972); and in an article by A. Barayev, *Izvestia,* May 31, 1963.
13. *Izvestia,* November 22, 1961. Translation by John Tidd.
14. Hahn, *op. cit.*, p. 112.
15. Details of erosion damages in S. S. Kabysh, "The Permanent Crisis in Soviet Agriculture," in Roy D. Laird, ed., *Soviet Agriculture: The Permanent Crisis* (New York: Frederick A. Praeger, 1965), pp. 166-168; and Hahn, *op. cit.*, p. 112.
16. See Hahn, *op. cit.*, for discussion of the political implications of the 1963 Virgin Lands failure. Khrushchev's Italian interview is cited in Naum Jasny, *Khrushchev's Crop Policy* (London: George Outram, 1964), p. 23.

## 제4장

1. U.S. Agency for International Development, Office of Science and Technology, *Desert Encroachment on Arable Lands: Significance, Causes, and Control*, TA/OST 72-10 (Washington, D.C.: August, 1972), p. 1.
2. M. Kassas, "Arid and Semi-Arid Lands: An Overview," in United Nations Environment Programme, *Overviews in the Priority Subject Area: Land, Water and Desertification*, UNEP/PROG/2 (Nairobi: February, 1975), pp. 1-2.
3. U. S. Agency for International Development, Office of Science and Technology, *op. cit.*, pp. 2, 3.
4. Samir I. Ghabbour, "Some Aspects of Conservation in the Sudan," *Biological Conservation*, Vol. 4, NO. 3 (April, 1972), pp. 228-229.
5. M. Kassas, "Desertification versus Potential for Recovery in Circum-Saharan Territories," in Harold E. Dregne, ed., *Arid Lands in Transition* (Washington, D.C.: American Association for the Advancement of Science, 1970), p. 124.
6. Kai Curry-Lindahl, "Conservation Problems and Progress in Equatorial AfriCountries," *Environmental Conservation*, Vol. 1, No. 2 (Summer, 1974), pp. 119-121.
7. H. N. Le Houérou, "North Africa: Past, Present, Future," in Harold E. Dregne, ed., *op. cit.*, p. 240.
8. For two examples see P. H. T. Beckett and E. D. Gordon, "Land Use and Settlement Round Kerman in Southern Iran," *Geographical Journal*, Vol. 132, pt. 4 (December, 1966), pp. 476-489; and Food and Agriculture Organizati ó n/ U.N. Special Fund, *Survey of Land and Water Resources, Afghanistan, Vol. 1, General Report* (Rome: 1965), p. 22. Overgrazing throughout the Middle East is discussed in Marion Clawson, Hans H. Landsberg, and Lyle T. Alexander, *The Agricultural Potential of the Middle East* (New York: American Elsevier, 1971), esp. pp. 74-75,127. The Sonora Desert is discussed in J L. Cloudsley-Thompson, "Animal Utilization," in Harold E. Dregne, ed., *op. cit.*, p. 59.
9. Cesar F. Vergelin, "Water Erosion in the Carcarana Watershed: An Economic Study," Ph.D. dissertation, University of Wisconsin, 1971,

p. 11; and U.S. Agency for International Development, Office of Science and Technology, *op. cit.*, p. 4-

10. Central Arid Zone Research Institute, "Sociology-Main Results," mimeographed (Jodhpur: n.d.), p. 2.
11. M. S. Swaminathan, *Our Agricultural Future*, Sardar Patel Memorial Lectures, October 30, 31, and November 1, 1973 (New Delhi: India International Centre, 1973), p. 22.
12. National Planning Commission, 1952, quoted in Government of India, National Commission on Agriculture, *Interim Report on Desert* Development (New Delhi: March, 1974), p. 3; B. B. Roy and S. Pandey, "Expansion or Contraction of the Great Indian Desert," in *Proceedings of the Indian National Science Academy*, Vol. 36, B, No.6 (1970), p. 343. Desert expansion asserted in Reid A. Bryson and David A. Baerreis, "Possibilities of Major Climatic Modification and Their Implications: Northwest India, A Case for Study," *Bulletin of the American Meteorological Society*, Vol. 48, NO.3 (March, 1967), p. 141. The Indian government's 1974 *Interim Report on Desert Development*, cited above, also assumes a continuing spread of the desert.
13. Reid A. Bryson and David A. Baerreis, *op. cit.*
14. N. H. MacLeod, "Dust in the Sahel: Cause of Drought?" mimeographed (Washington D.C.: Drought Analysis Laboratory, American University, August, 1974); and Reid A. Bryson, *The Sahelian Effect*, University of Wisconsin, Institute for Environmental Studies, Working Paper NO. 9 (Madison: August, 1973).
15. H. N. Le Houerou, "Deterioration of the Ecological Equilibrium in the Arid Zones of North Africa," mimeographed (Rome: Food and Agriculture Organizatión, 1974), p. 5; Anders Rapp, *A Review of Desertization in Africa-Water, Vegetation, and Man*, SIES Report No. 1 (Stockholm: Secretariat for International Ecology, 1974), pp. 13-28; B. B. Roy and S. Pandey, *op. cit.*; and personal correspondence from Reid A. Bryson, June 27, 1975.
16. "Statement of the IFIAS Workshop on the Impact of Climatic Change on the Quality and Character of Human Life," adopted in Bonn, May 10, 1974 (Stockholm International Federation of Institutes for

Advanced Study, June 3, 1974); Tom Alexander, "Ominous Changes in the World's Weather," *Fortune*, February, 1974; and Reid Bryson, *op. cit.*

17. See F. Fraser Darling and Mary A. Farvar, "Ecological Consequences of Sedentarof Nomads," in M. Taghi Farvar and John P. Milton, eds., *The Careless Technology: Ecology and International Development* (New York: Natural History Press, 1972); and Jeremy Swift, ."Disaster and a Sahelian Nomad Economy," in David Dalby and R. J. Harrison Church, eds., *Drought in Africa, Report of the 1973 Symposium,* Centre for African Studies, University of London (London: 1973).
18. Lee M. Talbot, "Ecological Consequences of Rangeland Development in Masai- land, East Africa," in M. Taghi Farvar and John P. Milton, eds., *op. cit.*
19. U. S. Agency for International Development, "An Approach to the Recovery and Stabilization of the Sahelian-Sudanian Range and Livestock Industry," AID/AFR/CWR Technical Staff Paper, draft (Washington, D.C.: January, 1974).
20. N. H. MacLeod, *op. cit.*, p. 16.

## 제5장

1. "Highlands" is defined as all areas over one thousand meters in altitude.
2. UNESCO, Programme on Man and Biosphere, *Working Group on Project 6: Impact of Human Activities on Mountain and Tundra Ecosystems, Final Report*, Lillehammer, November, 20-23, 1973, MAB Report Series No. 14 (Paris: 1974), pp. 20-21.
3. International Workshop on the Development of Mountain Environment, press release, Munich, December 12, 1974 (Feldafing: German Foundation for International Development, December, 1974).
4. R. G. M. Willan, Chief Conservator of Forests, *Forestry in Nepal*. (Kathmandu: UNDP, 1967); and Government of Nepal, National Planning Commission Secretariat, *Draft Proposals of Task Force on Land Use and Erosion Control* (KathAugust, 1974).
5. International Bank for Reconstruction and Development/International

DevelopAssociation (IBRD/IDA), *Economic Situation and Prospects of Nepal,* April 13, 1973, and *Sector Annexes,* August 15, 1973 (Washington, D.C.); and Tribhuvan University, Centre for Economic Development and Administration, *Regional Development Study (Nepal)* (Kirtipur, Kathmandu: May, 1973-December, 1974), p. 3.

6. Government of India, Department of Agriculture, *Soil and Water Conservation in Nepal: Report of the Joint Indo-Nepal Team* (New Delhi: November, 1967), p. 5.

7. John G. Cool, *The Far Western Hills: Some Longer Term Considerations,* mimeo(U.S. Agency for International Development, February, 1967), p. 6.

8. Government of Nepal, National Planning Commission Secretariat, *op. cit.*

9. *Ibid.*

10. IBRD/IDA, *Agricultural Sector Survey, Nepal, Vol. II* (Washington, D.C.: September 3, 1974), p. 7.

11. Government of Nepal, Ministry of Forests, "Introduction of Department of Soil and Water Conservation," mimeographed (Kathmandu, n.d.); Government of Nepal, National Planning Commission Secretariat, *op. cit.*; and personal interviews with Nepalese forestry officials, March, 1975.

12. Ernest Robbe, *Report to the Government of Nepal on Forestry,* ETAP Report No. 209 (Rome: Food and Agriculture Organizati ó n), March, 1954; and R. G. M. Willan, *op. cit.,* p. 16.

13. Government of Nepal, National Planning Commission Secretariat, *op. cit.*

14. Government of India, Department of Agriculture, *op. cit.*

15. D. C. Kaith, "Forest Practices in Control of Avalanches, Floods, and Soil Erosion in the Himalayan Front,': *Fifth World Forestry Congress Proceedings,* Vol. III (Seattle: 1960).

16. World Food Programme, *Interim Evaluation of Project Pakistan* 385-*"Watered Management in the Kaghan and Daur Valleys,"* draft, October 29, 1974 (Rome: Food and Agriculture Organizati ó n, October, 1974).

17. FAO/U.N. Special Fund, *Survey of Land and Water Resources, Afghanistan, Vol. 1., General Report* (Rome: 1965), p. 22; and K. J.

Lampe, *Forst in Paktia, Afghanistan* (Frankfurt/Mein: Federal Agency for Development Assistance), 1972.

18. William H. McNeill, *The Rise of the West* (New York: Mentor, 1963), p. 455. 19. J. Alden Mason, *The Ancient Civilizations of Peru* (Harmondsworth: Penguin, 1957), p. 137.

20. F. Monheim, "The Population and Economy of Tropical Mountain Regions, Illustrated by the Examples of the Bolivian and Peruvian Andes," presented to International Workshop on the Development of Mountain Environment, Much, December 8-14, 1974 (Feldafing: German Foundation for International Development, December, 1974), p. 6; and J. Alden Mason, *op. cit.,* p. 139.

21. F. Monheim, *op. cit.,* p. 7; J. Alden Mason, *op. cit.,* p. 134. Alfred Metraux, *The History of the Incas,* translated by George Ordish (New York: Random House, 1969), p. 166.

22. Alfred Metraux, *op. cit.,* pp. 166-174,187-196, discusses the exploitation of the Andean Indians; quote from J. Alden Mason, *op. cit.,* p. 135.

23. F. Monheim, *op. cit.,* p. 7; J. Alden Mason, *op. cit.,* p. 138; and R. F. Watters, *Shifting Cultivation in Latin America* (Rome: Food and Agriculture Organiza1971).

24. R. F. Watters, *op. cit.,* pp. 35, 119, 135, 222, 225, 228.

25. David A. Preston, "The Revolutionary Landscape of Highland Bolivia," *GeoJournal,* Vol. 135, pt. 1 (March, 1969), pp. 1-16.

26. R. F. Watters, *op. cit.,* pp. 230, 213.

27. F. Monheim, *op. cit.,* p. 8; and Rep ú blica del Per ú , Oficina Nacional de Evaluaci ó n de Recursos Naturales, and Organizaci ó n de los Estados Americanos. *Lineamientos de Politiea de Conservaei ó n de los Reeursos Naturales Renovables del Peru* (Lima: May, 1974), p. 18.

28. James A. Liggett, "Erosion, Landslides, and Sedimentation in Colombia," proto the u.s. Department of State, Agency for International Developmentby Cornell University. Corporacion Antonoma del Valle de Cauca, and Universidad del Valle, December, 1974-

29. Cited in R. F. Watters, *op. cit.,* p. 36.

30. Philip Ainsworth Means, *Ancient Civilizations of the Andes* (New York: Gordian Press, 1964; reprint of 1931 edition), p. 12; and Rep ú blica del Per ú , Oficina Nacional de Evaluació n de Recursos Naturales, and Organizaci ó n de los Estados Americanos, *op. cit.,* p. 23.

31. F. Monheim, *op. cit.,* p. 10., provides migration data for Peru.

32. Rep ú blica del Peru, Oficina Nacional de Evaluaci ú n de Recursos Naturales, and Organizaci ó n de los Estados Americanos, *op. cd.,* pp. 8-14; and R. F. Watters, *op. cit.,* p. 138.

33. Rep ú blica del Peru, Oficina Nacional de Evaluaci ú n de Recursos Naturales, and Organizaci ó n de los Estados Americanos, *op. cit.,* pp. 8-14.

34. Gildas Nicolas, "Peasant Rebellions in the Socio-Political Context of Today's Ethiopia," presented at the Fifteenth Annual Meeting of the African Studies Association, Philadelphia, November 8-11, 1972, p. 11.

35. World Food Programme, "Project Summary: Reforestation and Soil Conservation in the Province of Wollo," Ethiopia Project No. 2097, WFP/IGC: 26/9 Add. 11 (Rome: July, 1974); World Food Programme, "Reforestation and Soil Conserin the Province of Tigre," Ethiopia Project No. 769, WFP/IGC: 23/10 Add. 2 (Rome: Food and Agriculture Organizati ó n, March, 1973); U.S. Departof the Interior, Bureau of Reclamation, *Land and Water Resources of the Blue Nile Basin, Ethiopia, Appendix VI, Agriculture and Economics,* prepared for U.S. Agency for International Development (Washington, D.C.: 1964), p. 140; Herbert Francis Mooney, "The Problem of Shifting Cultivation with Special Reference to Eastern India, the Middle East, and Ethiopia," *Fifth World Forestry Congress Proceedings,* Vol. III (Seattle: 1960), p. 2023; quote from W. D. WareAustin, "Soil Erosion in Ethiopia: Its Extent, Main Causes and Recommended Remedial Measures," mimeographed (Addis Ababa: Institute of Agricultural Research, May, 1970), p. 1.

36. Leslie Brown, *East African Mountains and Lakes* (Nairobi: East African PublishHouse, 1971), pp. 70-71.

37. Special Fund, *Report on Survey of the Awash River Basin, Vol. II, Soils and Agronomy* (Rome: 1965), p. 114-

38. *Ibid.*, p. 116; see also Leslie Brown, *op. cit.*, pp. 72, 73.

39. Richard St. Barbe Baker, "Some Reflections on Trees and Forests for Ethiopia," *Ethiopian Observer,* Vol. VIII, No.2 (1964), p. 190; and Ronald 1. Horvath, "Addis Ababa's Eucalyptus Forest," *Journal of Ethiopian Studies*, Vol. VI, NO.1 (January, 1968), pp. 13-19.

40. R. T. Jackson, P. M. Mulvaney, T. P. J Russell, and J. A. Forster, *Report of the Oxford University Expedition to the Gamu Highlands of Southern Ethiopia, 1968* (Oxford: School of Geography, Oxford University, 1968),pp. 34-37.

41. See Gildas Nicolas, *op. cit.;* John M. Cohen, "Land Reform in Ethiopia: The Effects of an Uncommitted Center on the Rural Periphery," presented at the Sixteenth Annual Meeting of the African Studies Association, Syracuse, October ~1-November 3, 1973; and William A. Hance, *The Geography of Modern Africa* (New York: Columbia University Press, 1964), pp. 351-364.

42. A. Warren, "East Africa," in B. W. Hodder and D. R. Harris, eds., *Africa in Transition* (London: Methuen, 1967), p. 117; M. S. Parry, "Progress in the Protection of Stream-Source Areas in Tanganyika," *East African Agricultural and Forestry Journal,* Vol. XXVII (special issue, March, 1962), p. 104; William A. Hance, op. cit., pp. 378, 395-411; and W. 1. Lusigi, "Some Environmental Factors in Food Production in Kenya," prepared forthe United Nations World Food Conference, November ;;-16, 1974 (Nairobi: National Environment SecreOffice of the President), 1974.

43. Paul H. Temple, "Soil and Water Conservation Policies in the Uluguru MounTanzania," and Anders Rapp, *et al.,* "Soil Erosion and Sediment Transport in the Morogoro River Catchment, Tanzania, both in Anders Rapp, Len Berry, and Paul Temple, eds., *Studies of Soil Erosion and Sedimentation in Tanzania* (University of Oar es Salaam, Bureau of Resource Assessment and Land Use Planning and University of Uppsala, Department of Physical Geography, 1972), pp. 110-155.

44. *Ibid.*

45. World Food Programme, *Interim Evaluation of Pro;ect Pakistan 385- "Watershed Management in the Kaghan and Daur Valleys," op. cit.*

46. Rep ú blica del Per ú , Oficina Nacional de Evaluacion de Recursos Naturales, and Organizaci ó n de los Estados Americanos, *op. cit.,* p. 20.

## 제6장

1. Keith Openshaw, "Wood Fuels the Developing World," *New Scientist*, Vol. 6" No. 883 (January 31,1974). See also Food and Agriculture Organizati ó n, *Wood: World Trends and Prospects,* Basic Study No. 16 (Rome: 1967) for a brief overview of world fuel wood trends.
2. J. C. Delwaulle, "Désertification de l'Afrique au Sud du Sahara," *Bois et Foreê ts des TroPiques,* No. 149 (Mai-Juin, 1973), p. 14; and Victor D. DuBois, The Drought in West Africa, American Universities Field Staff, West African Series, Vol. XV, No.1 (1974).
3. India's enforcement efforts are discussed in Government of India, Ministry of Agriculture, *Interim Report of the Natioflal Commission on Agriculture on Social Forestry* (New Delhi: August, 1973), p. 37. Tree-protection problems in China noted in S. D. Richardson, Forestry in Communist China (Baltimore: Johns Hopkins University Press, 1966), pp. 14, 66.
4. See, for example, Lila M. and Barry C. Bishop, "Karnali, Roadless World of Western Nepal," *National Geographic*, Vol. 140, No.5 (November, 1971), p. 671.
5. Government of India, Ministry of Agriculture, op. cit.; S. K. Adeyoju and E. N. Enabor, *A Survey of Drought Affected Areas of Northern Nigeria* (University of Ibadan, Department of Forestry, November, 1973), p. 48; U.S. Department of the Interior, Bureau of Reclamation, *Land and Water Resources of the Blue Nile Basin, Ethiopia, Appendix VI, Agriculture and Economics* (Washington, D.C.: 1964), p. 12; Leslie H. Brown, *Conservation for Survival: Ethiopia's Choice* (Haile Selassie I University, 1973), pp. 63, 64; FAO/UNDP, *Forestry Research*, Administration, and Training, Arbil, Iraq, Technical Report I, "A Forest Improvement Programme," FAO/UNDP, IRQ-18 TR 1, IRQ/68/518 (Rome: Food and Agriculture Organizati ó n, 1973); Rep ú lica del Per ú , Oficina Nacional de Evaluade Recursos Naturales, and Organizaci ó n de los Estados Americanos, *Lineade Politica de*

*Conservaci6n de los Recursos Naturales del Però* (Lima: May, 1974), p. 18; and J. Alden Mason, *The Ancient Civilizations of Però* (Harmondsworth: Penguin, 1957), p. '37.

6. FAO/UNDP, *Agricultural Survey and Demonstration in Selected Watersheds, Repòblic of Korea, Vo/. I, General Report,* FAO/SF: 47/KOR 7 (Rome: Food and Agriculture Organizatión, 1969), p. '7; and Donald E. Vermeer, "Population Pressure and Crop Rotational Changes among the Tiv of Nigeria," *Annals of the Association of American Geographers,* Vol. 60, No.2 (June, 1970), p. 3".
7. Government of India, Ministry of Agriculture, *op. cit.*
8. John Woodward Thomas, "Employment Creating Public Works Programs: Obon Political and Social Dimensions," in Edgar O. Edwards, ed., *Emin DeveloPing Nations* (New York: Columbia University Press, 1974), p.307.
9. See "Potentials for Solar Energy in the Sahel," interview with A. Moumoumi, *Interaction* (Washington, D.C.), Vol. III, No. 10, (July, 1975); National Academy of Sciences, Office of the Foreign Secretary, *Solar Energy in Developing Countries: Perspectives and Prospects* (Washington, D.G: March, 1972); Farrington Daniels, *Direct Use of the Sun's Energy* (New York: Ballantine, 1974; reprint of 1964 edition); Denis Hayes, "Solar Power in the Middle East," *Science*, Vol. 188, No. 4195 (June 27, 1975), p. 1261.
10. G R. Prasad, K. Krishna Prasad, and A. K. N. Reddy, "Bio-Gas Plants: Prospects, Problems and Tasks," *Economic and Political Weekly* (New Delhi), Vol. IX, Nos. 32-34 (special issue, August, 1974); and Arjun Makhijani with Alan Poole, *Energy and Agriculture in the Third World.* (Cambridge, Mass.: Ballinger, 1975), esp. ch.4-
11. E. F. Schumacher, "Buddhist Economics," in *Small Is Beautiful: Economics as If People Mattered* (New York: Harper & Row, 1973).

## 제7장

1. W. G Lowdermilk, "Conquest of the Land Through Seven Thousand Years," U.S. Department of Agriculture, Agriculture Information Bulletin No. 99, Au1953.

2. Much of this section on Mesopotamia is based on Thorkild Jacobsen and Robert M. Adams, "Salt and' Silt in Ancient Mesopotamian Agriculture," *Science,* Vol. 128, No. 33H (November 21, 1958). See also William H. McNeill, *The Rise of the West* (New York: Mentor, 1963); Tom Dale and Vernon Gill Carter, *Topsoil and Civilization* (Norman: University of Oklahoma Press, 1955); R. van Aart, "Drainage and Land Reclamation in the Lower Mesopotamian Plain," *Nature and Resources*, Vol. X, No.2 (April-June, 1974); P.J. Dielman, ed., Reclamation of Salt Affected Soils in Iraq (Wageningen, Netherlands: Internastitute for Land Reclamation and Improvement, Publication 11, 1963); Marion Clawson, Hans H. Landsburg, and Lyle T. Alexander, *The Agricultural Potential of the Middle East* (New York: American Elsevier, 1971); and Food and Agriculture Organizati ó n, *Salinity Seminar, Baghdad* (Rome: Irrigation and Drainage Paper 7, 1971).

3. White House-Department of the Interior Panel on Waterlogging and Salinity in West Pakistan, *Report on Land and Water Development in the Indus Plain* (Washington, D.C.: Government Printing Office, 1964). See also D. W. Greenman, W. V. Swarrenski, and G. D. Bennett, *Ground-Water Hydrology of the Pun;ab, West Pakistan with Emphasis on Problems Caused by Canal Irrigation,* U.S. Geological Survey Water Supply Paper 1608-H (Washington, D.C.: Govrnment Printing Office, 1967); Aloys Arthur Michel, *The Indus Rivers: A Study of the Effects of Partition* (New Haven: Yale University Press, 1967), esp. pp. 455-514-

4. Water and Power Development Authority, West Pakistan, *Programme for Waterand Salinity Control in the Irrigated Areas of West Pakistan* (Lahore: May, 1961).

5. U.S. Agency for International Development, "Progress and Evaluation, SCARP-I, West Pakistan," April, 1965.

6. Water and Power Development Authority, Pakistan, "Accelerated Programme of Waterlogging and Salinity Control in Pakistan," draft (Lahore: February, 1975); and Water Resources Sector, Planning Commission, Government of Pakistan "Preliminary Proposals for an Accelerated Programme of Waterlogging and Salinity Control in West Pakistan" (Islamabad: 1973).

7. Roman W. Szechowycz and M. Mohsin Qureshi, "Sedimentation in Mangla Reservoir," *Journal of the Hydraulics Division* (Proceedings of the American Society of Civil Engineers), September, 1973.
8. See Pietier Lieftinck, A. Robert Sadove, and Thomas G Creyke, *Water and Power Resources of West Pakistan: A Study in Sector Planning,* Vols. 1 and 2 (Baltimore: Johns Hopkins Press, for the World Bank, 1968); and Aloys Arthur Michel, *The Indus Rivers: A Study of the E Effects of Partition, op. cit.*
9. Aloys A. Michel, "The Impact of Modern Irrigation Technology in the Indus and Helmand Basins of Southwest Asia," in M. Taghi Farvar and John P. Milton, eds., *The Careless Technology: Ecology and International Development* (Garden City, N.Y.: Natural History Press, 1972), discusses some of the factors contributing to an anti-drainage bias.
10. Ronald C. Reeve and Milton Fineman, "Salt Problems in Relation to Irrigation", in Robert M. Hagen, Howard R. Haise, and Talcott W. Edminister, eds., *Irrigation of Agricultural Lands* (Madison, Wis.: American Society of Agronomy, Agronomy Series No. 11, 1967), p. 988; V. Kovda, "The Management of Soil Fertility," *Nature and Resources,* Vol. VIII, No.2 (April-June, 1972), p. 3; and V. Kovda, "The World's Soils and Human Activity," in Nicholas Polunin, ed., *The Environmental Future* (New York: MacMillan, 1972), p. 374-
11. Government of India, Ministry of Irri~ation and Power, *Report of the Irrigation Commission,* Vol. I (New Delhi: 1972), pp. 308-315; B. B. Vohra, *A Charter for the Land* (New Delhi: Ministry of Agriculture, September, 1972); Sudhir Sen, *A Richer Harvest: New Horizons for Developing Countries* (Maryknoll, New York: Orbis, 1974), pp. 214-215, 232; and Leslie T. C. Kuo, *The Technical Transformaof Agriculture in Communist China* (New York: Praeger, 1972), pp. 123-125.
12. Food and Agriculture Organizati ó n, *Salinity Seminar, Baghdad, op. cit.,* pp. 26, 53, 215.
13. *Ibid.,* pp. 200,2°Δ3.
14. Hilgard O'Reilly Sternberg, "Man and. Environmental Change in South Amerin E. J. Fittkau, *et al., eds. Biogeography and Ecology in*

*South America, Vol. 18, Monographiae Biologicae,* ed. P. Van Oye (The Hague: Dr. W. Jungk, 1968), p. 432; República del Perú, Oficina Naciomil de Evaluacion de Recursos Naturales and Organización de los Estados Americanos, *Lineamientos de Politica de Conservacion de los Recursos Naturales del Però* (Lima: May, 1974), p. 22; Arturo Cornejo T., "Resources of Arid South America," in Harold E. Dregne, ed., *Arid Lands in Transition* (Washington, D.C.: American Association for the Advanceof Science, 1970), p. 370; IBRD/IDA, *Agricultural Sector Study, Vol. IV, Agricultural Development in Brazil,* PA 52a (Washington, D.C.: August 19, 1970), p. 249; and FAO/UNDP, *Haiti: Rapport Final, Vol. IV, Genie Rural,* FAO/SF:45/HAI-3 (Rome: 1969), pp. 13-19.

15. David Henderson, "Arid Lands Under Agrarian Reform in Northwest Mexico," *Economic Geography,* Vol. 41, NO.4 (October, 1965), pp. 304-306; and Efraim Hernandez Xolocotzi, "Mexican Experience," in Harold E. Dregne, ed., *op. cit.,* P.324.

16. *International Symposium on the Salinity of the Colorado River, an entire issue of Natural Resources Journal* (University of New Mexico School of Law), Vol. 15, No.1 (January, 1975), contains useful accounts of the river salinity problems and United States-Mexican diplomacy on the subject.

17. Myron B. Holburt and Vernon E. Valantine, "Present and Future Salinity of Colorado River," *Journal of the Hydraulics Division* (Proceedings of the American Society of Civil Engineers), March, 1972; and U.S. Department of the Interior, *Report on Water for Energy in the Upper Colorado Basin* (Washington, D.C.: July, 1974).

18. Harold E. Dregne, "Salinity Aspects of the Colorado River Agreement," in *International Symposium on the Salinity of the Colorado River, op. cit.,* p. 51.

19. S. J. Ursie and Farris E. Dendy, "Sediment Yields from Small Watersheds Under Various Land Uses and Forest Covers," in *Proceedings of the Federal Inter-Agency Sedimentation Conference, 1963,* U.S. Department of Agriculture, Agricultural Research Service, Miscellaneous Publication No. 970 (Washington, D.C.: June, 1965), p. 48.

20. Robert N. Allen, "The Anchicaya Hydroelectric Project in Colombia:

Design and Sedimentation Problems," in M. Taghi Farvar and 'ohn P. Milton, eds., *op. cit.*

21. "Shihmen Reservoir Catchment Area Management," in Economic Commission for Asia and the Far East, *Proceedings of the Ninth Session of the Regional Conference on Water Resources Development in Asia and the Far East,* Water Resources Series No. 40 (New York: United Nations, 1971); and Juan L. Mercado, "Formula for National Suicide," Honolulu Star-Bulletin, April 22, 1971, quoting the Philippine forester Nicolas P. Lansigan.

22. "Satellite Data, A Resource Management Tool for the Niger Watershed. SubProject 1," proposal by the Resource Analysis Laboratory, Biology Department, American University, February 6, 1975.

23 B. B. Vohra, *A Charter for the Land, op. cit.,* p. 7; and Government of India, Ministry of Irrigation and Power, *Report of the Irrigation Commission, 1972* (New Delhi: 1972), esp. ch. XIV, "Sedimentation of Reservoirs."

24. William G. Hoyt and Walter B. Langbein, *Floods* (Princeton: Princeton University Press, 1955), pp. 154-155; and John B. Stoll, "Soil Conservation Can Reduce Reservoir Sedimentation," *Public Works,* Vol. 93, No.9 (September, 1962), p. 125.

25. Sumitro Djojohadikusumo, *Indonesia Towards the Year 2000* (Jakarta: Ministry of Research, February, 1975). Figures for Java include the neighboring Island of Madura. See also Denys C. Schwaar and John F. Harrop, "Agricultural Development and Population Growth in Indonesia," draft (Food and Agriculture Organizatión, Indonesia, 1974).

26. Otto Soemarwoto, "The Soil Erosion Problem in lava," presented to First International Congress of Ecology, The'Hague, September 1974 (Bandung: Institute of Ecology, Padjadjaran University, 1974); lac. P. Thijsse, "Will lava Become a Desert?" mimeograph, 1974; International Bank for Reconstruction and Development/International Development Association, *Development Issues for Indonesia,* Vol. II, Annex 3, "The Agricultural Sector" (Washington, D.C.: December 1, 1972), p. 5. I am grateful to Boyd Compton for his field research and insights on the ecological problems of Southeast Asia. Uncited

estimates of forest cover in Indonesia, the Philippines, and Thailand are based on his confidential interviews and personal examinations of satellite imagery.

27 Lester R. Brown with Erik P. Eckholm, *By Bread Alone* (New York: Praeger, 1974), esp. ch. 7.

## 제8장

1. A. C. S. Wright and J. Bennema, *The Soil Resources of Latin America*, FAO/ UNESCO Project, World Soil Resources Report No. 18 (Rome: Food and Agriculture Organizati ó n, 1965), p. 113.
2. An outstanding review of the biological aspects of shifting cultivation is P. H. Nye and D. 1. Greenland, *The Soil Under Shifting Cultivation*, Technical Communication No. 51, Farnham Royal (Bucks: Commonwealth Agricultural Bureaux, 1960).
3. Quoted in Hans Ruthenberg, *Farming Systems in the Tropics* (Oxford: Clarendon Press, 1971), p. 53.
4. William Allan, *The African Husbandman* (New York: Barnes & Noble, 1965), p. 441. See also R. de Coene, "Agricultural Settlement Schemes in the Belgian Congo," *TroPical Agriculture,* Vol. 33, NO.1 (January, 1956), for a review of the corridor system.
5. William Allan, *op. cit.*, ch. 21; A. T. Grove, "Population Densities and Agriculture in Northern Nigeria," in K. M. Barbour and R. M. Prothero, eds., *Essays on African Population* (New York: Praeger, 1962); John M. Hunter, "Population Pressure in a Part of the West African Savanna: A Study of Nangodi, Northeast Ghana," *Annals of the Association of American Geographers,* Vol. 57, No. 1 (March, 1967); N. H. MacLeod, "Use of ERTS Imagery and other Space Data for Rehabilitation and Development Programs in West Africa," *in Earth Resources Survey System,* Hearings Before the Subcommittee on Space Science and Applications of the Committee on Science and Astronautics, U.S. House of Representatives, 93rd Congress, Second Session, October 3, 4, and 9, 1974 (Washington, D.C.: Government Printing Office, 1974); A. Warren, "East Africa," in B. W. Hodder and D. R. Harris, eds., *Africa in Transition* (London: Methuen, 1967); and R. A. Pullan, "The Soil Resources of West Africa," in M. F.

Thomas and G. W. Whittington, eds., *Environment and Land Use in Africa* (London: Methuen, 1969).

6. Barry Floyd, "Soil Erosion and Deterioration in Eastern Nigeria: A Geographic Appraisal," *Nigerian Geographical Joumal*, Vol. 8 (1965). See also A. T. Grove, "Soil Erosion and Population Problems in South-East Nigeria," *Geographical Joumal*, Vol. CXVII, pt. 3 (September, 1951); and G. E. K. Of om at a, "Soil Erosion in the Enugu Region of Nigeria," *African Soils*, Vol. IX, No. 2 (May August, 1964).

7. Donald E. Vermeer, "Population Pressure and Crop Rotational Changes Among the Tiv of Nigeria," *Annals of the Association of American Geographers*, Vol. 60, No. 2 (June, 1970).

8. F. W. Hauck, "Introduction," in Food and Agricultural Organizatión, *Shifting Cultivation and Soil Conservation in Africa*, Soils Bulletin 24 (Rome: 1974); and Martin Billings, "The African Development Problem," mimeograph (Washington, D.C.: U.S. Agency for International Development, May 24, 1974).

9. U.S. Department of Agriculture, Economic Research Service, *The World Food Situation and Prospects to 1985,* Foreign Agricultural Economic Report No. 98 (Washington, D.C.: December, 1974), p. 15.

10. Quoted in *World Environment Report*, Vol. I, No. 8 (May 12, 1975).

11. R. L. Beuekenkamp, "Amazonia," Parts 1 and 2, *Foreign Agriculture,* September 15 and 22, 1975.

12. Harald Sioli, "Recent Human Activities in the Brazilian Amazon Region and their Ecological Effects," in Betty J. Meggers, Edward S. Ayensu, and W. Donald Duckworth, eds., *Tropical Forest Ecosystems in Africa and South America: A Comparative Review* (Washington, D.C.: Smithsonian Institution Press, 1973), pp. 326-328. See also Frances M. Foland, "A Profile of Amazonia: Its Possibilities for Development," *Journal of Inter-American Studies and World Affairs,* Vol. XIII, No. 1 (January, 1971), p. 76.

13. Harald SioH, *op. cit.*

14. Frances M. Foland, *op. cit.,* pp. 71-73; R.L. Beuekenkamp, *op. cit.;* and Charles Wagley, "Introduction," in Charles War;:ley, ed., *Man in the Amazon* (Gainesville: University Presses of Florida, 1974), p. 9.

15. Brazilian geographers quoted in Betty J. Meggers, *Amazonia: Man And Culture in a Counterfeit Paradise* (Chicago: Aldine-Atherton, 1971), p. 154. William M. Denevan, "Development and the Imminent Demise of the Amazon Rain Forest," *Professional Geographer*, Vol. 25, No. 2 (May, 1973).

16. D. J. Greenland, "Shifting Cultivation vs. Systems for Continuous Production in Arable Lands in the Tropics," Mimeographed, presented to Technical Advisory Committee, Consultative Group on International Agricultural Research, Eighth Meeting, Washington, D.C., July 24-August 2, 1974. Rattan Lal, "Soil Erosion and Shifting Agriculture," in Food and Agriculture Organizati ó n, *Shifting Cultivation and Soil Conservation in Africa, op. cit.,* reviews the erosion-reducing techniques being tested at the International Institute for Tropical Agriculture.

17. Jen-Hu Chang, "The Agricultural Potential of the Humid Tropics," *Geographical Review*, Vol. LVIII, No. 3 (July, 1968), p. 360.

18. K. F. S. King, *Agri-Silviculture (The Taungya System)*, Bulletin No. 1 (University of Ibadan, Department of Forestry, 1968); L. Roche, "The Practice of AgriSilviculture in the Tropics with Special Reference to Nigeria," and E. E. Enabor, "Socia-Economic Aspects of Taungya in Relation to Traditional Shifting Cultivation in Tropical Developing Countries," both in Food and Agriculture Organizati ó n, *Shifting Cultivation and Soil Conservation in Africa, op. cit.*

## 제9장

1. John Gulland, "The Harvest of the Sea," in William W. Murdoch, ed., *Resources, Pollution and Society,* 2nd ed. (Sunderland, Mass.; Sinauer Associates, 1975).

2. Recent data supplied by Fishery Resources and Environment Division, Food and Agriculture Organizati ó n. Historical data on world fish catch from FAO, *Yearbook of Fisheries Statistics,* various issues.

3. See Food and Agriculture Organizati ó n, Department of Fisheries, "Review of the Status of Some Heavily Exploited Fish Stocks" (Rome: FAO Fisheries Circular No. 313, 1973).

4. Catch data for northwest Atlantic supplied by International Commission

for the Northwest Atlantic Fisheries.

5. Gerald J. Paulik, "Anchovies, Birds and Fishermen in the Perú Current," in William W. Murdoch, ed., *Environment: Resources, Pollution and Society,* 1st ed.(Stamford, Conn.: Sinauer Associates, 1971), p. 157.
6. John Gulland, *op. cit.*, p. 181.
7. Numerous examples of pollution damage or contamination of fisheries are dein Food and Agriculture Organizatión, *Pollution: An International Probfor Fisheries* (Rome: 1971). Many of the following examples are drawn from this volume.
8. Egyptian and Mexican exam~les ibid. Bangladesh kills noted in *World Environ Report,* Vol. 1, No. 12 (July 7, 1975). On Great Rift Lakes see W. J. Lusigi, "Some Environmental Factors in Food Production in Kenya," prepared for the U.N. World Food Conference, Rome, November 5-16,1974 (Nairobi: National Environment Secretariat, Office of the President, 1974).
9. See, for example, Gordon Conway and Jeff Romm, *Ecology and Resource Develin Southeast Asia*, report to the Ford Foundation, Office for Southeast Asia (New York: Ford Foundation, August, 1973), . 72.
10. *Man's Impact on the Global Environment,* Report of the Study of Critical Environmental Problems (Cambridge, Mass.: Massachusetts Institute of Technology, 1970), p. 135.
11. According to Dr. G. M. Woodwell, Marine Biological Laboratory, Woods Hole, Massachusetts. See *New York Times*, February 14, 1975.
12. National Academy of Sciences, *Petroleum in the Marine Environment* (Washington, D.C.: 1975), p. 104. See also M. Blumer, "Oil Contamination and the Living Resources of the Sea," presented to FAO Technical Conference on Marine Pollution and Its Effects on Living Resources and Fishing, Rome, December 9-18, 1970. FIR: MPl7o/R-l, September 14, 1970.
13. FAO, *op. cit.*, p. 17-
14. See Michael H. Horn, John M. Teal, and Richard H. Backus, "Petroleum Lumps on the Surface of the Sea," Science, Vol. 168, April 10, 1970; James N. Butler, "Pelagic Tar," *Scientific American,*

Vol. 232, No. 6 (June, 1975); and National Academy of Sciences, *op. cit.*

15.Robert Citron, "Statement to the Ocean Policy Study of the Committee on Commerce, U.S. Senate," January 30, 1975.

16. *Ibid.*

17. John H. Ryther, "Is the World's Oxygen Supply Threatened?" *Nature,* Vol. 227 (July 25, 1970).

18. No ë l Mostert, *Supership* (New York: Alfred A. Knopf, 1974), p. 228.

## 제10장

1. From John Woodward Thomas, "Employment Creating Public Works Programs: Observations on Political and Social Dimensions," in Edgar O. Edwards, ed., *Employment in Developing Nations* (New York: Columbia University Press, 1974), p. 307.

2. Howard Edward Daugherty, *Man-Induced Ecologic Change in El Salvador*, Ph.D. dissertation, University of California, Los Angeles, Department of Geogra1969. Unless otherwise noted, the facts on EI Salvador that follow are drawn from this study.

3. Organizati ó n of American States, *El Salvador Zonificaci ó n Agricola (Fase I)* (Washington, D.C.: OAS, 1974).

4. United Nations Development Program, "Country and Intercountry ProgramHaiti" (New York: U.N.D.P., December 11,1972); Alan Riding, "Haiti Losing Fight Against Erosion," *New York Times,* June 23,1974; and Alan Riding, "Saving Haiti," *Saturday Review*, May 17, 1975.

5. World Food Program, "Progress Report on Approved Project: Colombia 498- Reforestation in Ayapel, Department of Cordoba," WFP/IGC: 22/10 Add. 3 (Rome: September, 1972). '

6. Hans O. Spielmann, "Probleme der AgrarwirtschaEtlichen Entwicklung in Costa Rica," *Die Erde: Zeitschrift der Gesellschaft für Erdkunde*, Vol. 104, No. 1 (1973).

7. See, for example, J. R. V. Prescott, "Overpopulation and Overstocking in the Native Areas of Matabeleland," in R. Mansell Prothero, ed., *People and Land in Africa South of the Sahara: Readings in Social*

*Geography* (New York: Oxford University Press, 1972). Reprinted from *Geographical Journal*, Vol. 127 (1961); and William Allan, *The African Husbandman* (New York: Barnes & Noble, 1965), p. 426.

8. David A. Preston, "The Revolutionary Landscape of Highland Bolivia," *Geographical Journal*, Vol. 135, pt. 1 (March, 1969); and Peter Sartorius and Hans Henle, *Forestry and Economic Development* (New York: Praeger, 1968), p. 9.
9. North Central Farm Management Research Committee, *Conservation Problems and Achievements on Selected Midwestern Farms*, Special Circular 86 (Wooster: Ohio Agricultural Experiment Station, July, 1951), p. 19. Quoted in R. Burnell Held and Marion Clawson, *Soil Conservation in Perspective* (Baltimore: Johns Hopkins University Press, for Resources for the Future, 1965).
10. World Bank, *Land Reform*, World Bank Paper, Rural Development Series (Washington, D.C.: July, 1974), pp. 64—65.
11. Council for Agricultural Science and Technology, *Conservation of the Land, and the Use of Waste Materials for Man's Benefits*, prepared for Committee on Agriculture and Forestry, United States Senate, March 25, 1975 (Washington, D.C.: Government Printing Office, 1975), p. 14.
12. Quoted in D. R. F. Taylor, "Agricultural Change in Kikuyuland," in M. F. Thomas and G. W. Whittington, *Environment and Land Use in Africa* (London: Methuen, 1969), p. 471. See also Paul H. Temple, "Soil and Water Conservation Policies in the Uluguru Mountains, Tanzania," and Len Berry and Janet Town"Soil Conservation Policies in the Semi-Arid Regions of Tanzania, A Historical Perspective," in Anders Rapp, Len Berry, and Paul Temple, eds., *Studies of Soil Erosion and Sedimentation in Tanzania* (University of Dar es Salaam, Bureau of Resource Assessment and Land Use Planning, and University of Uppsala, Department of Physical Geography, 1972); and Barry Floyd, "Soil Erosion and Deterioration in Eastern Nigeria: A Geographical Appraisal," *Nigerion Geogrophical Journal*, Vol. 8 (1965), pp. 40~43.

## 제11장

1. United Nations World Food Conference, *Assessment of the World Food Situation Present and Future*. Rome, November, 5-16, 1974. EjConf. 6513.

2. Council for Agricultural Science and Technology, *Conservation of the Land, and the Use of Waste Materials for Man's Benefits*, prepared for Committee on Agriculture and Forestry, United States Senate, March 25,1975, p. 11; and John Waterbury, "Egypt's Staff of Life," *Common Ground,* Vol. 1, No. 3 (July, 1975).

# 추가문헌

## 제1장

Beasley, R. P. *Erosion and Sediment Pollution Control.* Ames: Iowa State University Press, 1972.

Bennett, Hugh Hammond. "Soil Erosion inSpain." *Geographical Review,* Vol. 50, No. 1 (January, 1960).

Bennett, Hugh Hammond, and Chapline, W. R. "Soil Erosion a National Menace." U.S. Department of Agriculture Circular No. 33. Washington, D.C.: April, 1928.

Brooke, Clarke. "Food Shortages in Tanzania." *Geographical Review,* Vol. 57, No. 3 (July, 1967) ..

Brown, Leslie H. *Conservation for Survival: Ethiopia's Choice.* Addis Ababa: Haile Sellassie I University, 1973.

Curry-Lindahl, Kai. *Conservation for Survival: An Ecological Strategy.* New York: William Morrow, 1972.

"The Conservation Story in Africa During the 1960s." *Biological Conservation* Vol. 6, No. 3 (July, 1974).

Dale, Tom, and Carter, Vernon Gill. *Topsoil and Civilization.* Rev. ed. Norman: University of Oklahoma Press, 1974. Originally published 1955.

Dasmann, Raymond F. *Environmental Conservation.* 3rd ed. New York: John Wiley, 1972.

Dasmann, Raymond F.; Milton, John P.; and Freeman, Peter H. *Ecological Principles for Economic Development.* New York: John Wiley, 1973.

Daugherty, Howard E. *Conservaci ó n Ambiental Ecologica de El Salvador con Recomendacions para un Programa de Acci ó n Nacional.* San Salvador: Artes Graficas Publicitarias, 1973. Also published in English by the Conservation Foundation, Washington, D.C., 1973.

Detwyler, T. R., ed. *Man's Impact on Environment.* New York: McGraw-Hill, 1971.

Dooge, James C. I.; Costin, A. B.; and Finkel, Herman J. *Man's Influence on the Hydrological Cycle.* Irrigation and Drainage Paper 17. Rome:

FAO, 1973.

Dorst, Jean. *Before Nature Dies*. Translated by Constance D. Sherman. Boston: Houghton MifHin, 1970.

Dworkin, Daniel M., ed., *Environment and Development*. SCOPE/UNEP Symposium on Environmental Sciences in Developing Countries, Nairobi, February 11-23, 1974. Indianapolis: SCOPE Misc. Publication, 1974.

Ehrlich, Paul R. "Human Population and Environmental Problems." *Environmental Conservation*, Vol. 1, NO.1 (Spring, 1974).

Ehrlich, Paul R., and Ehrlich, Anne H. *Population, Resources, Environment*. 2nd ed. San Francisco: W. H. Freeman, 1972.

Ehrlich, Paul R.; Ehrlich, Anne H.; and Holdren, John P. *Human Ecology: Problems and Solutions*. San Francisco: W. H. Freeman, 1973.

Farvar, M. Taghi, and Milton, John P., eds. *The Careless Technology: Ecology and International Development*. Garden City, Natural History Press, 1972.

Flannery, Robert D. "The Ecological Undermining of Food Producing Systems in Latin America Caused by Soil Erosion." Unpublished. Guatemala, 1974.

FAO/UNEP. *A World Assessment of Soil Degradation: An International Programme of Soil Conservation*. Report of an Expert Consultation on Soil Degradation, Rome, June, 10-14, 1974.

Graf, H. "Bodenerosion und Schutzmansnahmen im marokkanischen Rifgebirge." *Schweizerische Zeitschrift für Forstwesen*, Vol. 124, No. 11 (November, 1973).

Hart, John, and Socolow, Robert H. *Patient Earth*. New York: Holt, Rinehart and Winston, 1971.

Holdren, John P., and Ehrlich, Paul R., "Human Populatipn and the Global Environment." *American Scientist,* Vol. 62, No. 3 (May-June, 1974).

Hudson, Norman. *Soil Conservation*. Ithaca: Cornell University Press, 1971.

Hughes, J. Donald. *Ecology in Ancient Civilizations*. Albuquerque: University of New Mexico Press, 1975.

*Inter-Bureau Mobile Seminar on Ecological Inputs in the Management of Public Works*. Manila: National Committee on Man and the Biosphere, UNESCO National Commission of the Philippines, March 24, 1975.

Judson, Sheldon. "Erosion of the Land, or What's Happening to Our Continents?" *American Scientist*, Vol. 56, No. 4 (1968).

Lentnek, Barry; Carmin, Robert L.; and Martinson, Tom L., eds. *Geographic Rein Latin America Benchmark J970.* Proceedings of the Conference of Latin Americanist Geographers, Vol. 1. Muncie, Ind.: Ball State Univer1971.

Lowdermilk, W. G "Conquest of the Land Through Seven Thousand Years." U.S. Department of Agriculture, Agriculture Information Bulletin No. 99. WashD.C.: August, 1953.

Macias, G. B., and Cervantes, G. R. *La Conservaci6n del Suelo y el Agua en Mexico.* Mexico, D.F.: Instituto Mexicano de Recursos Naturales Renovables, 1966.

Mahler, P.J. "Agricultural Development and the Environment." *Geoforum,* October, 1972.

Marsh, George Perkins. *Man and Nature.* Cambridge: Harvard University Press, 1965. Originally published 1864-

National Academy of Sciences. *Productive Agriculture and a Quality Environment.* Washington, D.C.: 1974.

Olson, Gerald W. "Improving Uses of Soils in Latin America." *Geoderma*, No. 9 (1973).

Organizati ó n of American States. *Physical Resource Investigations for Economic Development: A Casebook of OAS Field Experience in Latin America.* Washington, D.C.: 1969.

———, *Scotland District of Barbados: Evaluation of the Problems and Treatment of Erosion and Unstable Ground.* Washington, D.C.: 1971.

———, *Survey of the Natural Resources of the Dominican Rep ò blic.* Washington, D.C.: 1969.

Pereira, H. G *Land Use and Water Resources in Temperate and TroPical Climates.* Cambridge: University Press, 1973.

Polunin, Nicholas. "Thoughts on Some Conceivable Ecodisasters."

*Environmental Conservation*, Vol. 1, No. 3 (Autumn, 1974).

——, ed. *The Environmental Future.* New York: Ma'cmillan, 1972.

*Proceedings of the Mobile Seminar on Ecological Research Inputs on Soil Resources Management.* Manila: National Committee on Man and the Biosphere, UNESCO National Commission of the Philippines, July, 1974.

Prothero, R. Mansell. *People and Land in Africa South of the Sahara.* New York: Oxford University Press, 1972.

Rapp, Anders. "Soil Erosion and Sedimentation in Tanzania and Lesotho." *Ambio*, Vol. 4, No. 4 (1975).

Ratcliffe, F. *Flying Fox and Drifting Sand.* London: Argus and Robertson, 1948.

Rauschkolb, Roy S. *Land Degradation.* FAO Soils Bulletin 13. Rome: 1971.

República del Perú, Oficina Naciomil de Evaluacion de Recursos Naturales, and Organización de los Estados Americanos. *Lineamientos de Politica de Consevacion de los Recursos Naturales del Però.* Lima: May, 1974.

Repúblic of Kenya. *Kenya's National Report to the United Nations on the Human Environment.* Nairobi: April, 1972. ,

Sasson, Albert. *Développement et Environnement.* Paris: Editions Mouton, 1974. Sauer, Carl Ortwin. *Land and Life.* Edited by John Leighly. Berkeley: University of California Press, 1963.

——, *The Living Landscape.* New York: Basic Books, 1966.

Soemarwoto, Otto. "Environmental Quality: A Challenge in Economic Development Bandung: Institute of Ecology, Padjadjaran University, August, 1974.

Stallings, J. H. *Soil Conservation.* Englewood Cliffs: Prentice-Hall, 1957.

Stamp, L. Dudley. *Land for Tomorrow: The Underdeveloped World.* Bloomington: Indiana University Press, 1952.

Sternberg, Hilgard O'Reilly. "Man and Environmental Change in South America."

In E. J. Fittkau, *et al.*, eds., *Biogeography and Ecology in South America.* Monographiae Biologicae, ed. P. Van Oye, Vol. 18. The Hague: Dr.

W. Jungk, 1968.

Thomas, M. F., and Whittington, G. W. *Environment and Land Use in Africa.* London: Methuen, 1969.

Thomas, William L., Jr., ed. *Man's Role in Changing the Face of the Earth.* 2 vols. Chicago: University of Chicago Press, 1956.

UNESCO, National Commission of the Philippines. National Committee on Man and the Biosphere. *A Proposal for ParticiPation in the Man and the Biosphere Programme, Philippines*. Manila: August 1, 1973.

United Nations Environment Program. *Overviews in the Priority Subject Area: Land, Water and Desertification.* Nairobi: February, 1975.

———, *Review of the Environmental Situation and of Activities Relating to the Environment Programme. Report of the Executive Director.* Governing Council, Third Session, Nairobi, April 17,. May 2, 1975.

U.S. Department of Agriculture. "Mulch Tillage in Modern Farming." Leaflet No. 554- Washington, D.C.: February, 1971.

———, *Soil,* Yearbook of Agriculture 1957. Washington, D.C.: 1957.

———, "Soil Erosion: The Work of Uncontrolled Water." Agriculture Information Bulletin 260. Rev. ed. Washington, D.C.: December, 1971.

———, Water. In *Yearbook of Agriculture 1955.* Washington, D.C.: 1955.

Vogt, William. *The Population of Costa Rica and Its Natural Resources.* Washington, D.C.: Pan American Union, 1946.

———, *The Population of EI Salvador and Its Natural Resources.* Washington, D.C.: Pan American Union, 1946.

———, *The Population of Venezuela and Its Natural Resources.* Washington, D.C.: Pan American Union, 1946.

Vohra, B. B. A *Charter for the Land.* New Delhi: Ministry of Agriculture, September, 1972.

———, *Land and Water Management Problems in India.* Training Volume No. 8., Training Division, Department of Personnel and Administrative Reforms, Cabinet Secretariat. New Delhi: March, 1975.

## 제2장

Allen, Robert. "Woodman, Spare Those Trees." *Development Forum,* April, 1975.

Barney, Daniel R. *The Last Stand: Ralph Nader's Study Group Report on the National Forests.* New York: Grossman, 1974.

Behan, R. W. "Forestry and the End of Innocence." *American Forests.* Vol. 81, No. 5. (May, 1975).

Beresford-Pierse, Henry. *Forests, Food and People.* Basic Study No. 20. Rome: FAO, 1968.

Bormann, F. H. "Temperate Forests-A Human Resource in Jeopardy." Presented to Earthcare Conference, New York, June 5-8, 1975. Sponsored by National Audubon Society and Sierra Club.

Carbonnell, M. M. "La Destruction de la Foret Tropicale par I'Homme." *Bulletin de la Société Franrçaise de Photogrammetrie.* No.8 (December, 1962).

*CENTO Conference on Forestry Development Policy.* Ankara, June 8-12, 1970.

Ankara: Central Treaty Organizatión, 1971.

Clawson, Marion. *Forests For Whom and For What?* Baltimore: John Hopkins University Press, for Resources for the Future, 1975.

———, ed. *Forest Policy for the Future: Conflict, Compromise, Consensus.* Washingon, D.C.: Resources for the Future, June, 194.

Daugherty, Howard E. "The Montecristo Cloud-Forest 0 EI Salvador-A Chance for Protection." *Biological Conservation.* Vol. 5. No. 3 (July, 1973).

Eriksen, Wolfgang. "Waldnutzung ulld Forstwirtschaft in Argentinen: Ein Bietrag zur Forstgeographie des La Plata Landes." *Geographische Zeitschrift,* Vol. 61, No. 4 (1973).

Eriksen, Wolfgang, and Reisch, Erwin. "Agrarkrise und Au/forstung in Misiones: Rezessions und Expansionserscheinungen in Nordostargentinien." Die Erde: Zeitschift der *Gesellschaft fur Erdkunde*, Vol. 105, NO.5, 3/4(1975).

European Forestry Commission. *Tenth Session of the Working Party on the Manageof Mountain Watersheds.* Held in Oslo, August 1-11,

1972. Rome: FAO, 1973.

"l'Exploitation Forestiere: de 1972 à 1975." *Europe Outremer,* No. 527 (December, 1973).

Fanshawe, D. C. "The Conservation of Zambia's Natural Woodlands." *Farming in Zambia,* Vol. 4, NO.3 (April, 1969).

F AO. *Demonstration and Training in Forest, Range and Watershed Management Philippines.* PH1-65-516. Rome: 1970.

———, "Environmental Aspects of Natural Resource Management: Forestry." U.N. Conference on the Human Environment, Stockholm, 1972. Agenda Item II (a) ii. FO: HEI72/l. Rome: November 5, 1971.

———, *Report on a Forestry Pro;ect Identification Mission for India.* FAO/SWE/TF 93. Rome: 1973.

———, *World Symposium on Man-Made Forests and Their Industrial Importance.* Entire issue, *Unasylva*, Vol. 21, NO.5, 86-87 (1967).

FAO/Economic Commission for Africa. T*imber Trends and Prospects in Africa*. Rome: FAO, 1967.

FAO/ Economic Commission for Europe. *European Timber Trends and Prospects*: *A New Appraisal, 1950-1975.* New York: United Nations, 1964.

F AO/ Economic Commission for Latin America. *Latin American Timber Trends and Prospects*. New York: United Nations, 1963.

FAO/UNDP. *Pre-Investment Study on Forest Industries Development, Ceylon.* Final Report, Vol. I. FA~/SF: 60 CE Y-5. Rome: 1969.

*Present Consumption and Future Requirements of Wood in Tanzania.* FO:SF/TAN 15. Technical Report 3. Rome: 1971.

*Report to the Government of Thailand. Present and Future Forest Policy Goals: A Timber Trends Study 1970-2000.* NOTA 3156. Rome: 1972.

*Fifth World Forestry Congress Proceedings.* Seattle: 1960.

Freeberne, 1. D. M. "The Haiho River Basin Project." *Geography*, Vol. 57, Part 3 (July, 1972).

Gill, Tom. *Land Hunger in Mexico.* Washington, D.C.: Charles Lathrop Pack Foundation, 1951.

Gloriod, G. "La Foret de rEst du Gabon." *Bois et Forets des Tropiques,*

No. 155 (Mai-Juin, 1974).

Gopalakrishnan, T R., *Forests: 2000 A.D. A Long-Range Perspective for India.* Baroda: Operations Research Group, January, 1975.

Gomez-Pompa, A.; Vasquez-Yanes, G; and Guevara, S. "The Tropical Rain Forest: A Nonrenewable Resource." *Science*, Vol. 177, No. 4051 (September 1, 1972).

Government of India, Ministry of Agriculture. *Fifth Five-Year Plan, Forestry Sector, 1974-79: Report of the Working Group on Forests.* New Delhi, October, 1972.

———, *Interim Report of the National Commission on Agriculture on Production Forestry-Man-Made Forests.* New Delhi: August, 1972.

Gregerson, Hans M., and Contreras, Arnoldo. *U.S. Investment in the Forest-Based Sector in Latin America: Problems and Potentials.* Baltimore: Johns Hopkins Press, for Resources for the Future, 1975.

Haggett, Peter. "Regional and Local Components in the Distribution of Forested Areas in South East Brazil: A Multivariate Approach." *Geographical Joural,* Vol. 130, Part 3 (September, 1964).

Heseltine, Nigel. "The Ecological Basis of Agriculture in Madagascar." *World Crops,* Vol. 25, No. 1 (January/February, 1973).

Horwitz, Eleanor G J. *Clearcutting: A View from the Top.* Washington, D.C.: Acropolis Books, 1974-

Irland, Lloyd C. *Is Timber Scarce? The Economics of a Renewable Resource.* Yale University School of Forestry and Environmental Studies, Bu\letin No. 83. New Haven: Yale University, 1974.

Jacobs, M. "Luzon's Highest Mountains—Conservation Proposed." *Environmental Conservation,* Vol. I, No. 3 (Fa\l, 1974).

Jones, Paul H. "World Wood Fibre Outlook." Presented to 56th Annual Meeting of the Woodlands Section, Canadian Pulp and Paper Association. Montreal: 1975.

Kartawinata, Kuswata, and Rubini, Atmawidjaja, eds. *Coordinated Study of Lowland Forests of Indonesia.* Bogor: BIOTROP and IPB, 1974.

Kio, P. R. "Shifting Cultivation and Multiple Use of Forest Land in Nigeria." *Commonwealth Forestry Review,* Vol. 51, No. 2, No. 148 (June, 1972).

Kittredge, Joseph. *Forest Influences: The Effects of Woody Vegetation on Climate, Water and Soil.* New York: McGraw-Hill, 1948.

Kowal, Norman Edward. "Shifting Cultivation, Fire, and Pine Forest in the Cordillera Central, Luzon, Philippines." *Ecological Monographs,* Vol. 36, No. 4 (Autumn, 1966).

Kunkle, Samuel H. "Water-Its Quality Often Depends on the Forester." *Unasylva.* Vol. 26, No. 105 (Summer, 1974).

Lanly, J. P. "Régression de la Foret Dense en Cote d'ivoire." *Boits et Forets des Tropiques,* No. 127 (September-October, 1969).

Lawson, George N. "The Case for Conservation in Ghana." *Biological Conservation.* Vol. 4. (July, 1972).

Lowdermilk, W. G "Sand Rivers of China." *Soil Conservation·* Vol. III, No. 1 (July, 1937).

Malik, O. P. "Extensive Forestry and Intensive Farming-Slogan of the Day." *Indian Forester*, Vol. 99, No. 11 (November, 1973).

Meijer, William. *Indonesian Forests and Land Use Planning*. Report on NSF-AID Travel Grant, May-August 1973. Lexington: University of Kentucky Bookstore, 1975.

———, "Timber Boom and Land-Use Problems in Indonesia." *Environmental Conservation,* Vol. 1, No. 1 (Spring, 1974).

Messines, Jean. "Forest Rehabilitation and Soil Conservation in China." *Unasylva*, Vol. 12, No. 3 (1958).

Mikesell, Marvin W. "Deforestation in Northern Morocco." *Science*, Vol. 132 (August 19, 1960).

Mueller-Dombois, Dieter. "Planned Utilization of the Lowland Tropical Forests." *Nature and Resources*, Vol. VII, No. 4 (December, 1971).

Noel, Georges. "Bois Tropicaux." *Europe Outremer*, No. 531 (April, 1974).

———, "La Patrimoine Forestier." *El Djeich* (Algiers), No. 131 (April, 1974). *Philippine Forestry and Wood Industries Development.* Report of the Presidential Committee on Wood Industries Development. Manila: Bureau of Printing, 1972.

Poore, Duncan. "Saving Tropical Rain Forests." *IUCN Bulletin,* Vol. 5, No. 8 (August, 1974).

*Proceedings of the Frontier Forests Officers Conference,* December 11-16, 1972.

Peshawar: North West Frontier Province, Conservator of Forests, 1973.

"Recommendations of the Forestry Conference, 1973." *Indian Forester,* Vol. 100, No. 2 (February, 1974).

Roche, Laurence. "Major Trends and Issues in Forestry Education in Africa: A View from Ibadan." Bulletin 4, Department of Forest Resources Management, University of Ibadan, Nigeria, 1974.

Sartorius, P. "Ueber die Weltversorgung mit Labholz tropischen Ursprungs." *Schweizerische Zeitschrift ffiT Forstwesen*, Vol. 22, No. 6 (June, 1971).

Schroder, Peter. "Grundlagen, Entwicklung, und Bedeuting der Waldwirtschaft in Tunesien und Algerien: Zugleich ein Beitrag zur Systematik der Weltforstwirtschaft *Mitteilungen der Bundesforschungsanstalt ffir Forst und Holzwirtschaft,* Vol. 97 (June, 1974).

Seth, V. K. "Forestry in India as a Lever for Development." *Indian Forester,* Vol. 99, No. 3 (March, 1973).

Singh, G. N. "Inter-Sectoral Linkages of Forest Development." *Indian Forester*, Vol. 99, No. 4 (April, 1973).

Singh, R. V. "Forest Conservation Is Necessary for the Development of Agriculture in Hills." *Indian Forester,* Vol. 100, No. 6 (June, 1974).

*Sixth World Forestry Congress Proceedings*, Madrid, 1966.

Straub, R. "Die Wiederbewaldung Israels." *Schweitzerische Zeitschrift für Forstwesen*, Vol. 118, No. 4 (1967).

UNESCO, Programme on Man and the Biosphere. *Expert Panel on Project No. 1: Ecological Effects of Increasing Human Activities on TroPical and Subtropical Forest Ecosystems.* Paris, May 16-18, 1972. MAB Report Series No. 3. Paris: September 4, 1972.

*Expert Panel on Project 2: Ecological Effects of Different Land Uses and Management Practices on Temperate and Mediterranean Forest Landscapes*. Paris, April 16-19, 1974. MAB Report Series No. 19. Paris: September 4, 1974.

U.S. Department of Agriculture, Forest Service, *The Outlook for Timber in the United States*. Forest Resource Report 20. Washington, D.C.: Government Printing Office, July, 1974.

Wacharakitti, S.; Miller, L. D.; and Tom, C. *Tropical Forest Land Use Evolution.* Environmental Engineering Technical Report No. 1. Fort Collins: Colorado State University, Department of Civil Engineering, August, 1975.

Winters, Robert K. *The Forest and Man.* New York: Vantage Press, 1974.

———, Forestry Beginnings in India." *Journal of Forest History,* Vol. 19, No. 2 (April, 1975).

Wyatt-Smith, J. "The Malayan Forest Department and Conservation." *Nature Conservation in Malaysia, 1961*, special issue of *Malayan Nature Journal.*

## 제3장

Carlson, Avis D. "Dust Blowing." *Harper's Magazine*, July, 1935.

Dobkins, D. A., and Beck, Virgil S. "Stabilizing the Dust BowL" *Soil Conservation*, Vol. 3, No. 6 (December, 1937).

*Drouth: A Report on Drouth in the Great Plains and Southwest.* Report of the Special Assistant to the President for Public Works Planning. Washington, D.C.:

Government Printing Office, October, 1956.

Hibbs, Ben. "The Dust Bowl Can Be Saved." *Saturday Evening Post,* December 18, 1937.

Jackson, W. A. Douglas. "The Virgin and Idle Lands of Western Siberia and Northern Kazakhstan: A Geographical Appraisal" *Geographical Review*, Vol. 46, No. 1 (January, 1956).

Kraenzel, Carl F. *The Great Plains in Transition*. Norman: University of Oklahoma Press, 1955.

———, "Great Plains: A Region Basically Vulnerable." In Carl Hodge, ed., *Aridity and Man: The Challenge of the Arid Lands in the United States*. Publication No. 74. Washington, D.C.: American Association for the Advancement of Science, 1963.

McDonald, Angus. "Erosion by Wind and Water in Oklahoma." *Soil Conservation,* Vol. 2, No. 10 (April, 1937).

Newport, Fred C., and Hinde, Robert R. "Farming Level Terraces in the Dust Bowl." *Soil Conservation,* Vol. 4, No. 5 (November, 1938).

Svobida, Lawrence. *An Empire of Dust.* Caldwell, Idaho: Caxton Printers, 1940.

Steinbeck, John. *The Grapes of Wrath.* New York: Bantam, 1970. Originally published 1939.

U.S. Department of Agriculture. *The Great Plains Conservation Program: A Progress Report.* Rev. ed. PA669. Washington, D.C.: September 1969.

———, *Program for the Great Plains.* Miscellaneous Publication No. 709. Washington, D.C.: Government Printing Office, January, 1956.

Whitfield, C. J. "Sand Dunes in the Great Plains." *Soil Conservation*, Vol. 2, No. 9 (March, 1937).

Whitfield, C. J., and Newport, Fred C. "The Reclamation of a Sand Dune Area." *Soil Conservation,* Vol. 3, No. 7 (January, 1938).

Works Progress Administration. *Social Problems of the Drought Area.* Research Bulletins Series V. Washington, D.C.: Government Printing Office, 1937.

## 제4장

Adeyoju, S. K. *A Pre-Investment Survey of the Northern Arid Region of Nigeria*. University of Ibadan, Department of Forestry, March, 1973.

Adeyoju, S. K, and Enabor, E. E. *A Survey of the Drought Affected Areas of Northern Nigeria.* University of Ibadan, Department of Forestry, November, 1973.

"Algerians Planting Green Belt to Halt Advance of Sahara." *New York Times,* February 16, 1975.

Beltran, Enrique, ed. *Las Zonas Aridas del Centro y Noreste de Mexico. Mexico,* D.F.: Instituto Mexicano del Recursos Naturales Renovables, 1964.

Bhimaya, C. P.; Kaul, R. N.; and Ganguli, G. N. "Sand Dune Rehabilitation in Western Rajasthan." *Fifth World Forestry Congress Proceedings*. Seattle, 1960.

Brown, Leslie H. "The Biology of Pastoral Man as a Factor in Conservation."

*Biological Conservation*, Vol. 3, No. 2 (January, 1971).

Catinot, R. "Contribution du Forestier a la Lutte Contre la Désertification en Zones Seches." *Bois et Forets des Tropiques,* No. '55 (Mai-Juin, 1974).

*CENTO Seminar on Agricultural Aspects of Arid and Semi-Arid Zones,* Tehran, September 19-23, 1971. Ankara: Central Treaty Organizati ó n, 1972.

Cloudsley-Thompson, 1. L. "The Expanding Sahara." *Environmental Conservation*, Vol. 1, No. 1 (Spring, 1974).

Delwaulle, 1. c. "Désertification de l'Afrique au Sud du Sahara." *Bois et For ê ts des Tropiques,* No. 149 (Mai-Juin, 1973).

DuBois, Victor D. "Drought in West Africa: Temporary Famine or Chronic Deficiency?" *Common Ground*, Vol. 1, No. 3 (July, 1975).

Eckholm, Erik P. "Désertification: A World Problem." Ambio, Vol. 4, No. 4 (1975). Evenari, Michael. "Farmers: Ancient and Modern." *Natural History*, Vol. 183, No. 7 (August/September 1974).

FAO. *The Ecological Management of Arid and Semi-Arid Rangelands in Africa and the Near East: An International Programme.* AGPC: MISC/26. Rome: 1974.

———, *Heathland and Sand Dune Afforestation*. FAO/DEN/TF 123. Rome: 1974.

Government of India, Planning Commission. *Integrated Agricultural Development in Drought Prone Areas*. Report by the Task Force on Integrated Rural DevelNew Delhi: June, 1973.

Johnson, Douglas L. *The Nature of Nomadism.* Department of Geography Research Paper No. 118, University of Chicago, 1969.

Kassas, M. "The Nile Ecological System: Towards an International Program." *Biological Conservation*, Vol. 4, No. 1 (October, 1971).

———, "A Brief History of Land Use in;Mareotis Region, Egypt." *Minerva Biologica*, Vol. 1, No. 4 (October-December, 1972).

Kowal, 1. M., and Adeoye, K. B. "An Assessment of Aridity and the Severity of the 1972 Drought in Northern Nigeria and Neighboring Countries." Samaru Research Bulletin 212. AhmaduBello University, Institute for Agricultural Research, Samaru. Zaria: 1974.

Kolars, John. "Locational Aspects of Cultural Ecology: The Case of The Goat in Non-Western Agriculture." *Geographical Review,* Vol. 56, No. 4 (October, 1966).

Le Houerou, H. N. "Deterioration of the Ecological Equilibrium in the Arid Zones of North Africa." Mimeographed. Rome: FAO, 1974-

———, "Peut-on Lutter Contre la Desertisation." Presented to Colloque InternaSur la Désertification, Nouakchott, AGPC: MISC/22. Rome: FAO, 1973.

McKell, C)'rus M. "Shrubs-A Neglected Resource of Arid Lands." *Science*, Vol. 187

(March 7, 1975).

MacLeod, Norman. "Can the Sahel Be Saved?" *War on Hunger*, June, 1974. Mascarenhas, Adolfo C. *Drought and the Optimization of Tanzania's Environmental Potential.* SIES Report No. 6. Stockholm: Secretariat for International Ecology, 1974-

Mishra, M. N.; Prasad, Ram; and Bhan, Suraj. "Arid Zone Agriculture." *World Crops*, Vol. 20, No. 6 (December, 1968).

Morgan, T. W., ed. *Nairobi: City and Region.* Nairobi: Oxford University Press, 1967. Novikoff, Georges. *The Desertisation of Rangelands and Cereal Cultivated Lands in Pre-Saharan Tunisia. A Statement on Some Possible Methods of Control.* SIES Report No. 3. Stockholm: Secretariat for International Ecology, 1974.

National Academy of Sciences. *Arid Lands of Sub-Saharan Africa.* Progress Report, Fiscal Report, and Appendices. Washington, D.C.: 1975.

Odingo, R. S. *Systems of Agricultural Production in the African Areas of Drought Hazard with Special Reference to the Sahelian Zone of West Africa*. SIES Report No. 5, Stockholm: Secretariat for International Ecology, 1974. National Academy of Sciences. More Water for Arid Lands: Promising Technologies and Research Opportunities. Washington, D.C.: 1974.

Peberdy, 1.R. "Rangeland." In W. T. W. Morgan, ed., *East Africa: Its Peoples and Resources.* New York: Oxford University Press, 1969.

*Report of the Ad Hoc Panel on the Present Interglacial.* I CAS 186- FY 75 . Washington, D.C.: National Science Foundation, August, 1974.

Schiffers, Heinrich. "Die Durre im Sudan." *Geographische Rundschau,* August, 1974. "Sécheresse et Désertification, Deux Freins Majeurs au Développement." *Europe Outremer*, No. 518 (March, 1973).

Sherbrooke, Wade C., and Paylore, Patricia. *World Desertification: Cause and Effect. A Literature Review and Annotated Bibliography.* Arid Lands Resource Information Paper No. 3. Tucson: University of Arizona, Office of Arid Lands Studies, 1973.

UNESCO, Programme on Man and The Biosphere. *Expert Panel on Project 3: Impact of Human Activities and Land Use Practice on Grazing Lands: Savanna, Grassland (from Temperate to Arid Areas), Tundra.* Montpelier, October 2-7, 192. MAB Report Series No.6. Paris: March 6, 1973.

———, *Regiona Meeting on Integrated Ecological Research and Training Needs in the Sahelian Region.* MAB Report Series No. 18, draft. Paris: June, 1974.

U.S. Agency for International Development, Bureau for Technical Assistance. *Guidelines for Improving Livestock Production on Range Lands.* Technical Series Paper No. 2. Washington, D.C.: February, 1971.

Waterbury, John. "Land, Man, and Development in Algeria." *Common Ground.* Vol. 1, No. 1 (January, 1975).

Widstrand, Carl Gösta. "The Rationale of Nomad Economy." *Ambio*, Vol. 4, No. 4 (1975).

## 제5장

Ahmad, Ghulan, ed. *Report on Panjkora Valley Forest.* Peshawar: Pakistan Forest Institute, 1968.

Armillus, Redvo. "Land Use in Pre-Columbian America." In L. Dudley Stamp, ed., *A History of Land Use in Arid Regions.* Paris: UNESCO, 1961.

Bailey, Charles R. "The Land, the People, and the University: Research and Action in the Naurar Valley." Presented to Ranikhet Workshop, G. B. Pant University of Agriculture and Technology, September 4-6, 1975. New Delhi: Ford Foundation, 1975.

Bhattarai, S. P. "Die Wälder Nepals, besonders in der LandschaEt Terai." *Forstarooiv: Zeitschrift für Wissenschaftlichen und Technischen Fortschritt in der Forstwissenschaft* Vol. 42, No. 3 (March, 1971).

Blair, I. J. (Agronomist, Pasture and Fodder). *Final Report.* Addis Ababa: Institute of Agricultural Research, August, 1970.

Borries, Oscar V. *Inventario de Problemas Ambientales de Bolivia.* Mimeographed. La Paz: Comision de Reestudio de Recursos Naturales Renovables, Man and Biosphere Program, June, 1974.

Brown, Leslie H. *Conservation for Survival: Ethiopia's Choice.* Addis Ababa: Haile Sellassie I University, 1973.

Crawford, R. M. M.; Wishart, D.; and Campbell, R. M. "A Numerical Analysis of High-Altitude Scrub Vegetation in Relation to Soil Erosion in the Eastern Cordillera of Perú." *Journal of Ecology*, Vol. 58, No. 1 (March, 1970).

Eckholm, Erik P. "Losing Ground in Shangri-La: Report from Kathmandu." *Saturday Review,* October 4, 1975.

———, Deterioration of Mountain Environments." *Science*, Vol. 189 (September 5, 1975).

*Entwicklungsprobleme in Bergregionen: 1. Konferenz des Club of Munich. Schriftenreihe des Alpeninstituts,* Heft 3. Munich: Kommissionsverlag Geographische Buchhandlung Munchen, 1975.

FAO/UNDP/ Government of Nepal. *Trishuli Watershed Development Project: Report on Project Results, Conclusions and Recommendations*. Kathmandu: UNDP, no date.

Ford, Thomas R. *Man and Land in Però*. Gainesville: University of Florida Press, 1962.

Goldstein, Melvyn C. "A Report on Limi Panchayat, Humla District, Karnali Zone."

Mimeographed. Cleveland: Case Western Reserve University, Department of Anthropology, April, 1975.

Handleman, Howard. *Struggle in the Andes: Peasant Political Mobilization in Però*. Austin: University of Texas Press, 1975.

Hartwig, F. "Landschaftswandel und Wirtschaftswandel in der Chilenischen Frontera," *Mitteilungen der Bundesforschungsanstalt für*

*Forst un Holzwirtschaft,* Vol. 61 (May, 1966).

Huffnagel, H. P., ed. *Agriculture in Ethiopia*. Rome: FAO, 1961.

Jan, Abeedullah. *Land Use Survey of Siran and Daur Rivers Watersheds.* Peshawar: Pakistan Forest Institute, 1972.

Jest, Corneille, ed. "Hommes et Milieux Himalayens." Special issue of *Objets et Mondes,* Vol. 14, No. 4 (Winter, 1974).

Joshi, K. L. "The Study of Soil Erosion on West Himalayan Terrain." *Science and Culture* (India), Vol. 38, No. 8 (August, 1972).

Kebede, Yilma. "Chilalo Awraja-Arusi." *Ethiopian Geographical Journal.* Vol. V, No. 1 (June, 1967).

Khan, Faquir Muhammad. *Integrated Resource Survey and Development Potentials of Swat River Watershed.* Peshawar: Pakistan Forest Institute, 1971.

Masrur, Anwar, and Khan, Asghar Ali. *Integrated Resource Survey of Kunhar River Watershed. Peshawar:* Pakistan Forest Institute, 1973.

Mcintyre, Loren. "The Lost Empire of the Incas." *National Geographic,* Vol. 144, No. 6 (December, 1973).

Messerschmidt, Donald A. "Gurung Shepherds of Lamjung Himal." *Objets et Mondes,* Vol. 14, No. .4 (Winter, 1974).

Monheim, Felix, "Agrarreform und Kolonisation in Per ú und Bolivien." *Geographische Zeitschrift*, Vol. 20 (1968).

Okada, Ferdinand E. *Preliminary Report on Regional Development Areas in Nepal.* Kathmandu: National Planning Commission, July, 1970.

Pereira, H. c., ed. *Hydrological Effects of Changes in Land Use in Some East African Catchment Areas.* Special issue of *East African Agricultural and Forestry Joumal,* Vol. XXVII (March, 1962).

———, *Soil Erosion in Ethiopia and Proposals for Remedial Action.* Addis Ababa: Institute of Agricultural Research, March 23, 1968.

*Population and Development.* Proceedings of the Seminar on Population and Development, Centre for Economic Development and Administration, Tribhuvan University, July 28-30, 1971. Kathmandu: 1971.

*Proceedings of the First West Pakistan Watershed Management Conference,* November 11-13, 1968. Peshawar: Pakistan Forest Institute, 1968.

Sohai, Rameshwar. "Monogram on Soil and Water Conservation in Uttar Pradesh During the Fifth Five-Year Plan." *Indian Forester,* Vol. 79, No. 1 (January, 1973).

Sellassie, T. G. "Harer Awraja." *Ethiopian Geographical Joumal,* Vol. V., No. 1 (June, 1967). .

UNESCO, Programme on Man and the Biosphere. *Regional Meeting on Integrated Ecological Research and Training Needs in the Andean Region.* La Paz, June 10-15, 1974- MAB Report Series No. 23, draft. Paris: May, 1975.

Weiss, Dieter, et al. "Regional Analysis of Kosi Zone! Eastern Nepal: Working Method for Regional Planning in Nepal." *Socio-Economic Planning Sciences,* Vol. 7 (1973).

## 제6장

"Beating a Drought, Organically." *Organic Gardening and Farming,* January, 1975.

Dhua, S. P. "Need for Organo-Mineral Fertilizer in Tropical Agriculture." *Ecologist,* Vol. 5, No. 5 (June, 1975).

Eckholm, Erik P. *The Other Energy Crisis: Firewood.* Worldwatch Paper No. 1. Washington, D.C.: Worldwatch Institute, September, 1975.

——, "The Firewood Crisis." *Natural History,* Vol. 84, No. 8 (October, 1975).

FAO. *Fuelwood Plantations in India.* Occasional Paper No.5. Rome: December, 1958.

.———, *Organic Materials as Fertilizers.* Report of the F AO/ SIDA Expert Consultation, Rome, December 2-6, 1974. Soils Bulletin 27. Rome: 1975.

Garg, A. c.; Idnani, M. A.; and Abraham, T. P. *Organic Manures.* Technical Bulletin No. 32. New Delhi: Indian Council of Agricultural Research, 1971.

Horvath, Ronald J. "Addis Ababa's Eucalyptus Forest." *Journal of Ethiopian Studies,* Vol. VI, No. 1 (January, 1968).

Lamoureux, C. H. "Observations on Conservation in Indonesia." In Kuswata Karand Rubini Atmawidjaja, eds., *Papers from a Symposium on Coordinates Study of Lowland Forests of Indonesia.* Darmaga, Bogor, July 2-5, 1973.Sponsored by SEAM EO Regional Center for Tropical Biology and Bogor Agricultural University. Bogor, Indonesia: 1974.

Sagrhiya, K. P. "The Energy Crisis and Forestry." *Indian Forests,* Vol. 100, No. 9 (September, 1974).'

Swaminathan, M. S. "Organic Manures and Integrated Approaches to Plant Nutrition." Presented to Consultative Group in International Agricultural Research, Technical Advisory Committee, Eighth Meeting. Washington, D.C., July 24-August 2, 1974-

Thulin, S. "Wood Requirements in the Savanna Region of Nigeria." Savanna Forestry Research Station, Nigeria, Tech. Rep.!. Rome: FAO, 1970.

"World of Forestry." *Unasylva,* Vol. 26, No. 105 (Summer, 1974).

## 제7장

Casey, Hugh E. *Salinity Problems in Arid Lands Irrigation: A Literature Review and Selected Bibliography.* Prepared by Office of Arid Lands Studies, University of Arizona, for Office of Water Resources Research, U.S. Department of the Interior, 1972.

Eckholm, Erik P. "Salting the Earth." *Environment,* Vol. 17, No. 7 (October, 1975).

FAO/UNESCO. *Irrigation, Drainage and Salinity: An International Source Book.* London: Hutchinson/FAO/UNESCO, 1973.

Framji, K. K., and Mahajan, I. K. *Irrigation and Drainage in the World: A Global Review.* 2nd ed. New Delhi: International Commission on Irrigation and Drainage, 1969.

Furon, Raymond. *The Problem of Water:* A World Study. Translated by Paul Barnes.

New York: American Elsevier, 1967.

Green, Donald E. *Land of the Underground Rain.* Austin: University of Texas Press, 1973.

Holy, Milos. *Water and the Environment.* Irrigation and Drainage Paper 8. Rome: FAO, 1971.

International Commission on Irrigation and Drainage. *Sixth Congress on Irrigation and Drainage, Transactions.* New Delhi, 1966.

Michel, Aloys A. *The Kabul, Kunduz, and Helmand Valleys and the National Economy of Afghanistan.* Washington, D.C.: National Academy of Sciences, 1959.

Mohindra, V. "Reclamation of Saline and Alkali Soils." *Indian Forester,* Vol. 99, No. 3 (March, 1973).

Nace, Raymond. "Man and Water: A Lesson in History." *Bulletin of the Atomic Scientists,* March, 1972.

National Academy of Sciences. *More Water for Arid Lands.* Washington, D.C., 1974.

Nitz, H. J. "Zur Geographie der Künstlichen Bewässerung im Mittleren Nordindien." *Geographische Zeitschrift,* Vol. 4 (December, 1968).

Ravenholt, Albert. "Bali, Microcosm for Third World Agriculture." *Common Ground,* Vol. 1, No. 3 (July, 1975).

Resnick, Sol D., and DeCook, K. J. "Brackish Water as a Factor in Development of the Safford Valley, Arizona, U.S.A." Presented to International Symposium on Brackish Water as a Factor in Development, Ben-Gurion University of the Negev, Beer-Sheva, Israel, January 5-10, 1975.

Robinson, Frank E. *Salinity Management Options for the Colorado River.* California Agricultural Experiment Station, University of California, Davis and El Centro, 1974.

Schroo, H. "Notes on the Reclamation of Salt-Affected Soils in the Indus Plain of West Pakistan." *Netherlands Journal of Agricultural Science,* Vol. 15 (1967).

Skogerboe, Gaylord V. "Improving Water Management to Alleviate Waterlogging and Salinity Problems in Pakistan." Mimeographed. Fort Collins: Agricultural Engineering Department, Colorado State University, February, 1974.

U.S. Department of the Interior. *Report on Water for Energy in the Upper Colorado Basin.* Washington, D.C., July, 1974.

U.S. Salinity Laboratory Staff. *Diagnosis and Improvement of Saline and Alkali Soils.* Agriculture Handbook No. 60. Washington, D.C.: U.S.

Department of Agriculture, February, 1954.

Wadleigh, Cecil H. *Wastes in Relation to Agriculture and Forestry.* Miscellaneous Publication No. 1065. Washington, D.C.: U.S. Department of Agriculture, March, 1968.

Waterbury, John. "Egypt's Staff of Life," *Common Ground,* Vol. 1, No. 3 (July, 1975).

Willrich, Ted L., and Smith, George E., eds. *Agricultural Practices and Water Quality.* Ames: Iowa State University Press, 1970.

## 제8장

*Agro-Economic Research on TroPical Soils: Annual Report for 1973.* Soil Science Department, North Carolina State University. Raleigh: 1974.

Anderson, Alan. "Farming the Amazon: The Devastation Technique." *Saturday Review,* Vol. 55, No. 40 (October, 1972).

Budowski, Gerardo. "Tropical Savannas, A Sequence of Forest Felling and Repeated Burnings." *Turrialba,* Vol. 6, Nos. 1-2 (January-June, 1956).

de Wilde, John C. *Experiences with Agricultural Development in Tropical Africa.* Vols. I and II. Baltimore: The Johns Hopkins University Press, for the International Bank for Reconstruction and Development, 1967.

Dickinson, J. c. III. "Alternatives to Monoculture in the Humid Tropics of Latin America." *Professional Geographer,* Vol. 24, No. 3 (August, 1972).

Eckholm, Erik p., and Newland, Kathleen. "No Breadbasket in the Jungle." *Development Forum,* Vol. 3, No. 7 (October, 1975).

*Farming Systems Program:* 1973 Report. Ibadan: IITA, 1974-

Farnworth, Edward G., and Golley, Frank B., eds. *Fragile Ecosystems: Evaluation of Research and Applications in the Neotropics.* A Report of the Institute of Ecology, June, 1973. New York: Springer-Verlag, 1974-

Fournier, F. "Research on Soil Erosion and Soil Conservation in Africa," *African Soils,* Vol. XII, No. 1 (January-April, 1967).

Geertz, Clifford. *Agricultural Involution: The Processes of Ecological Change in Indonesia.* Berkeley and Los Angeles: University of

California Press, 1963.

Goodland, Robert J. A., and Irwin, Howard S. *Amazon Jungle: Green Hell to Red Desert?* New York: American Elsevier, 1975.

Gourou, Pierre. *The Tropical World.* Translated by E. D. Laborde. 3rd ed. New York: John Wiley, 1961.

Hailey, Lord. *An African Survey: A Study of Problems Arising in Africa South of the Sahara.* London: Oxford University Press, 1938.

Harris, D. R. "Tropical Vegetation: An Outline and Some Misconceptions," *Geography,* Vol. 59, pt. 3 (July, 1974).

Jahoda, John C., and O'Hearn, Donna L. "The Reluctant Amazon Basin." *Environment,* Vol. 17, No. 7 (October, 1975).

Janzen, Daniel H. "Tropical Agroecosystems." *Science,* Vol. 182 (December 21, 1973).

Jurion, F., and Henry, J. *Can Primitive Farming Be Modernized?* Brussels: INEAC, 1969.

Lal, R. "Soil Management Systems and Erosion Control." Presented to Workshop on Soil Conservation and Management in the Humid Tropics, Ibadan, IITA, June 30-July 4, 1975.

Miracle, Marvin. *Agriculture in the Congo Basin.* Madison: University of Wisconsin Press, 1967.

Moraes, Vicente H. F. "Case Study from Braiil." In *Environmental Accomplishments to Date. Columbus,* Ohio: Battelle Memorial Institute, 1975.

National Academy of Sciences. *African Agricultural Research Capabilities.* Washington, D.C., 1974.

———, *Soils of the Humid Tropics.* Washington, D.C., 1972.

Nelson, Michael. *The Development of Tropical Lands: Policy Issues in Latin America.* Baltimore: The Johns Hopkins University Press, for Resources for the Future, 1973.

Phillips, John. *Agriculture and Ecology in Africa.* London: Faber & Faber, 1959.

———, *The Development of Agriculture and Forestry in the Tropics: Patterns, Problems, and Promise.* London: Faber & Faber, 1961.

Poleman, Thomas T. *The Papaloapan Pro;ect: Agricultural Development in the Mexican Tropics.* Stanford: Stanford University Press, 1964.

Poore, Duncan. *Ecological Guidelines for Development in Tropical Forest Areas of South East Asia.* Occasional Paper No. 10. Morges, Switzerland: InternaUnion for Conservation of Nature and Natural Resources, 1974.

Roose E. J. "Quelques Techniques Autierosives Appropriees aux Régions Tropicales." Presented to Workshop on Soil Conservation and Management in the Humid Tropics, Ibadan, IITA, June 30-July 4, 1975.

Rosenbaum, H. Jon, and Tyler, William G. "Policy-Making for the Brazilian Amazon." *Journal of Inter-American Studies and World Affairs,* Vol. 13, Nos. 3 and 4 (July-October, 1971).

Sanchez, Pedro A., ed. *A Review of Soils Research in TroPical Latin America.* Technical Bulletin No. 219. Raleigh: North Carolina Agricultural Experiment Station, North Carolina State University, July, 1973.

Sanchez, Pedro A., and Buol, S. W. "Soils of the Tropics and the World Food Crisis." *Science,* Vol. 188 (May 9, 1975).

Spencer, J. E. *Shifting Cultivation in Southeastern Asia.* Berkeley and Los Angeles: University of California Press, 1966.

Steel, Robert W. "Population Increase and Food Production in Tropical Africa." Special issue of *African Affairs,* Spring, 1965.

Sternberg, Hilgard O'Rielly. *The Amazon River of Brazil.* Wiesbaden: Franz Steiner Verlag, 1975.

"Land and Man in the Tropics." *Proceedings of the Academy of Political Science,* Vol 27, No. 4 (1964).

Tosi, Joseph A., Jr., and Voertman, Robert F. "Some Environmental Factors in the Economic Development of the Tropics." *Economic Geography,* VoL 40, No 3 (July, 1964).

*The Use of Ecological Guidelines for Development in the American Humid Tropics.* Proceedings of International Meeting held at Caracas, Venezuela, February 20-22,1974, No. 31. Morges, Switzerland: International Union for Conserof Nature and Natural Resources, 1975.

*The Use of Ecological Guidelines for Development in TroPical Forest*

*Areas of South East Asia.* Papers and Proceedings of the Regional Meeting held at BanIndonesia, May 29-June 1, 1974, No. 32. Morges, Switzerland: InterUnion for Conservation of Nature and Natural Resources, 1975.

Watters, R. F. *Shifting Cultivation in Latin America.* Forestry Development Paper No. 17. Rome: FAa, 1971.

Webster, G G, and Wilson, P. N. *Agriculture in the Tropics.* London: Longmans, 1966.

Wycherly, P. R. *Conservation in Malaysia.* Supplementary Paper No. 22. Morges, Switzerland: International Union for Conservation of Nature and Natural Resources, 1969.

## 제9장

Boesch, Donald F.; Hershner, Carl H.; and Milgram, Jerome H. *Oil Spills and the Marine Environment.* Cambridge, Mass.; Ballinger, 1974.

Blumer, M. "OilContamination and the Living Resources of the Sea," Presented to FAa Technical Conference on Marine Pollution and Its Effects on Living Resources and Fishing, Rome, December 9-18, 1970. FIR: MP/70/R-1, September 14, 1970.

Christy, Francis T., Jr. *Alternative Arrangements for Marine Fisheries: An Overview.* RFF /PISFA Paper 1. Washington, D.C., Resources for the Future, May, 1973.

FAO. *Pollution: An International Problem for Fisheries.* Rome, 1971.

FAO, Department of Fisheries. "Review of the Status of Some Heavily Exploited Fish Stocks." Fisheries Circular No. 313. Rome: 1973.

Freeman, Peter H. *Coastal Zone Pollution by Oil and Other Contaminants: Guidefor Policy, Assessment and Monitoring in Tropical Regions.* Based upon a case study in Indonesia in 1973. Washington, D.C.: Office of EnvironmenPrograms, Smithsonian Institution, 1974.

Ginsburg, Norton; Holt, Sidney; and Murdoch, William W., eds. *The Mediterranean Marine Environment and the Development of the Region.* Pacem en MariIll. Published for the International Ocean Institute by the Royal University of Malta Press, 1974.

Hann, Roy W., Jr. *Follow-up Field Survey of the Oil Pollution from the Tanker Metula.* Report to the U.S. Coast Guard Research and Development Program. College Station, Tex.: Texas A & M University, Civil Engineering Department, January 6-25, 1975.

*Oil Pollution from the Tanker "Metula."* Report to the U.S. Coast Guard Research and Development Program. College Station, Texas: Texas A & M University, Civil Engineering Department, August-September 1974.

Hargrove, John Lawrence, ed. *Who Protects the Ocean? Environment and the Develof the Law of the Sea.* St. Paul, Minn.: west Publishing Company, for the American Society of International Law, 1975.

Idyll, G P "The Anchovy Crisis." Scientific American, 228, No. 6 (June, 1973).

Jarrin, Edgardo Mercado. "Utilizing Sea Resources for Human and Social Welfare." *Pacific Community,* Vol. 3, No. 2 (January 1, 1972).

Knight, H. Gary, ed. *The Future of International Fisheries Management.* St. Paul, Minn.: West Publishing Company, for the American Society of International Law, 1975.

*Law of the Sea: Caracas and Beyond.* Proceedings of 9th Annual Conference, Law of the Sea Institute, Kingston, Rhode Island, January 6-9, 1975. Cambridge, Mass.: Ballinger, 1975.

Livingston, Dennis. "Oil on the Seas: Two Cheers for a New Treaty." *Environment,* Vol. 16, N0' (September, 1974).

Longhurst, Alan, *et al.* "The Instability of Ocean Populations." *New Scientist,* Vol. 54, No. 798 (June 1, 1972).

Luna, Julio. "Fishery Potential of Latin America: Prospects and Tasks Ahead." Washington, D.C.: Inter-American Development Bank, September, 1974.

Macintyre, Ferrin, and Holmes, R. W. "Ocean Pollution." In William W. Murdoch, ed., *Environment: Resources, Pollution and Society.* 1st ed. Stamford, Conn.: Sinauer, 1971.

Montague, Peter, and Montague, Katherine. "Mercury: How Much Are We Eating?" *Saturday Review,* February 6, 1971.

*Ocean Resources and the Ocean Environment.* Proceedings of the Caracas

Seminars, July 9, 11, 15, 1974. Sierra Club Special Publication, International Series No. 3. New York, 1974.

Odum, W. E. "Insidious Alteration of the Estuarine Environment." *Transactions of the American Fisheries Society,* Vol. 99, No. 4 (1970).

*Perspectives on Ocean Policy.* Conference on Conflict and Order in Ocean Relations, October 21-24, 1974, Airlie, Virginia. Prepared for National Science Foundation by Ocean Policy Project, The Johns Hopkins University, WashingD.C. Washington, D.C.: Government Printing Office, 1975.

Pillay, T. V. R. "The Role of. Aquaculture in Fishery Development and ManageFAO Technical Conference on Fishery Management and DevelopVancouver, February 13-23, 1973.

Stein, Robert E., ed. *Critical Environmental Issues on the Law of the Sea.* London and Washington, D.C.: International Institute for Environment and Development, 1975.

## 제10장

Christy, Lawrence C. *Legislative PrinciPles of Soil Conservation. Soils Bulletin 15.* Rome; FAO, 1971.

Council for Agricultural Science and Technology. *Conservation of the Land, and the Use of Waste Materials for Man's Benefits.* Prepared for Committee on Agriculture and Forestry, United States Senate, March 25, 1975. WashingD.C.: Government Printing Office, 1975, p. 14.

Crowder, Michael. *West Africa under Colonial Rule.* London: Hutchinson, 1968. Crowe, Beryl L. "The Tragedy of the Commons Revisited." *Science,* Vol. 166 (November 28, 1969).

Dorner, Peter. *Land Reform and Economic Development.* Baltimore; Penguin, 1972. Fernea, Robert A. "Land Reform and Ecology in Postrevolutionary Iraq." *Economic Development and Cultural Change,* Vol. 17, No. 3 (April, 1969).

FAO. *Land Reform, Land Settlement and Cooperatives.* 1974, No. 1/2. Rome: 1975.

Grant, James P. *Growth from Below: A People-Oriented Development Strategy.* Development Paper 16. Washington, D.C.: Overseas Development Council, December, 1973.

Hardin, Garrett. "The Tragedy of the Commons." *Science,* Vol. 162 (December 13, 1968).

Leopold, Aldo. "The Land Ethic." In Aldo Leopold, *A Sand Country Almanac.* New York: Sierra Club/Ballantine, 1970. Originally published 1949.

Morgan, Robert. *Governing Soil Conservation: Thirty Years of the New Decentralization.* Baltimore: The Johns Hopkins University Press, for Resources for the Future, 1966.

Nagadevara, V. S.; Heady, E. O.; and Nicol, J. *Implications of Application of Soil Conservancy and Environmental Regulations in Iowa Within a National Framework.* CARD Report No. 57. Ames: Iowa State University, June, 1975.

Orleans, Leo A. "China's Environomics: Backing into Ecological Leadership." In *China: A Reassessment of the Economy.* A compendium of papers submitted to the Joint Economic Committee, Congress of the United States. Washington, D.C.: Government Printing Office, July 10, 1975.

Owens, Edgar, and Shaw, Robert d' A. *Development Reconsidered.* Lexington, Mass.: Lexington Books, 1972.

Segal, Aaron. "Haiti." In Aaron Lee Segal, ed., *Population Policies in the Caribbean.* Lexington, Mass.: Lexington Books, 1975.

Thiesenhusen, William C. "Colonization: Alternative or Supplement to Agrarian Reform." In Peter Dorner, ed., *Land Reform in Latin America: Issues and Cases.* Madison: Land Economics for the Land Tenure Center, University of Wisconsin, 1971.

Wallman, Sandra. *Take Out Hunger: Two Case Studies of Rural Development in Basutoland.* London: University of London, Athlone Press, 1969.

### 제11장

Berg, Alan. "The Trouble with Triage." *New York Times Magazine,* June 15, 1975.

Brown, Lester R. *In the Human Interest: A Strategy to Stabilize World Population.* New York: W. W. Norton, 1974.

——, *World Without Borders.* New York: Vintage, 1972.

Brown, Lester R., and Eckholm, Erik P. *By Bread Alone.* New York: Praeger, 1974.

Buringh, P.; van Heemst, H. D. J.; and Staring, G. J. *Computation of the Absolute Maximum Food Production of the World.* Wageningen, Netherlands: Agricultural University, Department of Tropical Soil Science, January, 1975.

Falk, Richard A. *This Endangered Planet: Prospects and Proposals for Human Survival.* New York: Random House, 1971.

Hardin, Garrett. "Carrying Capacity as an Ethical Concept." In George Lucas, ed., *Lifeboat Ethics.* New York: Harper & Row, 1976.

——, "Living on a Lifeboat." *Bioscience,* Vol. 24, No. 10 (October, 1974).

Heilbroner, Robert. *An Inquiry into the Human Prospect.* New York: W. W. Norton, 1974.

Kocher, James E. *Rural Development, Income Distribution, and Fertility Decline.* New York: Population Council, 1973.

McNamara, Robert S. *One Hundred Countries, Two Billion People: The Dimensions of Development.* New York: Praeger, 1973.

Meadows, Donella H.; Meadows, Dennis L.; Randers, Jø rgen; and Behrens, William W. III. *The Limits to Growth.* New York: Universe Books, 1972.

Mesarovic, Mihajlo, and Pestel, Eduard. *Mankind at the Turning Point: The Second Report of the Club of Rome.* New York: Reader's Digest Press, 1974.

National Academy of Sciences. *Agricultural Production Efficiency.* Washington, D.C., 1975.

——, *Population and Food: Crucial Issues.* Washington, D.C., 1975.

Rich, William. *Smaller Families Through Social and Economic Progress.* Monograph No. 7. Washington, D.C.: Overseas Development Council, 1973.

Schertz, L;;le P. "World Food: Prices and the Poor." *Foreign Affairs,* Vol.

52, No. ,Apnl, 1974)

Schumacher, E. F. *Small Is Beautiful: Economics as If People Mattered.* New York: Harper & Row, 1973.

*Science,* special issue on food, Vol. 188, No. 4188, May 9, 1975.

Strong, Maurice F. "The Environment and the New Internationalism," 1973 Fairfield Osborn Memorial Lecture. Washington, D.C.: The Conservation Foundation, 1973.

U.S. Department of Agriculture, Economic Research Service. *The World Food Situan and Prospects to 1985.* Foreign Agricultural Economic Report No. 98. Washington, D.C., December, 1974.

Ward, Barbara. *The Home of Man.* New York: W. \Y. Norton, 1976.

Ward, Barbara, and Dubos, René. *Only One Earth: The Care and Maintenance of a Small Planet.* New York: W. W. Norton, 1972.

World Bank. *Environment and Development.* Washington, D.C., June, 1975.

———, *The Assault on World Poverty: Problems of Rural Development, Education, and Health. Baltimore:* The Johns Hopkins University Press, for the World Bank, 1975.

저자소개

**현 재 선**

1926 평북에서 출생

1947 서울대 농대 졸업

1968 서울대 농학박사

1956~1991 서울대 농대교수

현재 서울대 명예교수

저서

1991 응용곤충학 논총

(송정 현재선 교수 정년기념사업회)

1993 개정 일반생태학, 집현전

2007 식물과 곤충의 공존전략, 아카데미서적

2008 종합적 해충관리학개론, 월드사이언스

2009 곤충의 진화와 생활사 전략, 아카데미서적

**환경악화와 세계식량문제**

– 잃어버린 대지 –

초판 1쇄 인쇄일 2010년 12월 15일
초판 1쇄 발행일 2010년 12월 25일

역 자 현 재 선
편집자 주 성 필

발행자 주 희 완
발행처 **아카데미서적**

서울특별시 영등포구 당산동 6가 343-2
Tel 516-3131 Fax 542-9254
E-mail: aca97@paran.com
Homepage: http://www.academybook.co.kr

* 파본은 교환해 드립니다.

값 18,000원



ISBN 978-89-7616-472-5 (93470)